中国非洲研究院文库·学术著作

邓延庭 ○ 著

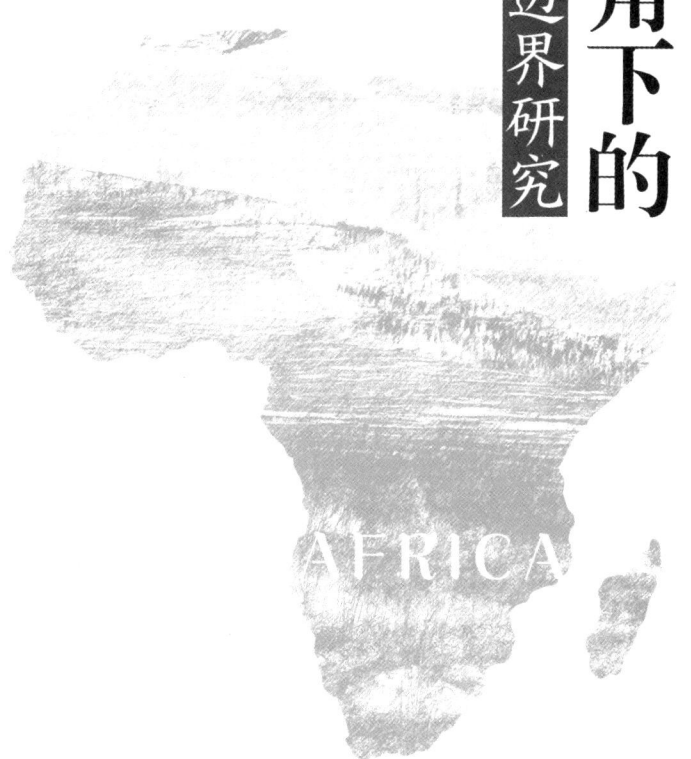

多维视角下的非洲国家间边界研究

中国社会科学出版社

图书在版编目（CIP）数据

多维视角下的非洲国家间边界研究／邓延庭著.—北京：中国社会科学出版社，2023.5

ISBN 978 – 7 – 5227 – 2000 – 5

Ⅰ.①多… Ⅱ.①邓… Ⅲ.①领土问题—研究—非洲 Ⅳ.①D993.1

中国国家版本馆 CIP 数据核字(2023)第 110240 号

出 版 人	赵剑英
责任编辑	喻　苗
责任校对	李　莉
责任印制	王　超
出　　版	中国社会科学出版社
社　　址	北京鼓楼西大街甲 158 号
邮　　编	100720
网　　址	http://www.csspw.cn
发 行 部	010 – 84083685
门 市 部	010 – 84029450
经　　销	新华书店及其他书店
印　　刷	北京明恒达印务有限公司
装　　订	廊坊市广阳区广增装订厂
版　　次	2023 年 5 月第 1 版
印　　次	2023 年 5 月第 1 次印刷
开　　本	710×1000　1/16
印　　张	16.25
字　　数	230 千字
定　　价	79.00 元

凡购买中国社会科学出版社图书，如有质量问题请与本社营销中心联系调换
电话：010 – 84083683
版权所有　侵权必究

《中国非洲研究院文库》编委会

主　任　蔡　昉
编委会　（按姓氏笔画排序）
　　　　　王　凤　　王启龙　　王林聪　　邢广程　　毕健康
　　　　　朱伟东　　安春英　　李安山　　李新烽　　杨宝荣
　　　　　吴传华　　余国庆　　张永宏　　张宇燕　　张忠祥
　　　　　张振克　　林毅夫　　罗建波　　周　弘　　赵剑英
　　　　　姚桂梅　　党争胜　　唐志超　　冀祥德

充分发挥智库作用　助力中非友好合作

——《中国非洲研究院文库总序言》

当前，世界之变、时代之变、历史之变正以前所未有的方式展开。一方面，和平、发展、合作、共赢的历史潮流不可阻挡，人心所向、大势所趋决定了人类前途终归光明。另一方面，恃强凌弱、巧取豪夺、零和博弈等霸权霸道霸凌行径危害深重，和平赤字、发展赤字、治理赤字加重，人类社会面临前所未有的挑战。

作为世界上最大的发展中国家，中国始终是世界和平的建设者、国际秩序的维护者、全球发展的贡献者。非洲是发展中国家最集中的大陆，是维护世界和平、促进全球发展的重要力量之一。在世界又一次站在历史十字路口的关键时刻，中非双方比以往任何时候都更需要加强合作、共克时艰、携手前行，共同推动构建人类命运共同体。

中国和非洲都拥有悠久灿烂的古代文明，都曾走在世界文明的前列，是世界文明百花园的重要成员。双方虽相距万里之遥，但文明交流互鉴的脚步从未停歇。进入21世纪，特别是中共十八大以来，中非文明交流互鉴迈入新阶段。中华文明和非洲文明都孕育和彰显出平等相待、相互尊重、和谐相处等重要理念，深化中非文明互鉴，增强对彼此历史和文明的理解认知，共同讲好中非友好合作故事，为新时代中非友好合作行稳致远汲取历史养分、夯实思想根基。

中国式现代化，是中国共产党领导的社会主义现代化，既有各国现代化的共同特征，更有基于自己国情的中国特色。中国式现代化，深深植根于中华优秀传统文化，体现科学社会主义的先进本质，借鉴吸收一切人类优秀文明成果，代表人类文明进步的发展方向，展现了不同于西方现代化模式的新图景，是一种全新的人类文明形态。中国式现代化的新图景，为包括非洲国家在内的广大发展中国家发展提供了有益参考和借鉴。近年来，非洲在自主可持续发展、联合自强道路上取得了可喜进步，从西方人眼中"没有希望的大陆"变成了"充满希望的大陆"，成为"奔跑的雄狮"。非洲各国正在积极探索适合自身国情的发展道路，非洲人民正在为实现《2063年议程》与和平繁荣的"非洲梦"而努力奋斗。中国坚定支持非洲国家探索符合自身国情的发展道路，愿与非洲兄弟共享中国式现代化机遇，在中国全面建设社会主义现代化国家新征程上，以中国的新发展为非洲和世界提供发展新机遇。

中国与非洲传统友谊源远流长，中非历来是命运共同体。中国高度重视发展中非关系，2013年3月，习近平担任国家主席后首次出访就选择了非洲；2018年7月，习近平连任国家主席后首次出访仍然选择了非洲；6年间，习近平主席先后5次踏上非洲大陆，访问坦桑尼亚、南非、塞内加尔等8国，向世界表明中国对中非传统友谊倍加珍惜，对非洲和中非关系高度重视。在2018年中非合作论坛北京峰会上，习近平主席指出："中非早已结成休戚与共的命运共同体。我们愿同非洲人民心往一处想、劲往一处使，共筑更加紧密的中非命运共同体，为推动构建人类命运共同体树立典范。"2021年中非合作论坛第八届部长级会议上，习近平主席首次提出了"中非友好合作精神"，即"真诚友好、平等相待，互利共赢、共同发展，主持公道、捍卫正义，顺应时势、开放包容"。这是对中非友好合作丰富内涵的高度概括，是中非双方在争取民族独立和国家解放的历史进程中培育的宝贵财富，是中非双方在发展振兴和团结协作的伟大征程上形成的重要风范，体现了友好、平等、共赢、正义的鲜明特征，是新型国际关系的时代标杆。

随着中非合作蓬勃发展，国际社会对中非关系的关注度不断提高。一方面，震惊于中国在非洲影响力的快速上升；一方面，忧虑于自身在非洲影响力的急速下降，西方国家不时泛起一些肆意抹黑、诋毁中非关系的奇谈怪论，如"新殖民主义论""资源争夺论""中国债务陷阱论"等，给发展中非关系带来一定程度的干扰。在此背景下，学术界加强对非洲和中非关系的研究，及时推出相关研究成果，提升中非双方的国际话语权，展示中非务实合作的丰硕成果，客观积极地反映中非关系良好发展，向世界发出中国声音，显得日益紧迫和重要。

以习近平新时代中国特色社会主义思想为指导，中国社会科学院努力建设马克思主义理论阵地，发挥为党和国家决策服务的思想库作用，努力为构建中国特色哲学社会科学学科体系、学术体系、话语体系作出新的更大贡献，不断增强我国哲学社会科学的国际影响力。中国社会科学院西亚非洲研究所是遵照毛泽东主席指示成立的区域性研究机构，长期致力于非洲问题和中非关系研究，基础研究和应用研究双轮驱动，融合发展。

以西亚非洲研究所为主体、于2019年4月成立的中国非洲研究院，是习近平主席在中非合作论坛北京峰会上宣布的加强中非人文交流行动的重要举措。西亚非洲研究所及中国非洲研究院自成立以来，发表和出版了大量论文、专著和研究报告，为国家决策部门提供了大量咨询报告，在国内外的影响力不断扩大。遵照习近平主席致中国非洲研究院成立贺信精神，中国非洲研究院的宗旨是：汇聚中非学术智库资源，深化中非文明互鉴，加强中非治国理政和发展经验交流，为中非和中非同其他各方的合作集思广益、建言献策，为中非携手推进"一带一路"高质量发展、共同建设面向未来的中非全面战略合作伙伴关系、构筑更加紧密的中非命运共同体提供智力支持和人才支撑。

中国非洲研究院有四大功能：一是发挥交流平台作用，密切中非学术交往。办好三大讲坛、三大论坛、三大会议。三大讲坛包括"非洲讲坛""中国讲坛""大使讲坛"，三大论坛包括"非洲留学生论坛""中非学术翻译论坛""大航海时代与21世纪海峡两岸学术论坛"，三大会议包括"中非文明对话大会""《（新编）中国通史》和《非洲通史（多卷本）》比较研究国际研讨会""中国非洲研究年会"。二是发挥研究基地作用，聚焦共建"一带一路"。开展中非合作研究，对中非共同关注的重大问题和热点问题进行跟踪研究，定期发布研究课题及其成果。三是发挥人才高地作用，培养高端专业人才。开展学历学位教育，实施中非学者互访项目，扶持青年学者和培养高端专业人才。四是发挥传播窗口作用，讲好中非友好故事。办好中国非洲研究院微信公众号，办好中国非洲研究院中英文网站，创办多语种《中国非洲学刊》。

为贯彻落实习近平主席的贺信精神，更好汇聚中非学术智库资源，团结非洲学者，引领中国非洲研究队伍提高学术水平和创新能力，推动相关非洲学科融合发展，推出精品力作，同时重视加强学术道德建设，中国非洲研究院面向全国非洲研究学界，坚持立足中国，放眼世界，特设"中国非洲研究院文库"。"中国非洲研究院文库"坚持精品导向，由相关部门领导与专家学者组成的编辑委员会遴选非洲研究及中非关系研究的相关成果，并统一组织出版。文库下设五大系列丛书："学术著作"系列重在推动学科建设和学科发展，反映非洲发展问题、发展道路及中非合作等某一学科领域的系统性专题研究或国别研究成果；"学术译丛"系列主要把非洲学者以及其他方学者有关非洲问题研究的学术著作翻译成中文出版，特别注重全面反映非洲本土学者的学术水平、学术观点和对自身发展问题的认识；"智库报告"系列以中非关系为研究主线，中非各领域合作、国别双边关系及中国与其他国际角色在非洲的互动关系为支撑，客观、准确、翔实地反映中非合作的现状，为新时代中非关系顺利发展提供对策建议；"研究论丛"系列集结中国专家学者研究非洲政治、经济、安全、社会发展等方面的重大问题和非洲国际关系的创新性学术论文，具有基础性、系统性和标志性研究成果的特点；"年鉴"系列是连续出版的资料性文献，分中英文两种版本，设有"重要文献""热点聚焦""专题特稿""研究综述""新书选介""学刊简介""学术机构""学术动态""数据统计""年度大事"等栏目，系统汇集每年度非洲研究的新观点、新动态、新成果。

在中国非洲研究院成立新的历史起点上，期待中国的非洲研究和非洲的中国研究凝聚国内研究力量，联合非洲各国专家学者，开拓进取，勇于创新，不断推进我国的非洲研究和非洲的中国研究以及中非关系研究，从而更好地服务于中非高质量共建"一带一路"，助力新时代中非友好合作全面深入发展，推动构建更加紧密的中非命运共同体。

中国非洲研究院
2023 年 7 月

目　录

导　论 ………………………………………………………………… (1)
 一　边界是体现非洲近现代发展特点的重要指标 ………… (1)
 二　依托边界议题研究非洲发展进程的主要聚焦 ………… (8)
 三　国内外部分相关研究综述 ……………………………… (12)

第一章　比较视野下的现代欧洲国家与非洲国家间的差异 ………… (19)
 第一节　欧洲国家与非洲国家所依赖的民族基础不同 ………… (20)
  一　民族形成与发展的基本规律 …………………………… (21)
  二　民族发展阶段的划分 …………………………………… (24)
  三　欧洲民族与非洲民族发展的差异 ……………………… (27)
 第二节　欧洲国家与非洲国家的内在特征不同 ………………… (31)
  一　现代国家的产生方式不同 ……………………………… (32)
  二　国家与民族之间的关系不同 …………………………… (35)
  三　国家领土的内涵概念不同 ……………………………… (42)

第二章　非洲殖民地间边界的划定与影响 …………………………… (51)
 第一节　欧洲列强力量对比变化是造就非洲殖民地间边界
    格局的推手 ……………………………………………… (52)
  一　从维也纳体系多极均势到凡尔赛体系的转变 ………… (54)
  二　欧洲殖民者在非洲划分边界的具体方式 ……………… (65)
 第二节　畸形殖民地边界为非洲政治发展埋下祸根 …………… (70)

一　非洲主权国家内部的空心化问题 …………………………（71）
　　二　给非洲主权国家之间的关系埋下隐患 …………………（78）

第三章　非殖民化后非洲殖民地间边界存续面临的挑战 ………（82）
　第一节　国家内部不同居民群体的身份认同对抗 ………………（83）
　　一　尼日利亚南北矛盾 …………………………………………（84）
　　二　苏丹南北内战 ………………………………………………（90）
　第二节　被殖民统治割裂的民族渴望重新统一 …………………（95）
　　一　图阿雷格族统一的渴望 ……………………………………（96）
　　二　泛索马里主义的膨胀 ……………………………………（100）
　第三节　非殖民化阶段被更改的地域身份认同 ………………（103）
　　一　厄立特里亚 ………………………………………………（104）
　　二　卡宾达 ……………………………………………………（105）
　　三　西撒哈拉 …………………………………………………（107）
　第四节　主权国家间的领土争端 ………………………………（108）
　　一　埃及—苏丹关于哈拉伊卜地区的争端 …………………（109）
　　二　尼日利亚—喀麦隆关于巴卡西半岛的争端 ……………（111）

第四章　边界不可更改原则与后殖民时代的非洲政治秩序 ……（115）
　第一节　边界不可更改原则产生的背景 ………………………（116）
　第二节　边界不可更改原则与非洲和平 ………………………（122）
　第三节　边界不可更改原则与非洲一体化 ……………………（128）
　第四节　通过主权国家间合并超越边界的典型范例
　　　　　——坦桑联合关系 ………………………………………（134）

第五章　冷战后非洲国家间边界发生局部变动的多重原因 ……（138）
　第一节　冷战后西方大国重塑非洲秩序的产物 ………………（140）
　　一　美苏两极均势与边界稳定间的关系不复存在 …………（140）
　　二　西方大国借机插手非洲国家内政 ………………………（145）
　第二节　部分非洲国家内部治理失序的产物 …………………（149）

第三节　非洲集体安全建设依然滞后的表现 …………………（157）

第六章　管控非洲国家间边界面临的传统威胁：相应的制度探索与成效 ……………………………………………（163）
第一节　贯彻"非漠视原则"与维护边界稳定 …………………（164）
第二节　实施区域自治与维护边界稳定 …………………………（172）
第三节　和平解决争端与维护边界稳定 …………………………（177）
第四节　威胁边界的传统挑战逐步钝化 …………………………（181）

第七章　挑战边界稳定传统威胁的异化
　　　　——极端势力蔓延侵蚀边界的稳定性 ……………（185）
第一节　传统社会文化性身份认同异化的多重因素 ……………（187）
　一　粮食危机日趋严峻 ……………………………………（187）
　二　公共卫生体系面临崩溃 ………………………………（189）
　三　非洲国家内部治理赤字 ………………………………（190）
　四　国际社会难以提供有效的安全产品 …………………（192）
第二节　交界地区的"权力真空"与"边界模糊化"问题：
　　　　非洲极端势力的跨境泛滥 …………………………（195）
　一　东非地区：青年党突破索马里疆界从事渗透活动 …（195）
　二　西非地区：殖民者遗留边界被渗透的千疮百孔 ……（200）
　三　南部非洲：莫桑比克北部沦为极端主义跨境泛滥的
　　　新据点 ……………………………………………………（205）
　四　一体化安全治理：非洲强化集体打击跨境极端势力的
　　　合作与探索 ……………………………………………（208）

第八章　跨越边界推动发展治理的新命题 …………………（212）
第一节　气候灾难成为冲击非洲边界的新挑战 …………………（214）
　一　气候危机超出任何非洲国家的边界范围 ……………（214）
　二　气候灾难加剧非洲开展一体化安全合作的难度 ……（216）
　三　气候灾难侵蚀非洲维持边界稳定的社会经济基础 …（218）

第二节　跳出边界制约推动非洲气候治理 ……………………（219）
　　一　探索在一体化框架下加强气候合作 ………………（220）
　　二　推动"气候适应+"模式反向助推一体化 …………（222）
　　三　借势气候变化合作谋求经济社会新增长点 ………（224）
第三节　非洲一体化与气候治理深度融合面临的挑战 …………（226）
　　一　西方发达国家的气候霸权 …………………………（226）
　　二　非洲国家缺乏充足的经济基础 ……………………（228）
　　三　非洲既有一体化机制的效率有待提升 ……………（229）

结　语 ………………………………………………………………（232）

参考文献 ……………………………………………………………（237）

导　　论

一　边界是体现非洲近现代发展特点的重要指标

纵观全世界范围内各个地区在近现代历史中的发展历程，不难发现非洲是一个展示西方资本主义国家与广大第三世界之间关系的特殊存在。在 20 世纪中期的世界民族解放运动爆发之前，非洲是世界范围内遭受西方殖民统治最严重的地区，殖民地占整个大陆面积的比例几乎高达 100%[①]；而从民族解放运动爆发后至今，非洲又成为了世界上发展中国家最为集中的大陆，不仅没有一个非洲国家跨入发达国家行列，相当一部分非洲国家至今仍然属于全世界最不发达国家行列。因此，从一定意义上来看，非洲的近现代的发展与探索历程，一方面真实呈现了广大第三世界如何在西方殖民主义的入侵和奴役下，英勇地争取民族解放，独立探索民族和国家发展道路的恢宏历史，另一方面也暴露出在先前的西方中心的历史演进逻辑下，以殖民入侵为代表的西方干涉，严重破坏了第三世界原有的生产力与生产关系的矛盾运动，致使新独立的发展中国家陷入西方强加的殖民地或半殖民地经济基础与构建现代民族国家的上层建筑之间的严重脱节，国家发展面临多重赤字的长期困扰。因此，以非洲国家的形成、发展、探索作为主体分析轴线，不仅可为全面认知非洲近现代政治发展的进程，提供一个完整的线索框架，而且可以为理解西方对近现代第三世界发展产生的消极影响，打通一个微观化的个案观

---

① 严格意义上讲，非洲大陆上的每个主权国家在近代都遭受过殖民统治或者殖民入侵。从殖民者掀起"瓜分非洲"狂潮后到第一次世界大战爆发前，非洲仅有埃塞俄比亚以及以美国殖民地名义独立的利比里亚，没有沦为列强的殖民地。

察视角。而作为承载非洲国家发展探索的一个重要的内容，非洲国家间边界为着眼非洲国家的形成、发展及对非洲近现代政治演进的影响，将被本书作为切入和展开上述议题的逻辑主线。

与世界其他地区相比，非洲地图最显著和直观的特征，是非洲各个国家之间的边界遍布着以经线、纬线和各种走向的直线为基础划定的国界。作为西方殖民者在地理空间层面人为"创造"的对非洲的瓜分标准，非洲国家间边界是展示非洲近现代以殖民地、主权国家两个阶段共同构成的发展历史的一扇具象化的窗口：一方面，它是西方殖民者入侵和奴役非洲，人为改变非洲历史自然演进脉络的结果和罪证，另一方面，它又是构筑殖民统治结束后，非洲各个主权国家存在与发展的基础。从某种意义上来看，非洲国家间边界是贯穿殖民地、主权国家两个阶段唯一没有发生根本性变化的因素[①]，因此是在时间、空间与逻辑等维度上均能够反映非洲近现代政治发展特点的一个因素。

（一）划定边界是殖民统治扰乱非洲正常发展的重要证据

西方列强在"瓜分非洲"（Scramble for Africa）狂潮中划定的"势力范围"间边界，并以此为依据建立起"有效占领"的殖民地导致非洲原有自然演进发展脱轨，以被迫沦为西方列强附庸的形式，掀起了近现代发展的历史大幕。在由西方列强人为划定的边界范围所构成的特定地理空间内，非洲迅速陷入了发展的混乱之中，生产力与生产关系，经济基础与上层建筑之间长期存在难以彼此相互适应的难题，一方面，广大农村地区仍然保持前殖民时代的生产生活方式，社会结构与人们的集体社会心理没有发生太大变化，原有的身份认同依旧稳固存在，另一方面，在中心城市、交通枢纽、资源采掘地，孱弱的资本主义经济开始发展，虽然被殖民当局赋予了重塑以殖民地为对象的身份认同的重任，但实际辐射范围十分有限。正是由于边界划定已经成为既定事实，固化了上述

[①] 殖民地时期的边界是欧洲殖民者人为瓜分的产物，是西方列强强加给非洲的产物；殖民统治结束后的非洲殖民地间边界成为非洲主权国家间边界，得到以联合国为核心的国际社会的认可，两者之间的性质有着根本性的不同。本书此处所指的"没有发生根本性变化"，指的是非洲国家间边界在地理空间层面的具体走向、划界依据、整体格局等方面没有发生变化。

两种发展态势分别发展演进的场域空间，使两者被迫在同一片地理空间范围内产生直接交流联系，埋下了殖民统治干扰非洲发展所带来的最基本矛盾①。

随着非殖民化浪潮兴起，由非洲知识分子、民族资本家、殖民政府职员等群体构成的非洲本土政治精英集团，开始借用西方民族主义理论来反对西方殖民统治的合法性。基于非洲是在以殖民地为基本单元开启近代历史的这一大背景，非洲各地的民族主义思潮均将本土政治精英集团所在的殖民地作为"落地"的基础，进而夯实了殖民地所占据的地理空间范围，继续成为非洲现代发展基本单元的地位。为充分发动殖民地内全体人民反抗殖民统治，政治精英们将源自现代民族国家的民族主义思想，与前殖民时代非洲本土的社会文化性身份认同嫁接在一起，虽然实现了通过团结最广大人民而彻底终结殖民统治的目标，但却因为推动了殖民地内原本相互分离的两种发展态势的直接接触，而加剧了两者间的直接对撞。随着殖民地间边界顺利成为非洲国家间边界，这种日益被激化的基本矛盾令新生的非洲主权国家面临诸多发展困境。民族解放思想下，究竟哪些是能够承担"解放"使命的民族，以及各个民族究竟应该把"解放"推进到什么程度，成为非洲人围绕新生的主权国家而争论不止的问题。一方面，非洲主权国家是非洲民众在进步思想和进步力量的领导下，彻底打败西方殖民者的奴役统治，争取完全解放的产物，不仅是席卷全球的民族解放浪潮在非洲大陆上取得的丰硕成就的最直接体现，也是非洲人民为全人类解放作出的重要贡献，具有不容置疑的正义性与合理性；但另一方面，由于非洲主权国家是在西方殖民者建立的非洲殖民地的基础上形成的，在领土范围、政治制度、经济结构、社会文化上都带有浓厚的前殖民宗主国的影响痕迹，即从某种意义上来看，殖民统治的西方人虽然走了，但其创造的各类恶性遗产却基本被全盘保留，因此如果不能在各个层面对非洲主权国家做出深刻的变革，甚至是"推倒重来"，就不能彻底终止殖民统治对非洲人民的恶劣影响。可以说，多

---

① Herbst Jeffrey, "The Creation and Maintenance of National Boundaries in Africa," *International Organization*, Vol. 43, No. 4, 1989, pp. 673–692.

数非洲国家在独立后面临的问题,或多或少都源自于不同国家、民族对上述矛盾议题的不同解释。用更为简单的话来说,那就是西方殖民者瓜分非洲而划定的边界,是否具有继续存在的必要性与合理性①。

通过几十年的磨合与探索,非洲部分国家虽然经历了惨痛的教训,但非洲各国对坚持和继续维持殖民地间边界格局的共识却愈发牢固,即认可以主权国家为基础的非洲现代发展与以殖民地为基础的非洲近代发展之间的直接继承性,国际法保护下的边界是评判民族解放运动的开展范围、程度的唯一标准。因此,殖民统治扰乱非洲发展而带来的问题,也逐步成为非洲主权国家内部治理以及相邻非洲主权国家之间合作所应对的议题,任何继续试图否认或挑战既有边界格局的行为,都不再被视为化解殖民统治遗留矛盾的合理合法途径。综上所述,以边界作为切入观察视角,有利于通过具象化的地理空间概念,将殖民统治对非洲的影响作为完整的贯穿线索,分析非洲在近现代的发展进程,特别是非洲国家独立以来所面临的各种发展挑战的根源、特点以及影响。

(二) 维持边界是非洲实现解放和保持稳定的重要前提

非洲国家间边界跨越殖民地、主权国家两个阶段,尽管其本身的基本特征并没有发生变化,但在不同的历史背景下,其意义和作用也完全不同。如果说在殖民统治阶段,西方殖民者划定并维持殖民地间边界,是肆意肢解前殖民时代的非洲国家、民族、土地,严重破坏非洲社会发展的罪恶行径,那么当主宰非洲发展的主体由西方殖民者转变成为独立后的非洲主权国家之后,继续认可和坚持殖民地间边界格局转变为国家间边界格局的必要性,则成为非洲集体维护独立后的政治发展秩序的重要基础。

如前所述,西方殖民统治已经成为深深嵌入非洲近现代发展历程中的一颗毒瘤,无论是它对非洲近现代发展方向的篡改,还是给非洲发展与治理带来的诸多困境,不仅没有因为主宰非洲发展的主体发生变化而

---

① Robert S. Levine ed, *Martin R. Delany: A Documentary Reader*, The University of North Carolina Press, 2003, p. 351.

消失殆尽，反而借西方殖民者撤出后留下的相对"权力真空"以及民族解放运动发动下广大人民的高涨情绪，直接演绎出以质疑、否定乃至冲击既有边界格局的各种各样的行动，一时间，区域分离主义、国家空心化、国家间领土争端等问题开始大规模浮现，国家内部、国家之间因为土地、民族等问题爆发武装冲突的情况不胜枚举，有些甚至酿成大规模人道主义危机，严重威胁地区和平与稳定。如果任由这种情况发展下去，非洲现有的发展秩序将逐步崩塌，无序争斗将大规模消耗非洲本就有限的社会经济发展成果，政治解放带来的发展机遇与红利也将在持续内耗中被浪费殆尽。在此形势下，非洲迫切需要对政治解放这一议题加以有效的集体管控，特别是在非洲人民与欧洲殖民者的二元对立矛盾随着殖民统治终结而不复存在之后，如何防止"解放"这一概念的内涵与外延被无限扩大化和泛化，尽快重塑非洲人独立掌控的发展秩序，成为非洲各国的当务之急。通过认可殖民地边界格局的不可更改性，实质是为非洲各国集体认可在殖民地基础上继续推动非洲发展的可行性与必要性，提供直观且具象的标准。这种对殖民者"产物"的认可，并非是对西方殖民主义的不彻底革命，而是在非洲现实情况下，非洲各国在历史和现实之间做出的必要且务实的折中方案。1963年非洲统一组织（Organization of African Unity）成立后，旋即将非洲国家间边界不可更改原则作为非洲各国的共识加以强调，并且将其列为非洲处理与之相关议题的基本立场。至此，维持非洲国家间边界的稳定，正式成为非洲各国集体管控殖民统治遗留的矛盾，构建后殖民时代非洲独立发展秩序的代表性举措，被视作为维护非洲和平、稳定与发展的重要基石[1]。其后成立的各个非洲次区域合作组织（Regional Economic Communities）、非洲经济共同体（African Economic Community）、非洲联盟（African Union）等国家间合作机构，也将此原则作为斡旋成员国间关系、化解成员国内部矛盾、推进非洲一体化合作的基础性原则。

---

[1] Tim Hyde, "Are colonial-era borders drawn by Europeans holding Africa back?", American Economic Association, July 2016, https://www.aeaweb.org/research/are-colonial-era-borders-holding-africa-back.

尽管作为非洲国家间共识的边界不可更改原则，并没有成功遏制殖民统治结束后非洲国家内部以及非洲国家间爆发各类危机，但这并不代表非洲集体构建新发展秩序的设想落空。事实上，正是由于在这一共识的指导和约束下，从殖民统治结束到冷战结束前的三十多年内，非洲尽管频繁爆发各类国内、国家间危机，但没有任何一方能够"顺利"突破原有的边界格局，边界不可更改原则之于非洲秩序的保障作用并没有被弱化。但自冷战结束后，随着国际局势的变化，非洲局部地区出现了突破了上述原则的案例，作为埃塞俄比亚内战、苏丹南北内战的最终结果，厄立特里亚、南苏丹两国分别于1993年和2011年宣布独立，两者都成功实现了以更改原有边界格局的模式，来释放地区、民族间长期存在且日益激化的矛盾。尤其是南苏丹在非洲已经度过冷战后阵痛期，整体安全形势日益向好的2011年独立，旋即在非洲范围内引发有关边界不可更改原则是否名存实亡的广泛讨论。尽管非盟再三强调，南苏丹的情况仅属于个例，边界不可更改原则仍然继续有效，但实质上已经暴露出非洲在现有的国家间合作框架下，仍然缺乏维持该原则的有效手段。幸运的是，南苏丹独立后，非洲范围内至今没有出现多米诺骨牌效应，族群政治驱动地区分离主义的泛滥的传统逻辑正在逐步被钝化，非洲国家间边界格局继续稳定存在。但相较于传统挑战的降温，近年来国际恐怖主义的渗透与泛滥，以及气候变化引发的跨境的直接或次生影响，与先前原有的跨境犯罪活动、粮食危机等因素相叠加，构成了冲击非洲国家间边界的现实威胁。特别是在新冠疫情肆虐冲击全球产业链、俄乌冲突波及全球粮食与能源价格的形势下，非洲特别是萨赫勒地带、大湖地区、非洲之角等局势严峻地区的域内国家，如何防止上述非传统安全挑战的加剧与蔓延，进而成为侵蚀自身领土与主权完整的威胁，成为亟待解决的现实议题。在可预见时期内，继续探索巩固边界不可更改原则的政策创制，仍然将是非盟、次区域合作组织、非洲各国携手维护既有发展秩序的主要着力点，边界稳定将依然是非洲稳定的晴雨表。

（三）超越边界是非洲现代政治发展的恢宏目标

在引领非洲走向解放的政治理论中，除了有来自欧洲民族国家模式下的民族主义之外，还有来自杜波依斯（Du Bois）、加维（Garvey）等黑人解放运动先驱贡献的泛非主义思潮，主张将殖民统治奴役下的非洲乃至整个世界的黑人群体看作一个内部具有同质性的有机整体，通过团结互助建立"非洲合众国（United States of Africa）"[1]，最终实现非洲的完全解放。泛非主义思潮固然在发动非洲各殖民地人民投身于反殖民斗争方面，发挥了重要的作用，但其倡导的非洲彻底否定殖民地边界，一步跨入政治统一的倡议，却与大多数新生的非洲主权国家的意见相左。非统组织的成立以及边界不可更改原则的出炉，固然标志着传统的泛非主义思潮逐步被弱化，但非洲各国在日后的发展实践中逐步意识到，无论是解决殖民统治遗留的弊端，诸如民族归属导致的划界纠纷，还是克服推进现代化进程中的全新障碍，诸如市场狭小、产业单一等等，都需要超越既有的边界范围，加强相邻非洲国家，乃至整个次区域内国家的通力合作。在各个次区域经济合作机制的带动下，不同地区依托经贸联盟、共同市场、关税同盟、集体安全等机制，在一定程度上实现了生产要素的跨境自由流动和国家行政、安全治理权力的部分让渡，在一定意义上超越了国家间边界的"束缚"。由此，以非洲主权国家集体自力更生为特征的非洲区域一体化，为非洲将处理泛非主义与国家间边界关系的议题嵌入现实发展进程，提供了有益的探索[2]。

进入 21 世纪第二个十年后，随着以族群政治为代表的传统威胁的钝化和以恐怖主义、气候变化等新挑战引发的跨境影响日益严峻，非洲依托区域一体化来处理边界议题的需求更加显著。一方面，如前所述，在萨赫勒地带、大湖地区、非洲之角等地，恐怖主义带来的跨境犯罪活动以及气候变化引发的跨境生态灾难和难民潮，严重冲击边界两侧的国家对当地的管辖权与治理权，令部分区域内的国界名存实亡。相关非洲国家如要确保主权与领土完整，必须妥善应对这些挑战，确保边界的闭合与不可侵犯；但另一方面，上述跨境威胁产生的根源及现实影响，往往

---

[1] Edward Blyden, "African Service to the World," *African Repository*, No. 8, October 1881, p. 74.

[2] Ieuan Griffiths, "The Scramble for Africa: Inherited Political Boundaries," *The Geographical Journal*, No. 2, 1986.

与边界两侧的非洲国家同时存在着密切的联系，单靠其中一方以国内治理的视角予以介入，难以从长远上真正化解危机。因此，边界两侧的国家只有基于一体化开展深度的国际合作，在政策取向和治理举措上充分同步，超越边界的"束缚"，用 $1+1+\cdots\cdots+n>n$ 的集体合作模式，才能真正探索出具有包容性、可持续的解决方案。在后疫情时代的非洲复苏发展中，依托非洲一体化确保在稳定边界的基础上实现超越边界的发展目标，将成为非洲继续依托集体智慧和方案破解和平、发展、信任赤字的必由之路。

二　依托边界议题研究非洲发展进程的主要聚焦

本书以马克思主义理论的基本原理为指导，特别是从马克思主义政治经济学为出发点，从生产力与生产关系、经济基础与上层建筑之间的辩证关系入手，对民族、国家的形成与发展规律，进行了详细的阐述，构筑了本书的基本立论基础和研究方法。在此基础上，通过比对西欧模式下的资本主义经济与现代民族国家共同构成的发展模式，与前资本主义经济、社会群体以及殖民统治下带来的剥削经济、少部分西化政治精英共同构成的发展现实之间的巨大差异，详细阐述非洲现代发展进程中遭遇不同于世界其他地区的发展困境的原因，进一步凸显西方殖民统治特别是资本主义经济的扩张性、掠夺性给非洲近代发展带来的深刻的破坏性影响，将西方殖民统治与非洲自身原有发展惯性之间的明显断层，作为引出以边界议题认识非洲近现代政治发展的逻辑起点与中心线索。

（一）通过边界议题构筑解析非洲发展历程的不同视角

在对殖民统治结束后非洲的现代发展阶段的分析研究中，本书采取国际政治地区研究中经常使用的方法，即宏观理论层面的研究范式与微观层面的具体案例分析相结合。在研究范式层面，本书采用建构主义理论分析非洲国家间边界的稳定程度与非洲国际政治健康发展的关系，利用功能主义和制度论研究非统组织（非盟）以及各个次区域经济合作组织基于边界不可更改原则而作出的一体化努力，使用现实主义的均势论解析非洲能在殖民统治时期、冷战时期维持边界稳定，以及在冷战后出现局部变动的原因。此外，本文还将借鉴民族学中对民族与国家关系的相关研究成果，从历史的角度梳理和分析这种关系的扭曲给非洲国家间边界稳定带来的一系列消极影响。

在具体的个案研究中，本书沿着时间发展脉络，以殖民统治遗留的问题与非洲现实发展需求间的基本矛盾作为中心线索，选择哈拉伊卜三角、卡宾达、巴卡西半岛、西撒哈拉等具体案例，作为论述非洲主权国家独立后涌现的各类要求更改殖民地间边界的具体案例。与此同时，为了充分论证非洲国家采取国家间的有序一体化作为有效管控上述基本矛盾的探索，本书专门选取由坦噶尼喀、桑给巴尔联合组成的坦桑尼亚作为论述案例，作为这一发展阶段中的成功典范，佐证主权国家间的有序一体化，为破解边界难题提供了有益探索的观点。针对冷战结束后国际局势变化给非洲带来的冲击，本书选取厄立特里亚、南苏丹两个案例作为切入点，分析两者与埃塞俄比亚、苏丹两国分道扬镳的多重原因，特别是前述基本矛盾为何会出现局部失控，总结非洲在冷战结束后的阵痛期内遭遇的各类问题与挑战，与继续以边界不可更改原则为基础构筑非洲有序发展秩序之间的关系，在论述以非盟框架为引导的非洲国家之间一体化合作存在的不足与漏洞的同时，梳理非洲国家从两个案例中汲取的相应经验以及采取的相应改革措施。在分析进入 21 世纪第二个十年以来的非洲发展时，本书主要着眼于非洲面临的基本矛盾发展变化的形势，一方面解析传统族群政治在现代民族国家建构进程中逐步被钝化的过程，并选取肯尼亚作为论述非洲国家内部族群政治的发展方向逐步由超出边界的"外向型"转变为认可边界的"内向型"的代表性案例，另一方面分析在恐怖主义、气候变化等因素的影响下，部分地区的族群与地区矛盾走向"异化"，并成为挑战既有边界的全新威胁的原因与表现，同时讨论非洲通过强化一体化合作解决上述挑战的探索。

尽管如此，由于本书所涉及的内容时间跨度大，依托边界议题直接和间接涉及的议题较多，因此在分析的过程中，难免会出现一些漏洞和不足。

第一，非洲国家数量众多，尽管面临着殖民统治带来的共同挑战，但由于每个国家的自然与社会历史条件不同，因而在许多细微之处仍然存在着众多的差别，建构单一的模型，存在着会疏漏个别国家特性的问题。本书虽然采取宏观分析与个案研究相结合的方式，但个案仅选择了坦桑尼亚、肯尼亚以及安哥拉、埃塞俄比亚、苏丹部分地区，难免存在着将从上述地区总结出的共性套用其他非洲国家的问题。

第二，受制于非洲走出冷战后阵痛期的时间较短的限制，本书对在变化的世界局势之中，传统矛盾是否还会成为挑战非洲边界的因素的分析相对有限。南苏丹独立后虽然非洲国家间的边界格局稳定维持了十多年，但包括居民之间的身份认同、非洲国家民主化进程、西方大国在非洲势力缺乏有效制衡、非洲集体安全体系不健全、新兴市场国家给西方带来竞争等挑战因素仍然存在，非洲在本质上仍未完成现代民族国家的建构历程。至于这些因素的聚合是否会重新带来传统矛盾的激化，特别是传统矛盾是否会导致当前奉行单边主义、保护主义的部分西方国家，重新在非洲大肆攫取地缘政治利益，破坏新兴市场国家与非洲的合作，仍然有待进一步观察。

第三，非洲当前面临的以恐怖主义、气候变化为代表的非传统安全挑战，对于非洲部分地区边界稳定的影响已经显现，但是否会继续扩大，仍然是一个较新的议题。特别是由于时间周期相对较短，加之新冠疫情带来的诸多不确定性的叠加，恐怖主义、气候变化等新挑战研究在未来可预见时期内的走势，及其给非洲国家带来的影响，仍然在很大程度上属于不确定状态。受此影响，在对非洲国家基于一体化推动安全治理能力和气候治理能力建设的分析中，有可能得出的结论不够全面和准确。

第四，当前学术界特别是中国学术界对非洲国家间边界的直接研究相对较少，边界往往被当作非洲独立后至冷战结束前的议题。本书以边界为视角和线索梳理整个非洲的发展历程，需要借鉴学者们对非洲近现代史、民族问题、民主化进程、一体化等议题的研究。在充分借鉴前辈学者在这些领域的研究成果的基础上，将相关理论、分析方法、感性材料、结论与自己的独立思考有机整合为一套新的分析与研究范式，难免会出现一些不足。

(二) 将边界议题作为串起当代非洲研究的全新逻辑主线

对非洲边界开展研究，不仅可以从时间轴线上串起西方殖民统治下的非洲近代发展与非洲主权国家主导下的非洲现代发展阶段，而且从泛非主义、民族主义、族群政治、非洲一体化等议题的共同关注点以及立论的交集入手，分析不同理论诉求与非洲独立后发展现实的互动关系，对于现代非洲发展特点的重塑与建构。目前国内学术界对非洲近现代发展历程的研究，主要集中在现代民族国家构建、民主化进程、国际关系、政治思想文化以及非洲区域经济一体化等议题，从边界的视角整体切入非洲近现代发展的研究成果相对有限。尤其是进入 21 世纪的第二个十年后，当非洲的整体发展渡过冷战结束后的阵痛期，传统安全威胁日益降温，边界格局日趋稳定的形势下，国内研究在关注非洲推进以打击海盗、跨国犯罪、恐怖主义为主要内容的集体安全治理，以及以气象灾害预警、能源结构转型、难民救助为主要举措的气候减缓与适应的时候，较少从跨越非洲国家间边界的视角来解析上述议题。在非洲某些地区的国家间边界已经事实上面临非传统安全的剧烈冲击的形势下，如果没有从边界视角切入研判相关议题，则对非洲按照《卢萨卡路线图》实现"消弭枪声"目标，以及全面落实非盟《2063 年议程》，启动非洲大陆自由贸易区（African Continental Free Trade Area）等战略实施所面临的挑战，会在一定程度上导致分析盲区的出现。

本书将边界作为分析的中心线索，不仅是从新的视角对非洲近现代发展历程的一次宏观的梳理，也是从新的基础出发，将西方殖民统治对非洲的影响、非洲现代民族国家建构、非洲民族解放、非洲区域一体化等领域的研究成果实现有效聚合，同时从新的叙事主线落脚于当前非洲面临的问题与挑战，为国内的非洲研究增添新鲜的血液。具体来看，本书将探索在以下三个方面做出相应的研究贡献：第一，以马克思主义的政治经济学为理论指导，研究非洲国家形成与发展的特点，特别是揭示出非洲国家与一般现代民族国家的巨大差异，为从经济基础和上层建筑两个维度同时理解非洲近现代发展进程所面临的基本矛盾，提供了更为科学的视角；第二，从微观视角逆向分析现有非洲一体化模式所面临的挑战，特别是依托作为非洲国家间秩序基石的边界不可更改原则，依托建构主义来分析非洲在继续稳定边界格局的基础上推进国家间一体化的机遇和挑战；第三，通过引入边界元素，为研究恐怖主义、气候变化等当前非洲议题中的新热点，提供超越单一国家的视角，同时可以为既有的从安全治理、温室气体减排等角度论述以上议题的分析研究，提供必要的补充与完善。

三　国内外部分相关研究综述

（一）殖民统治对非洲发展影响的相关研究

非洲国家间边界格局之所以会被世人诟病为畸形的"人造边界"，在于殖民统治在划定这些边界的时候，根本没有充分考虑当地非洲人民的利益诉求。畸形的边界格局是欧洲殖民者肆意扰乱非洲历史自然演进历程的一个缩影。联合国教科文组织主编的《非洲通史第七卷：殖民统治下的非洲（1880—1935）》详细介绍了近代西方殖民统治在非洲的成型过程，特别是自瓜分非洲狂潮掀起以来，英国、法国、德国、葡萄牙、西班牙、意大利、比利时等列强如何在非洲建立各自的殖民体系，并同时分析了从外部强加的殖民统治给非洲发展带来的消极影响。作者认为，殖民统治在非洲并没有做好充分准备的情况下，就强行将其拉入由西方主导的全球化和"现代化"进程。在殖民地外部，非洲整体处于全球分工的最底端，沦为欧洲资本主义市场的原料出产地和商品倾销市场；在殖民地内部，来自不同族体的非洲居民按照殖民者的安排，以一种扭曲的关系联合在一起。这些特点成为导致非洲特别是独立后的非洲国家身陷重重困境的根源[1]。联合国前秘书长加利（Boutros Ghali）所著《非洲边界争端》详细介绍了西方殖民者在非洲划定各类边界的具体方式，并且分析了非洲民族主义、泛非主义、社会主义等解放思潮与边界对非洲的人为分割所产生的矛盾，探索

---

[1] A. Adu Boahen, *General History of Africa*, Ⅶ: *Africa Under Colonial Domination 1880 – 1935*, University of California Press, 1990, pp. 12 – 15.

由非洲人运用自己的智慧超越殖民统治遗留边界,有效管控和制止争端的具体途径。由华东师范大学出版社出版的《非洲通史》(1995年)是国内最早全面介绍非洲历史的工具书,其近代、现代两卷在充分吸取国外相关研究的基础上,又以中国非洲研究学者的独特视角分析了非洲历史发展轨迹自殖民统治确立后所出现的变动的影响和意义。作者认为,现代非洲政治发展之所以会周期性的受到一系列顽疾的困扰,在于非洲国家的独立实质上是将殖民统治遗留下的诸多问题固化在主权国家的基础上。由于特定历史条件决定了非洲人只可能在殖民地的基础上走向独立,殖民统治的恶性遗产因此被新生的非洲主权国家全盘接收。在这种既定历史现实面前,非洲人应该不断加强合作,通过集体努力解决非洲国家内部以及非洲国家间的各种问题与矛盾[①]。由中国社会科学出版社出版的《简明非洲百科全书(撒哈拉以南)》是由国内专家编纂的又一部非洲研究巨著。与上述两部《非洲通史》按照编年顺序叙述非洲近现代发展历程有所不同,本书是从若干专题切入叙述非洲的近现代史,令读者能够更为直观和形象地理解非洲发展所面临的一系列"特殊"问题。本书有关非洲边界的章节,详细介绍了欧洲殖民者按照经纬线、几何线段、领土交换等方式肆意划定产生殖民地间边界的全过程,分析了这些"人造边界"给非洲自然演进历程带来的恶劣影响,并认为殖民地间边界的存在导致非洲国家与民族在时空上的逆向发展[②]。

各个族群在非洲主权国家框架下的互动情况,是与本次研究密切相关的第二个关键性议题。玛丽娜·渥太威(Marina Ottaway)在其所著《Ethnic politics in Africa: Change and continuity》一书中,详细地分析了非洲国家独立后"族体政治"的发展状况及其历史功效。作者认为,"族体政治"是非洲民众所拥有的前殖民时代文化性身份认同在现代国家发展进程中的一种政治性的反映。对于非洲人来说,"族体政治"的存在具有双重意义:一方面,它表明西方殖民统治只是干扰了而非彻底抹杀了非

[①] 何芳川、宁骚:《非洲通史》,华东师范大学出版社1995年版。
[②] 葛佶主编:《简明非洲百科全书(撒哈拉以南)》,中国社会科学出版社2000年版。

洲的自然演进，非洲人在文化上仍然与前殖民时代的传统保持着密切的联系；另一方面，它又周期性的更改现代非洲国家的发展方向，成为周期性的导致国家陷入危机的主要原因。"族体政治"的存在不仅是非洲政治有别于世界其他地区政治发展的典型特征，而且也是其未来面临的重大挑战[1]。《民族与国家：民族关系与民族政策的国际比较》（1995年）一书力图通过对世界上一些地区的民族与国家间关系展开个案研究，总结出正常状态下民族和国家之间应有的内在逻辑联系。本书选取了西欧、东亚等地的民族国家作为主要研究蓝本，指出成熟的民族国家应该是建立在民族对国家拥有充分认同的基础上，国家和民族本身都应该同时兼有彼此相适应的文化内涵与政治内涵。这种本质特征也进一步反衬出，非洲国家与民族的倒置产生只可能导致非洲国家沦为空洞的政治符号[2]。《非洲民族主义研究》（2004年）一书详细研究了殖民统治结束后非洲居民基于前殖民时代文化性身份认同而形成的意识形态，并将这些意识形态统称为"民族主义"。通过对成熟民族国家形成和发展脉络的梳理，以及对尼日利亚等非洲国家现代民族国家建构历程的考察，作者认为非洲民族主义与非洲国家之间并不存在严格意义上的逐一对应关系。由于非洲国家通常并不是非洲民族主义的认同对象，由后者欲求所建构的政治秩序设想通常是对前者的一种挑战和威胁。此外，在多个民族主义意识形态并存的基础上引入西方国家的多元分权和竞争性选举制度，实际上为各方民族主义的进一步巩固和发展提供了有利的制度空间。从这个意义上来讲，非洲国家实行的西方政治制度不仅与其国内现实不相匹配，而且与其建构成熟现代民族国家的长远目标处于一种相对悖论的关系之中[3]。在《多维视野中的非洲政治发展》（2007年）一书中，作者认为非洲的部族主义意识形态是影响后殖民时代非洲政治发展的一个十分重要的因素。与世界其他地区的国家有所不同，非洲国家内部的社会分化并

---

[1] Marina Ottaway, "Ethnic politics in Africa: Change and continuity," in Richard Joseph eds. *State, Conflict, and Democracy in Africa*, Lynne Rienner Publishers, 1998, p. 297.

[2] 宁骚：《民族与国家：民族关系与民族政策的国际比较》，北京大学出版社1995年版，第195页。

[3] 李安山：《非洲民族主义研究》，中国国际广播出版社2004年版。

没有呈现出一种横向的趋势,而是表现为一种纵向的断裂①。在宗教信仰、外部大国力量等其他因素的共同影响下,部族主义政治愈发明显地表现出强有力的破坏效应。无论是在非洲国家实行多元民主制还是一元集权制时期,部族主义总是令非洲国家的政治、经济、社会发展带有浓厚的部族化特征。这些特征又通常成为引发部族间关系紧张的直接原因,导致许多非洲国家周期性地陷入局势动荡之中。

《The Organization of African Unity and African Borders》(1967年)一文分析了非洲主权国家之间的边界特点,以及非洲统一组织为何力挺非洲国界恒定原则的原因。作者认为,非洲国家通过非殖民化走向独立的方式,决定了其本身必然与之前的殖民地保持着各种各样的密切联系,边界格局就是其中之一。对于非洲人来说,保留殖民地边界虽然在一定意义上部分肯定了殖民统治的遗产,但这却是在特定条件下能够找到的最合理解决方案。"边界恒定"原则的出台,不仅是对非洲各国所处既有现实的一种充分认可,同时也有效避免了非洲人在彼此内耗中消解了政治独立斗争带来的成果②。《The Creation and Maintenance of Natural Boundaries in Africa》一文讨论了"人造边界"与"自然边界"两个概念之间的联系与差别,并通过讨论非洲国家间边界的成型方式,断定这种边界格局属于"人造边界"。作者认为,非洲"人造边界"的最主要特征是无法得到两侧民众的充分认可,因而稳定性较差。在"族体政治"表现明显的国家,这种不稳定性表现得更加明显。为了维护"边界恒定"原则,非洲国际社会应该尽快推动非洲的国家间边界格局由"人造边界"向"自然边界"转化。成为"自然边界"的要旨并不在于选择自然地貌上的特定事物作为勘界标准,而是要推动相关居民群体真正认可既有边界的划界功能③。皮埃尔·昂格勒贝(Pierre Englebert)所著《Dismemberment and Suffocation: A Contribution to the Debate on African Boundaries》(2002

---

① 张宏明:《多维视野中的非洲政治发展》,社会科学文献出版社2007年版,第10页。
② Saadia Touval, "The Organization of African Unity and African Borders", *International Organization*, Vol. 21, No. 1, 1967, pp. 102–127.
③ Herbst Jeffrey, "The Creation and Maintenance of National Boundaries in Africa," *International Organization*, Vol. 43, No. 4, 1989, p. 674.

年）一文介绍了非洲主权国家在解决边界争端时所做出的各种尝试，并分析这些举措在实践中的效应。哈里·唐曼（Harry Donnan）所著《Borders: Frontiers of Identity, Nation and State》（1999年），分析了主权国家间边界与身份认同、族体分布范围的关系，并选择非洲主权国家所面临的国界变动压力，作为反向论证这种联系的实证论据。

（二）有关非洲民族、政治发展、区域发展议题的具体国别研究

除了上述领域之外，学者们对埃塞俄比亚、厄立特里亚、苏丹、南苏丹等已发生边界变动的国家，以及尼日利亚、安哥拉、坦桑尼亚、西撒哈拉等存在着边界变动倾向的国家和地区的国别研究，也在一定程度上涉及了此议题。柳明所著《未可乐观的西撒哈拉问题》（1991年），余建华所著《悬而未决的西撒哈拉问题》（1993年），林会生所著《西撒哈拉问题》（1993年）等文章主要关注由摩洛哥、西撒人阵、阿尔及利亚、毛里塔尼亚的争端而导致该地区至今处于的归属未定局面。汤国雄所著《埃塞俄比亚政权更迭》（1991年），刘静所著《门格斯图垮台及埃塞俄比亚形势发展前景》（1991年），李荣所著《埃塞俄比亚临时政府的主要三派组织》（1991年），钟伟云所著《埃塞俄比亚的民族问题及民族政策》（1998年），吴金光所著《埃塞俄比亚民族问题初探》（1998年），羲豹所著《厄立特里亚：非洲大陆一个即将诞生的国家》（1993年），李莉所著《非洲最年轻的国家——厄立特里亚》（1993年），魏亮所著《一个新型的独立国家——厄立特里亚》（1994年），朱和海所著《厄立特里亚：一个新生的国家》（1995年），朱晓莉所著《厄立特里亚问题的由来与发展》（1991年），任泉所著《厄立特里亚早期史与埃（塞）—厄联邦》（1995年），曾强、黄金树所著《埃厄兄弟阋墙为哪般》（1998年），廖百智所著《埃厄冲突的由来与前景》（1998年），葛立德所著《非洲之角硝烟——埃厄武装冲突探源》（1998年），杨新华所著《埃厄之争搅乱"非洲之角"》（1999年），乐天所著《非洲之角：穷国打恶战》（1999年），马默·穆契所著《对埃厄1998—2000年战争的反思》等文章，介绍了由埃塞俄比亚政策失当而导致厄立特里亚走向独立的基本脉络，并评析埃、厄分家对解决两地间原有矛盾的意义。叶于所著《安哥拉军事

斗争形势与安全和解取向》（1990年），赵晓钟所著《纵谈安哥拉问题》（1990年），熊九玲所著《试论里根政府对安哥拉的政策》（1990年），贺文萍所著《从安哥拉看美国政策的转变》（1993年），肖陵军所著《从安哥拉新政府成立看非洲的未来》（1997年），戴旭所著《安哥拉：和平、机遇与挑战》（1997年），富显成所著《安哥拉实现持久和平有望》（2002年），詹世明所著《非洲"冲突钻石"的产生及影响》（2002年），邓延庭所著《卡宾达：下一个南苏丹？——浅析安哥拉的卡宾达问题》（2012年）等文章，分析了西方大国特别是美国在安哥拉和平进程中所扮演的关键性角色，并预测这种危险的局面是否会在重新分配安哥拉石油资源的欲望的刺激下，对久拖不决的卡宾达问题带来直接的消极影响。俞建华所著《南苏丹问题的来龙去脉》（1990年），唐同明所著《苏丹的南方问题》（1992年），王彤所著《论苏丹南方问题的成因》（1993年）和《尼迈里与苏丹南方问题》（1995年），黄苏所著《苏丹南方问题的由来》（1997年），孔源所著《苏丹：不应是文明之间的裂谷》（2004年），余文胜所著《苏丹达尔富尔危机的由来》（2004年），姜恒昆所著《苏丹内战中的宗教因素》（2004年）和《种族认同还是资源争夺——苏丹达尔富尔区域冲突根源探析》（2005年），刘辉所著《民族主义视角下的苏丹南北内战》（2005年），杨勉所著《苏丹分裂的原因与南苏丹独立面临的问题》（2011年），李新烽所著《南苏丹公投的特点和影响》（2011年）等文章，剖析了苏丹国内先后爆发的南北内战、达尔富尔危机的深层原因，介绍了南苏丹走向独立的基本逻辑并展望了当地局势可能因此受到的负面影响。李起陵所著《尼日利亚民族国家形成初探》（1994年），黄泽全所著《尼日利亚的两大难题：民族和宗教矛盾》（1993年），包茂宏所著《部族矛盾与尼日利亚证据的变化》（1994年），才林所著《部族矛盾困扰着"非洲石油巨人"》（1994年），宋立所著《尼日利亚：骚乱与南北之争》（2001年），张佳梅所著《政府主导型的尼日利亚民族一体化进程》（2002年），朱和全所著《尼日利亚独立以后的民族问题与民族政策》（2005年），宁骚、李保平所著《〈从部族社会到民族国家——尼日利亚国家发展史纲〉评析》（2004年），杨宝荣所著《尼日利亚和喀麦隆解决领土争端取得进展》（2004年）等文章，分析了豪萨、约鲁巴、伊博三族之间的博弈对尼日利亚现代国家建构带来的消极作用，并为解读尼日尔河三角洲的持续动乱与国内族体间关系的内在联系提供了研究思路。周泓所著《坦桑尼亚民族过程及其民族政策》（1994年），葛公尚所著《初析坦桑尼亚的民族一体化》（1991年），李安山所著《非洲国家民族建构的理论与实践研究——兼论乌玛运动对坦桑尼亚民族建构的作用》（2002年），邓延庭所著《坦噶尼喀与桑给巴尔联合关系研究——兼论坦桑联合关系对非洲一体化的意义》（2013年）等文章，分别从多族体的融合、坦桑联合关系等议题入手，分析了坦桑尼亚如何在促进族际关系、坦桑两地关系和谐融洽的基础上推动国家统一和现代民族国家建构。

第一章

比较视野下的现代欧洲国家与非洲国家间的差异

　　欧洲与非洲是现代国际关系体系中关系密切，但又差异巨大的两个地区。历史上的欧洲南部与非洲北部保持着密切的联系，曾多次同属于横跨地中海的古代王国。其后随着不同宗教的传入，欧洲与北非开始沿着不同的道路发展，两者虽然频繁处于对立或交战状态，但依然保持着频繁且相对平等的经贸、政治、文化交往。中世纪结束之后，欧洲与北非的原有发展格局被打破，一方面，随着三十年战争的爆发以及《威斯特伐利亚和约》的签署，欧洲开始孕育出以现代民族国家为支撑的国际关系体系；另一方面，新航路开辟和地理大发现后，欧洲对非洲的影响力开始从北非拓展到整个非洲大陆，并依托殖民统治，建立起不对等的政治、经济和文化关系。欧洲列强对非洲的资源掠夺和政治奴役，彻底改变了非洲历史的自然演进历程，非洲大陆不仅沦为欧洲的原料产地和商品倾向地，成为资本主义全球分工链条上最外围的一环，而且被迫在欧洲政治发展的影响下，重新选定政治发展方向。自此，非洲的政治发展开始不可避免地带有欧洲影响的色彩与痕迹。作为承载现代非洲政治发展的最主要动力，非洲现代国家的出现，最终结束了欧非之间不对等的关系模式。

　　从一定意义上来看，欧洲现代国家的纷纷建立，是这种政治模式在非洲逐步被推广和接受的推动力。尽管如此，非洲的现代国家却并非欧洲现代国家的简单复制，两者在形成过程、内部构成，以及其他的一些性质和特征上，存在着较为明显的差异。鉴于非洲近现代的发展演进历史，以及在欧非关系形成与变化的背景下，欧洲政治发展对非洲政治发展的破坏与重构过程，系统对比研究脱胎于以《威斯特伐利亚和约》为基础的欧洲现代国家与建立在殖民地基础上的非洲现代国家之间的诸多差异，有助于全面理解非洲近现代政治发展的特殊性，为客观看待非洲现代国家建构以及主权国家间关系发展所面对的各种挑战，提供客观、全面与辩证的视角。

第一节 欧洲国家与非洲国家所依赖的民族基础不同

《威斯特伐利亚和约》塑造的现代形态的欧洲国家的突出特征之一，是成为了能够组成、参与某个国际体系的独立行为体，即主权国家。随着各个欧洲主权国家构成的国际体系逐步向全世界拓展，以主权国家为基本单元的国际关系开始出现在世界其他地区。至第二次世界大战结束后，全球民族解放浪潮冲垮原有的西方殖民体系，一大批新兴的发展中国家在亚非拉建立起来，主权国家成为全世界可接受的唯一国家形式[1]，亦成为构成全球国际关系体系的最主要行为体。此后，无论国际秩序格局如何变化，主权国家的基本特征及其与国际关系体系的逻辑联系并没有发生根本性的变化。以欧洲国家为产生原型的主权国家，实质上是从现代国际法角度，对参与国际关系的国家行为体所拥有的权力的一种抽象概括，更多表现为从外在角度对国家特征的详细描述与准确归纳。从这个意义上来看，现代欧洲国家与现代非洲国家都是主权国家，作为第二次世界大战后国际体系的参与者，特别是联合国的成员国，两者在地位和功能上完全相同。但欧洲国家的另一个特征不容忽视，即主权国家是建立在现代资本主义民族的基础上，国家与民族之间具有稳定的联系和良好的互动，是为现代民族国家。在这种国家模式之下，民族为国家的存在与发展注入了具象化的历史内涵，国家则成为民族参与国际交往的政治载体和保障，两者之间处于一种相辅相成的有机统一关系之中。

---

[1] 周平：《对民族国家的再认识》，《政治学研究》2009年第4期。

从这个角度来看，非洲现代国家的产生与发展并不完全符合以欧洲国家为基础的模式，其基础并不是与国家同步发展的现代民族，民族与国家间的关系仍然处于相对不稳定状态，现代民族国家的建构过程尚未完全结束。主权国家是否形成在现代民族的基础上，是欧洲国家与非洲国家之间最为显著的差异。从民族形成与发展的一般规律着眼，并且以此作为考量标尺，可以清晰且全面认知造成欧洲与非洲国家发展差异性的深层次原因。

一　民族形成与发展的基本规律

不同历史时期以及不同国家的学者们，就民族概念的界定与内涵，进行了广泛而深入的研究，并且分别从各自的学科背景、研究方法、关注焦点入手，得出了不尽相同的各种类型的结论。马克思主义的理论观点认为，民族本身是一个历史范畴，是社会发展到一定阶段的产物。民族的产生、发展，以及最后的消亡，都遵循着一定的历史规律，受到诸多因素的影响，其中生产力的发展水平和物质生产所达到的水平，是其中发挥着决定性影响的要素。换言之，在马克思主义看来，民族的兴起与发展有着内在的历史脉络，生产力发展以及社会分工是其中发挥着决定性作用的力量。在人类不同的发展阶段中，生产力发展水平的差异，决定了民族的存在形式和发挥的作用不尽相同。

如果以时间作为坐标轴来看，民族产生与发展的历史过程，与人类的文明史发展大体重合，是有文字记载以来的历史发展阶段中，人类社会最为重要的共同体形式。生活在不同大陆、不同地区的各个民族虽然具有不同程度上的差异性，但其成型与发展的过程大体相似。按照人类社会或者文明史发展演进的脉络来衡量，不同个体之间的社会性联系随着生产力的发展而不断增强。从个人到家庭、家族、氏族，再到部落、部落联盟的发展过程，就是不同个体人之间的社会性联系日益密切化、复杂化的过程，也就是民族产生的全过程。

首先，原始社会落后的生产力发展水平，凸显了个体人之间不断加强社会性联系的必要性。在人类文明史开始的早期，由于生产工具落后、自然科学知识有限，人类驾驭自然环境的能力普遍较弱，不仅无法稳定地获取充足的食物来源，而且时刻面临着恶劣的气候与其他生物的威胁。在这种形势之下，个体人由于身体条件的限制，在自然界中长期生存下去的概率较低。为了应对这种挑战，人们开始以集体生活的方式来提高个体生存的概率，而维系不同个体的最为直接的纽带，就是基于血缘关系而形成的彼此认同与相互信任。血缘关系构成的纽带，最初表现为直接的血缘关系，即所有成员都属于同一个家庭。但是随着家庭成员的不断增多，家庭规模的不断扩大，血缘关系的构成也日趋复杂，出现了超出一个家庭范围的现象。不同的家庭继续按照某一血缘关系脉络稳定地形成的家庭联盟，就构成了氏族。无论是家庭还是氏族，都是当时的生产力水平所决定的社会组织形式。由于生产力低下，所有劳动产品在满足人们基本需求之后，不存在任何剩余，因此在整个关系纽带之中，不存在与实际生产相脱离的成年人，所有成年的成员都直接从事生产活动，是维系整个群体生存的直接实践者。此外，受制于人们在时间和地理范围上直接感知血缘关系的有限性，时间相对较久或者超出直系亲属联系的较远血缘关系，往往不会被关系纽带中的成员们直接认可为是可被接受的亲缘关系。也正是由于上述原因，在原始社会生产力较为低下的前提下，人们的社会联系纽带始终以更具直接和形象表现形式的直系血缘关系为载体，而直系血缘关系的相对有限性，也导致人们在家庭、氏族阶段无法形成规模较大的共同体。总体来看，氏族虽然不是一种典型的族类共同体，但已经在把分散的个人联系在一起的过程中，构筑了一种最初形态的社会共同体，为民族的产生进行了必要的铺垫。

其次，生产工具的进步、生产力发展进步与剩余产品的出现，在广度和深度上不断拓展个体的人与社会共同体之间的社会性联系。家庭的出现，特别是氏族这一具有社会性的共同体的快速发展，极大地提高了个体成员的生存概率。在生产技术进步的加持下，氏族的人数开始不断增多。由此带来的婚姻与生育问题使单个人之间的联系很快突破单一的血缘脉络，致使单一的氏族会逐步裂变为认同不同直接血缘关系的若干个氏族。由于氏族的根本规则，是任何成员都不得在内部通婚①，因此任何氏族如果要维系生存，则必须通过婚姻与其他氏族建立联系。成功的婚姻关系也为氏族之间开展有序的生产合作奠定了基础，不断巩固和发展氏族之间的友谊。在此形势之下，稳定的氏族联姻关系或者氏族联盟就逐步构成了部落，部落也成为人类历史上第一个族类共同体②。在生产剩余催生财产私有制之后，部落往往会为追求财富的最大化，而最大限度地从事生产。而在特定的空间地域内，不同部落生产规模的持续扩大，势必导致自然资源的相对稀缺性，进而引发部落之间发生争夺劳动力、资源和财富的战争。为最大限度地打击对手和保护盟友，具有稳定的通婚或者生产合作关系的部落之间形成联盟。强大的部落联盟因为赢得战争的胜利，因而可以稳定地掌控某个地域范围内的所有自然资源与劳动力。在这个发展进程中，随着人类社会共同体的规模不断壮大、功能日益丰富，血缘关系在维系人类个体生存与发展方面所发挥的直接作用开始逐步淡化，社会共同体对生产的有序组织和财富的有序分配，愈发明显地成为人们生活的保障。在这个发展阶段中，任何一个个体成员都与共同体开始逐步建立了不依靠直接血缘关系的社会性联系。基于这种变化，社会共同体对特定地区的掌管和利用关系，开始取代血缘关系，成为塑造人们以部落为对象的全新身份认同的主体。在部落联盟中发挥领导或支柱作用的氏族，因此也成为承载这种全新身份认同走向具象化的实际载体。从氏族到部落联盟的发展历史，就是规模不断扩大的人类共同体推动个体人与群体之间不断加深社会性联系的过程，维系不同个人身份认同感的要素开始从具象化的血缘关系，逐步拓展到相对更为抽象化的社会经济联系。

再次，共同体成员之间不断加深的社会经济联系，最终推动民族走上人类的历史舞台。在部落联盟关系趋于稳定和成熟之后，所有成员在共同体的组织下，开始出现共同协作的劳动生产和产品分配，并逐步形

---

① 恩格斯：《家庭、私有制和国家的起源》，《马克思恩格斯选集》第4卷，第80页。
② [英]休·希顿—沃森：《民族与国家——对民族起源与民族主义政治的探讨》，中央民族大学出版社2009年版，第7页。

成相互依存的经济共生关系。共同经济生活的深入发展,进一步推动了成员之间的交流与互动,让来自不同氏族、部落的居民的宗教信仰、语言、风俗习惯相互交织和融合,并且慢慢地演化成为与部落联盟相适应的全新的各类社会文化表现形式。在这种缓慢的融合过程中,规模较大、掌握生产资料等处于强势地位的部落,其信仰、语言、风俗、价值取向等方面,往往对整个共同体产生较为深远的影响,或者是左右了共同体塑造各类全新的社会文化表现形式的发展方向[①],或者本身就成为各类全新的表现形式的模板。这些适应全新身份认同的文化表现形式的出现,标志着部落联盟的所有成员最终形成了内部具有高度同质性的社会性共同体,民族由此开始正式进入人类文明史的记载之中,并且逐步成为推动人类历史继续发展前进的最主要行为体之一。民族的出现,是人类历史中生产力发展到一定水平而必然产生的结果。任何一个民族在历史上能否稳定地存在发展,以及在历史上究竟会扮演什么样的角色,发挥什么样的作用,归根结底都是受到自身生产力发展水平的影响和制约。

二 民族发展阶段的划分

在世界各地的人类文明发展史中,民族产生与发展的历史原点大体位于原始社会末期,而后一直伴随着阶级社会的发展,至今仍然是将不同自然人有效聚合在一起的最重要社会共同体。马克思主义认为,生产力与生产关系之间的辩证关系,是影响一个民族发展脉络与水平的内在动力。因此,在世界范围内,由于不同历史时期各地的发展差异较大,因而相应地区内的各个民族的发展水平差异也较大。有些生命力较强的民族不断发展壮大,能够较好地应对战争、自然灾害等挑战,因而能够不断兼收并蓄周边的民族或者部落(联盟),独立发展的脉络始终未被打断。有些民族则因为无法应对各类内部或外部挑战,独立发展脉络被打乱或者完全中断,或者是走向解体,或者是被迫纳入其他民族的发展轨迹。总之,在民族登上人类文明史的历史舞台之后,任何一个民族的

---

① [英]爱德华·莫迪默主编:《人民·民族·国家——族性与民族主义的含义》,中央民族大学出版社2013年版,第67页。

继续发展都要受到特定时间和地域范围内的诸多因素的影响，因此若以同一时间标尺进行衡量的话，彼此间存在着较大的发展差异。依据民族自产生之后所处于的不同发展阶段，可以对所有民族进行相应的类型划分。

第一种类型是原始民族。原始民族主要是指，在部落联盟形成以后至国家形成之前存在的居民共同体。在这个阶段中，生产力水平落后，没有明显的生产剩余，社会阶级的分化尚未成型，人们的生活在一定程度上仍然保留着部落的特征，对所处的社会共同体的认可程度相对较低。此外，受上述因素的影响，原始民族的规模相对有限，对应的社会发展形态主要是原始社会后期阶段。在此阶段之中，民族的形成与发展只表现为部落联盟融合的结果，与国家的塑造无关，是一种单向的自然演进过程，因此这一阶段的民族通常又被称作自然民族。原始民族是民族产生的起点，是任何民族发展所必须经历的阶段。

第二种类型是古代民族。古代民族是依托原始民族，通过国家的力量而形成的一种发育程度较高的居民共同体。古代民族的存在时间主要对应奴隶社会、封建社会的发展阶段。原始社会结束后，社会生产力不断发展，大规模的生产剩余的出现迅速推动阶层分化的产生，大量占有生产资料的统治者开始出现，如占有奴隶的奴隶主和占有土地的地主。为最大限度地维护和扩大这种特权，奴隶主和地主阶层都会不断扩大对权力范围内所有个体的控制，不断加强所有成员对其统治权合法性的认可，同时要求所有成员进一步解放生产力，扩大生产规模，增加上缴的财富总量。不断解放的生产力和持续扩大的物质财富，在客观上推动共同体内部形成经济循环的同时，也增强了统治阶层建立越来越复杂的统治体系，并依靠这些统治体系加强对所有个体成员控制的物质基础。在所有个体支撑国家的存在与发展，国家又不断加大对所有个体影响的双向互动过程中，民族的经济、语言和心理素质都在不断的加强。随着所有居民个体对整个共同体的认同不断加强，民族的自我意识也在不断的强化和提高。至封建社会末期，传统农业或者牧业支撑下的民族共同心理，已经达到了历史发展的最高水平[①]。从古代民族开始，民族的继续发展不再只是居民形成的社会共同体独自演进的过程，而是要受到国家力量的影响。换言之，民族这一阶段的发展是在国家的框架下进行的，国家与民族之间的双向互动，其中国家为推动民族的内部持续聚合，提供了持续的政治动力[②]，而民族的逐步成长，为国家的存在提供了稳定的基础。鉴于进入这一发展阶段之后的民族已经开始与国家保持着密不可分的关系，因此通常又被称作国家民族。

第三种类型是现代民族。现代民族的出现与资本主义经济的萌芽与发展存在着密不可分的联系，本质上是国家民族随着国家形态的现代化而一同走向现代化的居民共同体形式。规模越来越大的商品、人员、资本的流动，要求人们冲破封建时代的地主土地所有制带来的各地分割的局面，在国家内部尽快构建统一的市场。随着各类相互封闭的制度被逐步废除，各类生产要素的全国流动不断加强了各地人们之间的相互了解与认同，共同推动全新的社会心理形成。生产方式的改变，也为国家从封建制度下的松散统治走向资本主义的中央集权，奠定了必要的物质基础。民族社会心理的加强与国家内部整合的推进，使两者之间的互动关系迈入了全新的阶段。一方面，民族共同心理的强化，进一步带动了民族自我意识的增强。在此基础上形成的民族身份认同，已经超越了认可现实中统治者权威合法性的阶段，而是把基于民族特征、国家历史、领土范围等要素而抽象出来的国家概念，当作最终的认同对象。换言之，这种认同并不会因为国家的元首或者执政团体的变化，而出现根本性的变化。社会共同体的稳定存在，为国家有序推进社会治理，提供了必要的前提和坚实的保障。另一方面，随着国家物质力量的增长和社会治理功能的日益完备，政府在政治参与、经济发展、社会公共服务、安全保障等多个方面，对民族所有成员的影响愈发明显和直接，为社会共同体的持续和稳定存在，注入了源源不竭的动力。社会主义制度进一步解放

---

① [英]爱德华·莫迪默主编：《人民·民族·国家——族性与民族主义的含义》，中央民族大学出版社2013年版，第56页。

② 周平：《对民族国家的再认识》，《政治学研究》2009年第4期。

了生产力的发展，革新了生产资料的分配和生产要素的配置，不仅塑造和巩固了阶层之间的平等关系，而且进一步扩大了广大民众对国家政治经济发展的直接参与和管理，增强了人们当家作主的意识。社会福祉的不断增加以及主人翁意识的不断增强，持续地提升着居民的获得感、满足感、安全感和幸福感，让民族的共同心理与自我意识，走上可持续发展的道路。现代民族是民族在目前人类社会发展中所达到的最为高级的表现形式。

随着生产力的发展和生产关系的不断改善，从原始民族到古代民族，再到现代民族，民族自身发展的稳定性与生命力呈现出逐渐增强的态势。与此同时，随着民族发展水平的上升，民族内部孕育的社会心理、身份认同等要素，对生产力和生产关系的反作用也在逐步增强。当处于不同发展阶段的民族之间发生联系之时，发展阶段相对较高的民族往往对发展程度相对较低的民族，在政治、经济、文化、社会、军事等多个方面，都会呈现出明显的优势地位。在基于社会主义制度基础上的公有制经济尚未成为支撑民族发展的物质基础的情况下，发展程度相对较高的民族之于发展程度相对较低的民族的优势关系，大多数时会成为一种前者通过剥削与掠夺后者而实现获益的不对等关系，这本质上是在生产资料私有制的基础上，民族内部的阶级剥削与压迫在民族间关系上的一种投射。欧洲对非洲的殖民统治及其对非洲发展的恶劣影响，就是处于不同发展阶段的民族之间关系的具象化表现。

三 欧洲民族与非洲民族发展的差异

非洲整体特别是撒哈拉以南非洲此前一直与欧洲保持着相互独立的平行发展格局，两者的区域内的各个民族分别沿着各自社会的生产关系与生产力的匹配情况，稳步向前发展。但新航路带来的地理大发现，特别是殖民统治的大规模入侵，使得非洲的发展与欧洲的发展开始出现交集，并逐步被裹挟进以欧洲为中心的发展模式和道路之中。如果以19世纪末欧洲列强瓜分非洲的狂潮作为观测时间点的话，欧洲民族与非洲民族的发展差异更加一目了然，是在同一时空背景下处于完全不同发展阶段的民族类型。一方面，欧洲各国内部通过革命或统一战争，实现了政治和市场的统一，为资本主义经济发展进一步扫清了障碍。其中，英国、法国、德国、意大利等主要国家的资本主义已经开始从自由竞争时代转向垄断资本主义阶段，迫切需要对外扩张，实现商品倾销与资本的增殖。在此形势下，欧洲国家内部的各个民族纷纷实现了从古代民族向现代民族的跨越。相较之下，在同一时期的非洲，除了埃及、埃塞俄比亚、摩洛哥，以及西非和南部非洲的部分地区存在封建国家，或者是从奴隶制阶段向封建制度过渡的国家形态外，其他大部分非洲地区仍然处于奴隶制城邦、部落的时代。与之相对应，除了极个别地区存在古代民族之外，大部分的民族都处于原始民族的形态，有些居民共同体甚至处于前民族的氏族或部落联盟的形态。因此，欧洲殖民者对非洲的殖民入侵和统治，实质就是欧洲的现代民族对非洲的前现代民族的全方位剥削。殖民入侵与殖民统治的出现，本身就是欧洲与非洲的民族发展阶段不平衡所带来的产物，而在以殖民为中心线索建立起的欧非互动关系之中，两者所处于的不同发展阶段与发展稳定性之间的关系，也已经充分表现出来。

欧洲资本主义经济发展催生现代民族的进程，不仅是欧洲能够向非洲发动大规模殖民入侵和统治的原因，也是非洲的廉价劳动力、自然资源所创造的财富不断向欧洲聚集所创造的结果。总体来看，欧洲的现代民族形成经历了漫长的过程，其率先跨过进入现代民族的门槛，进一步增强了相较于非洲民族的发展稳定性。以长期在欧洲大陆居于主导地位的法国为例，法兰西民族的形成与发展过程可以被视作欧洲民族发展史的代表性模型。法国境内最早的居民为高卢人，罗马帝国征服当地后，部分罗马人开始迁入当地，与高卢人杂居形成罗马化的高卢人，并依托罗马的奴隶制社会，构筑了法兰西民族的雏形。日耳曼人的入侵，进一步丰富和扩大了法兰西民族的构成。法兰克王国成立，特别是莱茵河西岸的西法兰克王国的出现，让法国北部使用法语、信仰天主教、认同巴黎政府世俗统治权威的居民，逐步形成了具有统一身份认同的居民共同体。随着法国在路易十四的统治下成为西欧最大的封建制中央集权国家，法国统治范围内不同地域的居民融合的程度进一步得到提升。在资本主义生产关系大规模出现前，法兰西民族的发展已经趋于稳定。法国大革命的爆发，尤其是在对抗反法同盟的入侵过程中，法国居民的法兰西民族意识又被进一步唤醒和加强，不断巩固和强化人们共同的社会心理。在资产阶级大革命的引领下，政治、经济、文化等一系列改革措施的实施，进一步冲破了地区之间的壁垒和阻隔，加强了全国各地居民之间的经济文化往来，特别是南北双方交流的深化，构筑了全国统一的市场和健全的交通网络。在这一历史过程中，原本远离巴黎统治中心的南方各地居民，诸如普罗旺斯人、科西嘉人进一步强化了对法兰西民族的认同，有力地促进了南北统一与居民融合。在此过程中，迈过现代化门槛的法兰西民族最终完成了自我构建的历史重任。无论是在日后的全球殖民扩张中，还是两次世界大战中，再到现代欧洲一体化进程中，法兰西民族始终保持着独立且稳定的发展。

相较于以法兰西民族为代表的欧洲民族，非洲民族的最大差异是没有在欧洲与非洲的发展脉络出现大规模交集之前，独立地迈过现代化门槛。因此，在西方殖民入侵之前，非洲民族的总体演进历程与前封建时代的欧洲民族具有一定的相似性，能够沿着自己的脉络独立稳定地发展，但随着欧洲民族的入侵，发展程度上的滞后性逐渐演变成为非洲民族发展的脆弱性。在被裹挟进欧洲殖民者主导的进程中，非洲各个民族的发展在总体上呈现出不稳定的特征，一些民族开始走向与正常演进道路完全相反的方向，规模不断缩小，身份认同不断淡化，呈现出解体的趋势，另一些民族虽然在殖民统治体系下获得了一定的发展，但其活动范围和构成却发生了较大的变化。

以建立西非萨赫勒地带最后一个黑人帝国的桑海人为例，早在7世纪时，桑海人（Songhai）就已经步入奴隶社会并且形成了清晰的阶级分化，以民族的形式登上历史舞台。他们在尼日尔河流域依靠传统农业和穿越撒哈拉商路的贸易，逐步建立了以使用桑海语、信仰伊斯兰教为主要标志的身份认同，并且相继融合了周边认同桑海王权统治权威的部分摩尔人（Moor）、柏柏尔人（Berber）、图阿雷格人（Touareg）等居民，规模越来越大，至15世纪以后，其分布范围已经覆盖尼日尔河、桑内加尔河流域，成为西非最为强势的民族，由其建立的桑海帝国亦成为西非最强大的帝国。但是如果把观察视角从西非萨赫勒地带放大到整个撒哈拉沙漠西部地区，不难发现尽管桑海族在与其他黑人族群的竞争中处于优势地位，但其处于奴隶社会与封建社会发展的过渡阶段，与已经步入更高级发展阶段的其他民族相比，处于明显的竞争劣势之中。16 世纪末期，随着已经步入封建社会的摩洛哥派军攻陷桑海王国，不仅桑海族融合周边其他民族的历史进程被打断，桑海族自身也面临着萎缩和解体的风险。西方殖民主义大规模入侵西非内陆后，桑海族的萎缩速度进一步加快。随着桑海族及其居住的土地被英国、法国殖民者划分到尼日尔、马里、布基纳法索、加纳、贝宁、尼日利亚等多个殖民地之中，不仅周边其他民族融入桑海族的进程减缓，而且既有的桑海族也被划分到不同的非洲国家之中，成为当地的非主体民族。即便在本族居民人数最多的尼日尔，桑海族与哲尔马族（Zerma）的联合体也大概只占国民总数的 22% 左右。而在其他西非国家，桑海族普遍处于边缘化民族的地位，而且融合进豪萨族（Hausa）、阿坎族（Akan）、沃尔特族（Volta）等周边规模较大民族的趋势不断增强。

相比由盛转衰的桑海族，约鲁巴族（Yoruba）所面临的民族发展困境，在非洲更具典型意义。约鲁巴族为生活在西非尼日尔河下游地区的重要民族，聚居地涵盖现今尼日利亚、贝宁、加纳等国，其中以尼日利亚西南部为最主要的分布范围。在一千多年前，约鲁巴人的先祖从东非迁徙到尼日尔河下游，并开始在当地陆续建立起包括奥约（Oyo）、伊巴丹（Ibadan）、伊勒—伊费（Ile-Ife）在内的诸多城邦王国。这些政治实体基本构筑了约鲁巴人以城邦为实际载体的社会共同体和身份认同感。尽管这些城邦并未向桑海帝国那样，通过形成统一的帝国来继续促进各个城邦居民的进一步融合，但其居民仍然在若干个方面具有一定的相似性，比如：在本土宗教信仰中，都尊奉神灵奥卢杜梅尔（Oludumare）为至高无上的造物主；在语言上，都使用彼此能够相互通话交流的约鲁巴语方言；在经济基础和结构上，均是以农业种植和商业为依托，其中男性主要从事农业生产，女性在商品交易方面发挥主要作用；在社会形态上，各个邦国均形成了以国王为世俗权力统治为核心，各个阶层高度分化的格局，处于由奴隶社会向封建社会过渡的阶段。英国殖民者的入侵在一定程度上推动了约鲁巴人共同社会心理的巩固。在殖民统治时期，英国殖民者基于上述相似性，把当地各个邦国的居民当作一个民族整体来看待，约鲁巴族作为一个规模更大的社会共同体概念，开始被当地的人们接受。与桑海族的发展遭受殖民统治的剧烈冲击有所不同，约鲁巴族的自然演进历程在被殖民入侵打断后，英国殖民者为了实现对尼日尔河下游地区分而治之的策略，选择了在特定地域刻意强化民族身份认同的策略。在殖民政府的"族群识别"政策的推动下，尼日尔河下游以西地区的居民，大多都被划入约鲁巴族的范畴。约鲁巴族的文化符号、身份认同概念也逐步加速向周边的小族群扩展。英、法两国瓜分西非地区虽然导致前殖民时代的部分约鲁巴族成员被划分到邻国贝宁，但在尼日利亚西南部却实现了规模的扩大。从一定意义上来看，约鲁巴族在尼日利亚西南部的发展，是殖民统治推动的结果，是非洲民族发展逻辑被殖民入侵改变的表现之一。

进入20世纪之后，上述两种类型的非洲民族变化被欧洲列强的殖民统治进一步固化，并最终塑造了各个殖民地内部的民族分布与关系格局。更为重要的是，非洲民族在外来力量冲击下改变原有发展轨迹的同时，却未能在殖民统治时期跨过现代化的门槛。因此，通过非殖民化走向独立的各个非洲国家，实质上是建立在愈发破碎化的前资本主义时代的民族的基础之上。

第二节　欧洲国家与非洲国家的内在特征不同

正是由于在民族基础上存在的显著差异，欧洲国家虽然与非洲国家都是国际法意义上的主权国家，但实际上在内在特征方面仍然存在着较大差异。作为较为成熟的现代民族国家类型，欧洲国家的产生与发展与民族的产生与发展在时间上和逻辑上都大体保持着协调一致的方向。尤其是在以资本主义经济发展为基础的现代化门槛上，民族的现代化与国家形态的现代化基本同步实现，前资本主义时代民族与国家的稳定联系，在全新的经济基础上得到了有效地延续与升级。在这种全新的发展阶段，国家的社会文化内涵与民族的政治化实现了有机统一，两者互为存在基础和发展动力，构建了较为稳定的演进模式。而在非洲的发展模式之中，由于殖民入侵与殖民统治不仅加速了当地各个前资本主义民族的碎片化，而且破坏了能够支撑这些民族独立自主跨过现代化门槛的经济基础，所以现代民族的缺失，决定了非洲难以出现以前资本主义民族为基础的现代主权国家。以殖民地为基础建立的非洲主权国家，在一定程度上可以看作是非洲人在去殖民化背景下，继承殖民者政治遗产的结果。摆脱殖民统治并独立，标志着非洲在国家形态上实现了现代化，但这一结果无论是在时间上还是逻辑上，都先于与国家相对应的现代民族的产生。现代非洲国家的发展进程，在一定程度上可以被看作是依托现代国家建构现代民族的进程。非洲国家与民族在时序上出现倒挂以及在联系上的断层，是众多非洲国家频繁陷入发展困境的重要诱发因素。具体来看，以民族基础的差异为核心，欧洲国家与非洲国家的差异可以具体从以下几个方面来加以理解。

一　现代国家的产生方式不同

作为不同个体居民构成的社会共同体的政治化形态，国家的产生与发展与民族的产生与发展的逻辑大体相同，是人类社会生产力进步到一定阶段的产物，产生之后的具体形态与发展水平，受制于生产力与生产关系之间的关系。恩格斯认为，国家的出现是人类社会发展的必然结果，人类社会始终存在着两种生产，即物质资料和精神资料的生产以及人类自身的生产，而社会发展始终受到这两种生产方式的影响和制约。在生产力发展水平较低，剩余产品较少的时期，以血缘关系为纽带的氏族制度，成为国家产生以前对社会进行管理的基本社会制度。随着生产力的不断进步，人类形成的社会共同体不断扩大，生产过程中结成的分工与合作关系取代血缘关系，奠定了公共权力的国家制度。马克思主义认为，国家是阶级矛盾不可调和的产物。生产力不断进步带来的社会生产规模扩大、社会分工加速，导致了社会内部出现阶级的分化。只有当阶级分化产生，两个对立阶级的矛盾达到不可调和时才出现了国家，国家是经济上占据统治地位的阶级对其他阶级剥削和压迫的产物。由于统治阶级最大程度地追求财富的积累，因此利用公共权力继续推动和优化社会分工，客观上促进了生产力的发展，强化了社会经济发展对于社会共同体的整合与塑造作用，推动了民族的发展。可以说，在人类历史的发展进程中，民族与国家处于相互促进的关系之中，是生产力发展进步这条核心主线分别在社会文化和政治领域中催生的结果。在没有外来力量干涉的情况下，民族与国家的关系会呈现出相对稳定且平衡的发展态势，民族的现代化与国家的现代化应该在大体同一历史时期完成，本质上是两者相互促进的关系在生产力发生革命性变化后的最新表现形式。

在近代的西欧，主权国家在成型之时，其内部已存在认可共同起源并且使用同样语言、信仰同一宗教的统一民族[①]。经过长时间的发展演变，欧洲大陆在分分合合之中形成了若干封建王权国家，而这些国家对境内居民集体身份认同的塑造起着至关重要的作用，基本实现了某个封建王权掌控下的国家对应某个民族的稳定联系。但在此阶段，民族的自我意识尚未得到充分释放，居民的集体身份认同更多以王权为认同对象，社会共同体的存在是为了服务于封建王公贵族的世俗统治，作为一个整体的民族只具有社会文化层面的含义，并未参与政治化进程。随着资本主义经济的发展，新兴资产阶级要求废除封建王权，对内建设统一国家大市场，扫清生产要素自由流通的障碍；对外保持国家的独立，为本国资本和商品参与国际竞争保驾护航。在这一历史进程中，民族意识开始成为资产阶级发动民众的有效工具，民族意识开始觉醒，并逐步走向政治化。通过发动资产阶级革命或者相应的改革，欧洲国家内部的权力实现了重新分配，封建王权被彻底推翻或者被限制，资产阶级开始成为新的掌权者，民族内部的同质性得到了加强，民众的集体身份认同对象也从王权转变为国家。至此，欧洲完成了国家与民族的现代化进程，民族认同为国家认同以及主权独立注入了具象化的内涵，而国家认同和主权独立又为民族认同提供了必要的政治保障。在全世界范围内，欧洲率先

---

① Hector Muro Chadwick, *The nationalities of Europe and the growth of national ideologies*, Cooper Square Publ., 1973, pp. 56 – 60.

实现了王朝国家转变为现代民族国家①，民族也由此升华为国家民族（国族），兼具了政治性与民族性的内涵②。随着全球体系的建立，欧洲模式也逐步向全世界其他地区扩展，并在东亚、东南亚、中东、拉丁美洲等地，成功催生了一大批现代民族国家，成为当地的民族和国家实现现代化的途径。

但相比于继欧洲之后成功建立起现代民族国家模式的世界其他地区，非洲的国家发展表现出诸多特殊性与差异性。在殖民入侵和殖民统治开始之前，非洲本土的民族与国家之间同样沿着相互促进的模式稳步向前发展，只是受制于生产力的发展水平，一些民族虽然已经迈入了古代民族的行列，但与之对应的国家形态大多数停留在奴隶制国家阶段，很少有进入欧洲模式的封建国家阶段。然而，随着20世纪中期非殖民化浪潮的兴起，非洲殖民地纷纷获得政治独立，欧洲的国家模式仅在非洲留下了主权国家的外壳，而并未建立起与之相适应的现代民族国家的内涵。换言之，非洲的国家形态走向现代化的基础是欧洲殖民者建立的殖民地，而并非前殖民时代的各类国家形态。非洲现代主权国家的出现，并非前殖民时代民族、国家直接走向现代化的结果，而是欧洲殖民者人为"建构"出来的成果。因此，通过横向对比同为20世纪中期走向独立或民族解放的部分东亚、东南亚国家不难看出，非洲国家独立后的稳定发展程度明显要略逊一筹，其中的关键之处就是缺少支撑主权国家的民族层面的内涵。非洲国家更主要表现出的是现代国家形态中的政治内涵，即主权国家的基本属性，但却因缺乏民族内涵的必要支撑而不可避免地沦为一种空洞的政治概念③。成熟的现代（民族）国家，本质上是以民族对国家的认同为基础的主权国家④。非洲国家普遍缺乏应有的民族内涵，实质

---

① "民族国家"概念的要旨是在于揭示民族与国家的对应关系。由于世界上极少有单一民族国家，因此"民族国家"的模型不具有广泛适用性。在谈及民族与国家关系成熟的案例时，本书将使用"成熟的现代（民族）国家"概念。

② [英]休·希顿—沃森：《民族与国家——对民族起源与民族主义政治的探讨》，中央民族大学出版社2009年版，第1—5页。

③ 贺文萍：《非洲国家民主化进程研究》，时事出版社2005年版，第72页。

④ 周平：《对民族国家的再认识》，《政治学研究》2009年第4期。

上反映出在其近代政治发展过程中，原有自然演进逻辑的中断，民族与国家的演进关系出现了相互脱节与分离。

欧洲模式的发展历程表示，如果要通过现代民族国家的形式，推动国家走向现代化，则必须同时满足三个必备前提条件：第一，现代意义上的民族已经存在。第二，新兴的主权国家成为近现代国际法认可的最主要国际关系行为体。第三，主权国家的历史以及社会文化基础是现代化的民族。之所以将三个条件按此顺序枚举，是因为在近代欧洲国家模式走向成熟的过程中，它们不仅沿着时间轴线呈现出这种排列，而且在发展逻辑上也是以此次序相互联系。对这种顺序的任何改动，都可能导致无法成功建立成熟的现代民族国家。现代非洲国家并不是在上述条件顺次得到满足的背景下产生的。在欧洲殖民主义的人为干扰下，其发展脉络大致按照二、三、一的顺序展开，即先行建立主权国家，其次培养国内居民对国家的认同，而后借助认同感塑造统一民族，从而最终使国家摆脱单纯政治符号的窘境。但就现实状况来看，这种尝试能否在非洲取得广泛成功，前景并不明朗：多数国家迄今仅实现了主权国家的建立，国家认同感尚在艰难的建构过程中，部分国家则因为认同感建立失败，致使主权国家的概念已经空壳化[1]。无怪乎人们在分析制约现代非洲国家建构的障碍时，常把问题的症结归咎于民族和国家在时序上的倒置和逆向发展[2]。非洲主权国家的建立是一个精确的时间点，其余两个条件表现为一段历史进程。以前者作为临界点，分别从后两者入手，对比分析近代西欧以及非洲具体情况间的区别，有助于深刻认识非洲现代国家建构历程走上畸形发展道路的必然性。

二 国家与民族之间的关系不同

作为所有构成成员集体特征的聚合，民族在很大程度上带有所有成

---

[1] 自1991年内战爆发之后，索马里长期陷入无政府的军阀混战，至今仍然没有出现任何转机的迹象。由于当地政权目前由多个军阀掌控，"索马里"一词不再是一个主权国家名称，而成为一个地理概念。

[2] 葛佶主编：《简明非洲百科全书（撒哈拉以南）》，中国社会科学出版社2000年版，第189页。

员所处社会和时代的社会经济发展特征。德国著名的政治理论学者约翰·布伦奇利（Johann Bluntschli）认为，如果一个居民组成的社会共同体要能够成为民族，则其中所有的构成个体必须具备八种共有的特征，即共同的聚居地、共同的血统、共同的身体自然性状、共同的语言、共同的文字、共同的风俗、共同的宗教、共同的生计。与之类似，美国学者本尼迪克特·安德森（Benedict Anderson）认为，民族是一种具有特殊文化性质的人造产物，是人们通过想象构建出来的共同体，而想象的依据正是所有个体人员之间所具有的共性。这些论述虽然没有像马克思主义理论那样触及民族形成与发展的本质，具有明显的局限性，但肯定了民族认同所依据的具象化信息，以及特定生产力发展阶段的环境影响与社会特征之间存在着直接联系。因此，在新的生产力与生产关系之间的平衡实现之前，原有的民族以及与之相对应的身份认同并不会完全消失。这就是说，一旦民族形成之后，在一定时间范围内，与之相对应的身份认同会保持稳定的发展，即便遭遇了外来力量的干扰或阻碍，这种稳定性也会演变成为较为明显的惯性，继续存在一段时间。上述影响民族构成的多种要素中的一种或几种发生了变化，并不会立刻颠覆原有的身份认同。只有当塑造这种身份认同的经济基础全部消失之后，旧的民族意识才会逐步退出历史舞台。具体来看，民族意识的惯性与以下方面存在着密切的联系。

其一，以劳动生产和社会分工为基础的经济发展。在特定的地理空间范围之内，能够最终将人们从松散的个体，不断聚合为规模越来越大的共同体，所依靠的就是集体生产生活方式。国家出现之前，共同体的规模相对较小，个体或者不同部落之间的经济关系，表现为相对有限的商品交易。而且这种经济关系通常会以人口规模较大，生产能力和消费能力较强的大型部落为核心。基于这种在经济网络中的核心地位，规模较大的部落统治者成为了民族的统治核心。随着国家形态的逐步出现，这种经济关系不再是小范围内的个体或者部落之间形成的规模有限的商品交易，而是愈发表现为以统治者为核心的经济联系网络的不断拓展。生活在统治者所统治的地域空间上的居民，实质上都是以不同方式服务于统治者占主导的生产资料所有制形式，以支撑统治者对财富的追求。

因此，以统治者所在的地域为中心，统治权所涉及的空间范围里，各地基本可以形成分工有序的配合格局。在大多数情况下，统治中心通常成为财富最大的生产与消费区域，各地则分别负责提供劳动力、农产品、生产工具、自然资源等生产要素。正是在这种格局之下，各地之间逐步形成了相互配合、相互依存的经济联系，直至共同的内部市场逐步形成。密切的经济联系，实质上不断推动不同地区的居民之间开展交流互动，加深了彼此的理解与认知，为共同文化特征的形成，奠定了基础。依托于这种内部的经济联系，统治者所在地通常会发育成为整个国家的经济中心，周边所有以直接或者间接方式与这个经济中心建立长期稳定经济联系的地区，基本上就是这个民族的分布范围。

以位于东非印度洋沿岸的桑给巴尔（Zanzibar）为例，无论是在波斯设拉子人（Shirazi）统治时期，还是在阿曼人掌权的时代，温古贾岛（Ugunja）、奔巴岛（Pemba）两岛一直是连接东非印度洋海岸与西亚阿拉伯半岛之间的商贸战略据点，而温古贾岛北部的石头城则是整个桑给巴尔的行政统治和海路贸易的中枢。长期以来，通过建立沟通阿拉伯人与东非内陆地区的奴隶贸易以及丁香、香料的销售网络，桑给巴尔的统治权逐步从两岛扩张到东非印度洋沿岸，让北起肯尼亚的拉穆（Lamu），南到坦桑尼亚的姆特瓦拉（Mtwara）的漫长海岸线，都逐步成为认可石头城统治者统治权威或宗主权的空间地理范围。在依托印度洋沿岸贸易网络形成的互动关系之中，蒙巴萨、达累斯萨拉姆、巴加莫约（Bagamoyo）、坦噶（Tanga）等重要港口成为桑给巴尔统治者在东非海岸线上建立的统治据点和贸易中枢，并逐步带动周边居民在参与贸易发展的进程中，逐步形成了以使用斯瓦希里语、信仰伊斯兰教、认可桑给巴尔统治权合法性为主要特征的斯瓦希里人，而这些居民分布的印度洋海岸也因此被称作斯瓦希里海岸。从一定意义上可以说，在英国、德国殖民者入侵东非斯瓦希里海岸之前，桑给巴尔统治者直接控制的东非海陆贸易网络，基本就是斯瓦希里人的分布范围，而斯瓦希里人大规模聚居的城镇的集合，基本就是桑给巴尔王国在地理空间上的统治范围。综上所述，发达的贸易网络在推动波斯人、阿拉伯人与非洲班图人的杂居与相互接触的过程中，提供了共同的经济生活基础，对推动斯瓦希里人的出现，发挥了至关重要的作用。

其二，以语言和文字为支撑的社会心理。在共同的经济生活构建起民族生活的物质基础之后，民族的发展就表现为特定地域空间内文化性身份认同的建构过程。在现代主权国家建构政治性的身份认同之前，界定不同居民共同体之间的最直观的标准，就是在宗教信仰、语言文字、传统习俗、文化艺术等多个方面所表现出来的差异。而这些差异，就最终表现为不同民族的性格特征。如前所述，在民族的形成过程之中，占据优势地位的部落在社会文化方面的诸多特征与取向，在塑造整个民族的社会文化特征的过程中，发挥着特殊的作用。特别是在共同经济生活的推动之下，居民个体的社会性直接交往的机会开始增多，彼此之间因为地域、起源不同而存在的诸多社会文化方面的差异，将在相互交流与互动的过程中，逐步与民族形成与发展中占据主导地位的部落（联盟）的社会文化特征交融在一起。这个过程既是占据主导的部落（联盟）的社会文化特征不断拓展的过程，亦是不断被融合进来的新的群体逐步丰富原有社会文化特征的过程。伴随着共同社会文化特征的形成，居民对民族的认同也可以充分建立在语言、习俗这些具象化的符号之上，并且逐步得到巩固。每个个人都会把自己的生存与发展与整个民族的发展相联系起来，并且认为民族共同社会文化性质的稳定存续，对于民族和个体的发展，都具有十分重要的意义。这种变化就是基于共同文化而形成的共同社会心理，为民族意识的觉醒准备了必要的前提条件。而随着民族自我意识的觉醒，民族作为社会文化共同体的性质进一步凸显，社会文化特征的边界也基本上勾勒出了社会文化心理的边界。此时的民族演进过程不再是一种无意识的状态，而是进入了带有一定主动性的选择与判断的过程，成为一种自在的居民社会共同体[1]。

以语言和文字所发挥的功效为例，其承载着文化交流与记忆传承的双重职能，是共同文化心理形成的重要条件。从记忆传承的功能来看，语言和文字的存在，可以使每一代人都能够把先祖传递下来的各类价值

---

[1] Eric Hobsbawm, *Nations and Nationalism since 1780: Programme, myth, reality*, Cambridge University Press, 2012, p. 26.

观，连同自身的经验和成就，准确地传达给下一代人，用持续不断丰富的内涵，不断塑造着整个民族的集体记忆。从文化交流的功能来看，在不同起源的居民的交往之中，语言和文字起到了交流桥梁的作用，能够使习俗得以借助民众之间的交流互动，从一个居民群体传递到另一个居民群体，为共同的经济生活向共同的文化生活的拓展，搭建了便利的通道与平台。特别是文字的出现，进一步强化了语言的双重功效，使承载居民社会文化价值特征的信息，在跨越时间和空间的传递过程中，准确的程度得到了极大地提升。在语言和文字的共同带动下，其他文化要素的逐步落实得到了有效的提升，加速了共同文化的塑造。

在尼日利亚北部、尼日尔南部生活的豪萨—富拉尼族的形成中，带有较为明显的共同文化、共同心理素质重组和再生的过程。豪萨—富拉尼族原为两个民族，其中豪萨族主要生活在尼日利亚北部的平原地区，主要从事农业生产，统一使用豪萨语，并且相继建立了卡诺（Kano）、卡齐纳（Katsina）、扎里亚（Zariya）等城邦国家；富拉尼族为起源于塞内加尔河流域富塔贾隆高原（Fouta Djallon）的游牧民族，在逐步向东迁徙的过程中，与沿线的一些民族杂居在一起，其中一部分迁徙到豪萨族的聚居区，在豪萨族的城邦内逐步定居。在伊斯兰教向西非萨赫勒地带传播的过程中，富拉尼族的整体伊斯兰化程度快于豪萨族，因此至18世纪末期，豪萨族、富拉尼族分别形成了以使用豪萨语、信仰伊斯兰教为特征的身份认同。19世纪初，戈比尔（Gobir）城邦的富拉尼族伊斯兰教领袖乌斯曼·丹·福迪奥（Usman dan Fodio）建立索科托（Sokoto）帝国，完全统一了豪萨族与富拉尼族杂居的地区，将豪萨语和伊斯兰教实现有机整合，成为支撑豪萨族、富拉尼族联合关系的共同文化性支撑。在此带动下，两者实现了有机的融合，最终构成了豪萨—富拉尼族。特别是在尼日利亚独立之后，在与南部约鲁巴族、伊博族的博弈之中，豪萨语、伊斯兰教这两者在广泛发动北部居民参与国家政治的进程中，发挥着十分关键的作用。

在欧洲模式之下，由于民族和国家相辅相成的演进逻辑并没有中断，因此民族和国家的现代化进程不仅没有改变民族认同与国家认同的联系，而且继续为两者的稳定联系注入新的内涵，民族意识与国家意识继续保持着相互支撑的关系。但在非洲的近代发展环境中，现代民族的缺失与主权国家先于国家民族出现的倒置顺序，导致独立后的非洲主权国家与境内居民的集体身份认同之间存在着较为明显的断层。如前所述，一方面，欧洲殖民入侵和殖民统治人为阻断了非洲原有民族的自然演进历程，导致这些民族无法从前资本主义时代自主地迈进现代化，但另一方面，欧洲殖民者却并未真正彻底且全面地摧毁非洲本土民族存在所依赖的生产关系、社会文化心理等要素，前资本主义时代的民族认同仍然广泛存在，即便是在非洲主权国家建立之后，仍然表现出强大的发展惯性。具体来看，欧洲殖民者从全面瓜分非洲，到非殖民化浪潮的大规模兴起，统治非洲时间虽然长达半个多世纪，但其本质仍然只是资本主义世界对非洲的单向掠夺，而并未给非洲带来资本主义的先进生产方式。无论是资本主义经济相对发达的英国、法国，还是总体实力相对滞后的葡萄牙、西班牙、比利时，再到后来崛起的帝国主义国家德国、意大利，各国对非洲统治的焦点是掠夺自然资源，尤其是矿产、经济作物，因此不仅在各个殖民地建立起以采矿场或者经济作物种植园为核心的单一初级产品出口经济，而且统治中心也是围绕着资源开发与交通运输等极少数几个据点而展开。除此之外，绝大多数的地区仍然维持着前资本主义的发展状态，尤其是在实行间接统治的英国殖民地，广大乡村地区或者偏远内陆地区的社会结构、居民生活状况没有任何根本性的变化。从经济基础来看，原始的植物采集、狩猎，以及小规模的农业生产广泛分布于各个地区，自给自足的小农经济占据绝对主导地位，大规模的商品交换并未出现，统一的国内市场根本无从谈起，在社会组织结构上，传统村落或者部落是人们身份认同的主要对象，首领的权威得到了各个个体的尊重与认可，人们依然使用自己的语言、文字以及宗教信仰保持联系与互动。即便到了第二次世界大战结束后，非洲的整体发展水平并没有实现根本性突破，与资本主义密切相关的经济政治活动依然只存在于港口或者中心城镇中，其余地区的民众无论是在生活方式，还是生活水平上，都与殖民入侵前并无太大区别。为了巩固战后对非洲殖民地的统治，英国、法国、葡萄牙虽然都出台了所谓殖民地开发的相关政策，企图通过向殖民地人民"让利"的方式，缓解殖民地与宗主国之间的矛盾，为殖民统治"续命"，但从投资的流向领域和地域来看，实质上仍然是对之前资源掠夺经济的修补，根本目的是为了尽快从殖民地攫取财富，实现战后社会经济的恢复。即便是非洲国家独立之后，绝大多数国家仍然是全盘继承了殖民地的社会与经济结构，前资本主义时代的经济基础和社会文化心理依然广泛存在。在这种情况下，主权国家需要的国家身份认同与保持着强大惯性的前资本主义民族认同之间的断层，很快便引发成为两者之间的矛盾。除此之外，在资本主义时代并没有直接的密切联系，或者是本身就处于竞争关系的民族，由于被划入了同一个殖民地，而产生持续的对抗，这是对民族认同具有的强大惯性及其与国家认同矛盾性的更为细致的写照，在非洲国家更具普遍性。尽管国家已经独立半个多世纪，但由于经济社会发展落后、政治族群化、社会治理失序等原因，同一个国家内部的不同民族并没有借助国家增强彼此的认同，反而关系不断恶化。特别是在当国内的政治发展依据民族作为基本单元而不断碎片化的形势下，各个民族依靠前资本主义时代的身份认同来参与政治化，催生了族群政治的泛滥。在这种情况下，惯性支撑下的前资本主义时代的民族认同，成为民族政治认同的基础，但这种政治认同又排斥国内其他民族的身份认同，为民族融合埋下障碍，导致与主权国家认同相适应的囊括所有民众的政治身份认同难以产生。对于现代民族国家构建而言，这种历史惯性带来的不相容问题，弱化了非洲国家与民族之间的良性互动关系。

以西非国家马里为例，其居民主要分为南部从事农耕生产的班巴拉族（Bambara）与北部依靠游牧维持生计的图阿雷格、柏柏尔等民族。在前殖民时代，两者各自沿着相互独立的发展脉络演进，法国殖民统治将两者强行整合在一个殖民地之内。但无论是在法国统治时期，还是1960年马里独立之后，马里始终都是非洲最不发达的地区（国家）之一，有限的经济发展成果仅存在于首都巴马科等南方少数中心城镇，班巴拉族与图阿雷格族仍然保持着各自独立的生产生活方式，南北双方不仅交流甚少，而且发展差距日益增大。因此，马里的近现代发展历程，实质上都未概念化南北双方的各民族在前资本主义时代的诸多特征，特别是远离统治中心的北方各民族更为典型。北方也由此成为反抗马里国家认同的重灾区，在马里中央政府对北部行使主权的过程中，北部各民族将其看作是班巴拉族对自身民族认同和固有权益的"侵犯"，采取武力叛乱的方式，拒绝与南方民族进行接触或者走向融合，力图维护自身独立发展的轨迹。

三　国家领土的内涵概念不同

拥有与生存发展密切相关的土地，是伴随着民族产生与发展全过程的重要特征。支配民族发展程度与方向的生产力发展水平，以及生产力与生产关系的联系互动，并不是凭空存在，而是存在于居民生产与生活的特定地域空间之内。这里的生存空间是指民族在形成和发展过程中，所有成员所占据的地域范围。这种地域范围具有两方面的性质，一方面是在空间上的连续性，即所有构成民族的成员所占据的空间，必定是相互毗邻、相互连接的地域，不存在任何孤立或者不连续的空间；另一方面是空间的有限性，即民族所占据的空间并不是没有边界，而是仅存在于特定的地理单元之内，不存在占据地理空间无限大的民族。从上述两个特点来看，自民族诞生以来，世界上所有民族，不论是农耕民族，还是游牧民族，不论是在历史中已经消失的民族，还是当前仍然在变化发展的民族，不论是原始民族、古代民族，还是现代民族，都会在一定时期内固定拥有一块土地，作为生存与繁衍的空间。这块土地为民族所有成员的生产和生活，即共同经济生活、共同文化与社会心理的形成，提供了专属场域。而在这个场域中发展的生产力与生产关系，又不可避免地塑造出反映这个地域特点的社会集体心理。换言之，民族与地域空间的对应关系，实际上就是支撑民族的社会共同体在特定地域范围形成稳定的经济基础与上层建筑。对于农耕民族而言，其所占据的地理空间主要围绕着农业生产土地和村社而逐步向四周拓展；游牧民族的活动范围则主要依靠相应的草场、水资源的分布范围来界定。因此，在漫长的演化过程中，民族身份认同的形成除了包括所有成员对共同体的认同之外，还包括对民族所长期固定占据的地理空间的认同感。具体来看，民族与特定地域空间的关系，可以从以下三个方面来理解。

其一，民族在特定时期内对特定地域空间的拥有，实质上是对这片土地上能够支撑人们繁衍生息的所有自然资源的固定拥有权。对从事农耕的民族而言，这种资源指的就是可耕种的土地以及用于农作物种植灌溉的河流、湖泊。对于游牧民族而言，这种资源指的就是居民放养牛、羊、马等牲畜生存所需要的草场。对于商业民族而言，商品交易市场、商路、买卖的网络，基本就是民族生存的全部资源。相较于农耕民族的固定居住与生活，后两者的活动范围相对较为灵活，不同历史时期的变化程度相对较大，但这种变化的本质仍然是民族追求对自然资源的掌控。如果放大地理空间的视角的话，不难发现游牧民族、商业民族的活动范围也呈现出一定规律，诸如在不同季节之间，在不同牧场之间迁徙，或者因为商品交易总额的变化，导致商人随着几条商路的周期性更替而不断迁徙，因此也可以被理解为是对固定地理空间内的固定资源的掌控关系。

以北非的阿拉伯人为例，自 7 世纪开始，阿拉伯人大批进入北非地区，在东起尼罗河流域，西至马格里布的大片地区内繁衍生息，依靠游牧和贸易维持民族的生存和发展。虽然在这种经济基础上，阿拉伯人的活动范围较之历史上的法老埃及、迦太基的居民扩大不少，个体居民在不同地区之间的流动性增加，领土概念似乎已经虚化，但如果将视野放大到整个非洲之后，不难看出阿拉伯人在北非地区的领土总体上仍然呈现出相对固定的特征，即集中在地中海到撒哈拉沙漠北部边缘之间的地理空间内。阿拉伯人虽然继续向南北进行过扩张，但向北除了在西班牙境内短暂建立过穆斯林王朝之外，再没有登陆过欧洲大陆；向南的扩张也终止于撒哈拉沙漠与萨赫勒地带的交界处，因为阿拉伯人在此与其他当地居民融合成为了诸如柏柏尔人、图阿雷格人之类的其他民族。

其二，民族从事生产生活的地理空间范围，随着民族自身的发展变化而产生相应的变化。民族形成之初所拥有的地理空间范围，就是最初组成这个居民共同体的各个部落、氏族所分别拥有的领土范围的总和。以此为起点，民族所拥有的地理空间范围也与民族自身的发展水平呈现出正相关的联系。如果一个民族的生产力发展水平较高，其内部所提供的共同经济生活能够容纳越来越多的成员，则周边越来越多的其他小规模的氏族、部落乃至民族会在与该民族的交往互动过程中，通过各种形式逐步与其融合在一起。在民族规模因此而不断变大的过程中，被融合进来的小规模居民共同体的领土，也逐步成为了融合后民族的领土，从而使该民族的领土范围不断扩大。与之相反，如果一个民族因为生产力发展滞后，导致共同体内部的聚合度较低，对外应对其他民族带来的竞争压力相对较弱，则其领土会随着民族规模的发展受限而呈现出缩减态势；或者是因为内部的某个群体的居民分离出去，而将其聚居地带出原来民族的领土范围，导致原来民族的领土范围因此缩小；或者是该民族被外来的其他民族打败或征服，因被迫迁徙或被同化而导致将原有的领土掌控权全部让渡给其他民族。

在西方殖民入侵并瓜分非洲的狂潮之中，非洲本土民族所面临的问题就是直接丧失了对自己长期以来所占有的地理空间的独立掌控权。无论是通过建立殖民地，还是划定"保护国"的方式，西方殖民者实际上通过强迫、欺骗的方式，攫取了对非洲土地的直接支配权。在殖民统治的体系之下，西方殖民者不仅垄断了非洲民族所占有的土地上所拥有的各类自然资源和财富，而且将土地作为殖民者之间利益交换的筹码，肆意进行割裂、转让、拼凑。非洲民族在近代丧失对自己领土的独立支配权，正是其发展演进脉络出现严重断层的一个集中写照。

其三，当集体心理发展到一定程度的时候，民族的身份认同和集体记忆会把对地理空间范围的需求，固定在某个特殊的时期。所拥有的地理空间范围随着民族自身状况的变化而发生相应变化，本是民族发展进程中的自然的事情，但是当民族的身份认同趋于稳定，特别是民族意识开始逐步觉醒之后，对维护民族尊严、增强民族自信心的要求，尤其是在面对外来民族的竞争或压迫中，会变得愈发强烈。为有效保障自身的利益，民族会把某个时期所拥有的地理空间范围打包进集体记忆之中，并且不断传承下去。这个时期通常是能够体现民族在历史上发展成就最为辉煌的时代，即所拥有的地理空间范围最大，或者是对某一高价值地区或带有特殊意义地区拥有统治权。在这种观念的支撑下，本民族通常不愿承认在此领土范围基础上发生的不利于民族利益的地理空间范围缩水的问题，并且主张尽可能地恢复到记忆中所认为是合理的范围。

以位于非洲之角的索马里族为例，对历史上本民族分布范围的索取，成为引发本民族与周边民族冲突的根源。索马里族起源于非洲之角北部地区，最初以亚丁湾沿岸的主要城镇为活动中心，14世纪之后开始沿着埃塞俄比亚高原与印度洋之间的地带向东、向南迁徙，分布范围逐步遍及埃塞俄比亚高原东部、赤道以北的印度洋沿岸地区。在后来的历史演进中，随着同在非洲之角的阿姆哈拉、提格雷等民族与索马里族的相互攻伐，特别是近代英国、意大利、法国殖民者入侵后，索马里族在全盛时期的分布范围被划入埃塞俄比亚以及各个殖民者的势力范围之中。在非殖民化时期，索马里族推崇的"大索马里主义"，成为号召民众加强团结，反对殖民统治的动员利器。复兴索马里族历史荣光的前提之一，就是将索马里族的聚居区统一在一起。这一呼声虽然促成了英属索马里、意属索马里两地的合并，但却引发与相邻的吉布提、埃塞俄比亚、肯尼亚等地的紧张关系。

在肯定了民族与所拥有的地理空间之间的内在联系的基础上，还需要看到当多民族共存的时候，每个民族对地理空间的需求还将造就地理空间之于民族的相对稀缺性。由于世界的文明历史是呈现多中心发展的模式，而非以某一地区为中心，逐步向外辐射扩展，因此世界各地都广泛分布着民族，尽管各自的发育程度和发展阶段存在一定的差异。换言之，世界历史是一部多民族共同存在的历史。由于每个民族都坚持对特定地理空间的拥有权，因此民族的共存实质上就是民族所拥有的地理空间的共存问题，进而引申出任何民族所拥有的地理空间在向外延伸的过程中，都不可避免会与另一个民族所拥有的地理空间发生接触。在任何一个民族所拥有的地理空间的形成过程中，最初的范围都是构成民族的核心的部落（联盟）的聚居地，而后逐步连片向周围扩展，直至与另一个民族不断向外扩展的领土范围相接触。当两个或多个民族的聚居地范围发生接触或者重叠的时候，土地的稀缺性便成为一个无法回避的现实问题。具体来看，生存与发展的地理空间之于民族的稀缺性，主要体现在以下几个方面。

其一，任何民族所拥有的地理空间都不可能无限向外延伸。在多个民族共存的背景下，任何民族所拥有的地理空间范围的增长，特别是当增长的空间已经不大的情况下，实际上都等同于对邻近民族的相同诉求产生一定的空间挤压。随着交界地区的土地竞相被纳入相接壤的且处于竞争关系的两个民族的领土诉求之中，领土的稀缺性问题已经暴露无遗。在这种情况下，任何一方获得多一分的土地利益，就意味着邻居的土地利益诉求获得相应的损失，零和关系暴露无遗。除了交界地区之外，在压迫性和剥削性的民族间关系之中，处于弱势一方的民族所拥有的土地随时面临被强大一方占领或吞并的威胁，零和关系同样存在。在面临被征服或者被驱赶的危险之下，如果外来民族最终获取了对某个民族所拥有土地的掌控权，则意味着原来在此生活的民族以被征服者或者迁徙者的形式，被剥夺了或者主动放弃了对这片土地的掌控权。正是由于所有民族所拥有的土地都是相对有限的，因此民族一般不会轻易在土地问题上作出妥协和让步。

其二，应对地理空间的稀缺性，成为民族对外交流互动中的重要内容。一方面，每个民族在不断发展壮大的过程中，都有向周边不断拓展领土的需求，以为本民族成员提供更充足的发展空间。特别是对于生产力较为发达的民族，在与周边民族的关系中处于主动地位，他们或者通过经贸、文化交往的方式，不断融合周边的小规模民族，或者通过军事手段征服周边的民族，以不断扩大的方式缓解地理空间的相对稀缺。另一方面，每个民族在开发自己所占据的地理空间的过程中，还要防备内部的分离势力，或者周边民族蚕食或抢占自己的份额。对于生产力发展水平相对滞后，内部同质性较低，对外竞争不占优势的民族而言，防止内部的分裂和外来的侵略进一步加剧地理空间的稀缺性，亦是其有效维护对现有份额控制的主要着力点。总体来看，无论是对处于什么发展状态的民族，所拥有的地理空间的多寡，都与本民族的经济利益和安全利益存在着直接的关联性。在此基础上，民族之间发生的战争、和谈、通商、和亲、联盟等多种关系形式，最终的目的都是为了确立有利于自己的对外交往态势，最大限度地避免所掌控的地理空间的缩小，实现本民族经济利益与安全利益的最大化。

其三，某一地理空间在不同民族之间的所属权变化，是一个较为漫长的历史过程。由于在世界历史中，不同地区的不同民族的发展进程不尽相同，因此即便是相邻的两个民族之间的力量对比，也是处于持续变化的状态。受此影响，不同民族所掌控的地理空间范围，也处于相应的变化之中。或者是某些地区内居住的居民已经变化了多次，或者是某些民族所掌控的地理空间范围已经不同于历史上的范围。总之，当原有相邻的若干个民族间的关系状态被打破之后，由其所掌控的地理空间范围就会发生相应的变化，直到各民族之间形成新的平衡，地理空间格局才会重新趋于稳定。

在民族与国家的双向互动关系之中，民族与所掌控的地理空间之间的紧密联系，奠定了国家与领土之间关系的基础。随着国家发展迈入主权国家的阶段，民族作为一种中继的桥梁，进一步把自身拥有一定地理空间的权益，转变成作为主权国家根本利益重要组成部分的领土利益。民族所拥有的地理空间，为主权国家的存在和发展，带来了实在的地理存在范围和相应的经济社会资源支撑；主权国家的出现，则为民族享有自己所掌控的地理空间，提供了相应的政治保障。由此，主权国家与领土间的关系开始具备以下特征：其一，领土成为国家的主权内容。主权是国家所享有的最高权力，对内最高，对外独立，不可被分割或者转让。领土保持完整性是国家主权完整的最重要标志之一，这就意味着国家拥有的领土代表着国家及其国民的根本利益，国家在任何时候都不能轻易地将任何一部分领土的拥有权转让给其他国家。其二，主权国家领土范围与组成国家的民族领土范围大致对应。由于主权国家在时序和逻辑上都是后于民族而产生，因此民族的领土是主权国家领土形成的基础。对于拥有单一民族的主权国家而言，国家的领土即大致对应此民族的领土。对于多民族的主权国家而言，国家领土是各个民族共同拥有的领土的集合。其三，主权国家要求对领土范围做出更为清晰的界定。由于主权的本质特征要求领土的不可转让与缺失，因此主权国家必须全面明确自己的领土范围。在民族之间已经拥有双方共同认可的明确边界的地段，国家边界可直接采取民族间边界；在不具有明确边界的地段，国家间将商定划出精确的边界。最终，所有地段的边界将实现顺次首尾相连，成为可以被清晰界定和表述的闭合国家领土边界。国家间将以签订条约的方式，对边界的合法性予以最终的确认。其四，主权国家不论大小强弱，所享有的国际法律地位一律平等。主权的相互平等意味着任何国家都平等地享有对各自领土的拥有权,任何国家间边界的划定或修改,都涉及相关国家的主权范畴,需要当事国以平等协商的方式予以处理。任何国家违背其他相关国家的意志,单方面主张或者强行索取对某片不属于自己的土地的主权,都将被视为是对相应国家领土主权的严重侵犯,为国际法所不容。

具体来看,在现代民族国家的模式之下,由于民族和国家存在着直接的对应关系和密切的互动联系,在民族所掌控的地理空间范围逐步演化成为主权国家领土的过程中,主要与以下几个方面存在着直接的关系。

其一,国家领土边界就是民族所掌控的地理空间边界的政治化产物。民族间的土地边界用于表示某一时间范围内,相关民族在地理空间上形成的利益平衡,即一方面是清晰界定本民族的活动范围,另一方面规定了相邻民族活动不可逾越的红线。这两种职能从逻辑和时序上来看,是同时产生、同时消亡的,并且彼此处于互为因果的关系之中。以此相应民族为基础的主权国家在领土利益的诉求上将不可避免地带有所对应民族的诉求特征,包括民族认同里对历史上地理空间范围的诉求。以欧洲的法国和德国之间的领土变更为例,法国历史上的领土范围多次变更,至1797年大致形成了以莱茵河、阿尔卑斯山、比利牛斯山为边界的领土范围。近乎同时期爆发的法国大革命快速推动法兰西民族的现代化进程,同时也将本民族对领土范围的记忆定格在1797年版图之上。由于法国在普法战争中败给德国(普鲁士),被迫于1871年将莱茵河左岸的阿尔萨斯(Alsace)、洛林(Lorraine)两地割让给后者。但是法国人并不认同这种领土变更的合理性,重新夺回两地一直是全民对德的首要领土诉求。在结束第一次世界大战的《凡尔赛和约》中,法国如愿以偿地成功收回两地主权。但在第二次世界大战爆发后的1940年,由于法国再度战败,阿尔萨斯、洛林两地再度被割让给德国。1945年德国无条件投降后,再度收回两地主权成为法国洗刷战争耻辱的首要成就。法国坚持对莱茵河左岸的领土的诉求,实质上就是法兰西民族保持1791年大革命前后所掌控的地理空间完整性的利益诉求。

其二,国家在不同方向上划界的优先程度不一样。民族的活动范围在从中心不断向外拓展的过程中，不同方向上产生划界需求的迫切性并不同步。只有当两个民族在同一时间和同一地点发生频繁交往互动的时候，领土的稀缺性和民族的领土诉求才会带来明确厘清彼此划界的诉求。而当这种诉求进一步上升到关系本民族经济社会发展和安全考量之时，划界将被直接摆到优先实施的地位。在民族基础上建立的国家，其对不同方向上领土划界的需求逻辑，与民族的利益需求大体一致。具体来看，以下两种地域将成为国家优先划界的重点：一种是当两个民族共享自然条件相对较好，自然资源丰富、社会经济发展程度相对较高的地区时，由于双方都会出现人口的不断聚集，需要对两者之间如何分配该地区做出相应的安排，因此产生优先划界的需求。例如，在地势平坦、农业发达、人口稠密的西欧平原，法国、德国、比利时、卢森堡、荷兰等国围绕着土地的归属和边界的划分，进行了长期的斗争和博弈，部分土地频繁在不同国家之间变更归属；另一种是战略地位突出的地区，双方为了保护自己的安全，都会同时派驻军事力量予以防范，因此抵御对方入侵和保护自身安全的诉求，也带来了迅速划清领土边界的需求。例如，波兰境内从维斯瓦河（Vistula）沿岸通往格但斯克（Gdansk）的沿海低地被称作波兰走廊（但泽走廊），历史上曾经是东普鲁士连接德国本土，波兰内陆通往波罗的海的交通要冲，因此该地也成为历史上德国、波兰两国间领土多次变动所首先涉及的地区之一。相比上述两种情况，经济和军事价值都不明显的地区，通常不是民族扩展和坚守的优先发现，因此不同民族的成员在同一时间内大规模出现在当地的概率相对较小，激发领土稀缺性的动力相对较弱。在这种情况下，国家对领土的界定通常只是依据大概方位，精准划界需求出现的相对较晚。

其三，山川形便是国家间划界的重要依据。不同民族之间所拥有的自然空间划界，本质上是一种社会经济发展的产物，并非脱离人的意志而独立存在的自然事物。因此，自然界里并不天然存在民族间边界，但由于某些自然地貌可以起到对两侧土地的分割作用，因此常常会被当作边界划分的依据。如前所述，任何民族所拥有的地理空间都是连续不间断的，因此边界的选择必须是两侧民族各自拥有的连续空间的共同终端。空间必须保持连续性，实质上就是在平面交通时代，构建共同经济基础与社会心理的不同个人无障碍自由流动的前提。在生产力较为落后的阶段，山脉、河流、湖泊、沟壑、海峡等自然地貌的存在，往往使人无法轻易地逾越，因此对人的自由流动产生了天然的分割作用。基于这种特性，上述地貌的中心点，例如山脊线、河道中心线、谷底中心线等等，往往在民族之间的划界过程中，被暂时性地赋予了边界职能，即人们所说的"自然边界"①。人们选取"自然边界"的形式，对于维护领土利益具有十分明显的作用：一方面，抽象的民族间边界借助自然地貌对两侧居民的天然分割作用逐步走向具象化，从而能够不断强化两侧民族对边界存在的认知；另一方面，借助自然地貌的天然分割与阻断作用，边界两侧的任何一方只需要把守能够串通这些地貌的仅有几处通道。例如，隘口、渡口、峡谷、桥梁等处，就能够完全控制两侧居民的流动，有效保障自身的安全，是最为便捷和低成本的守土良策。总之，自然地貌的天然分割功能与边界的社会性分割功能的相互叠加与重合，使自然边界成为了民族之间划分边界的重要内容和形式。主权国家产生后，不同民族之间依据自然地貌划分边界的实践，也成为划定领土边界的重要依据。例如，法国在波旁王朝时期，使用法语的民族大体就逐步形成了以莱茵河、阿尔卑斯山、比利牛斯山、加莱海峡、大西洋、地中海为外围边界的活动范围，法王路易十四将其称作为法国的"自然疆界"。法国大革命之后，保持和恢复"自然疆界"也成为法兰西民族和法国反对外来侵略的重要论据和目标。

---

① Fall Juliet Jane, "Artificial states? On the enduring geographical myth of natural borders." *Political Geography*, Vol. 29, No. 3, 2010, pp. 140–147.

第 二 章

非洲殖民地间边界的划定与影响

在通过详细对比欧洲与非洲主权国家产生方式与表现特征差异之后，有必要从非洲国家当前领土形态形成的过程入手，深度分析欧洲殖民统治的入侵之于非洲现代政治发展的恶劣影响。如前所述，在地理空间范围内固定占有一定面积的土地，即领土，是国家主权最重要的构成内容之一，这是因为主权本身意味着国家对一定领土范围内的事务，持续稳定地享有最高管理权[①]。因此，领土范围的形成过程，实质上是一个主权国家从诞生到发展全过程的一个重要参考标志。对于每个现代非洲国家而言，其脱胎于欧洲殖民者人为划定的殖民地的领土范围，是研究其近现代政治发展过程中始终绕不过去的一个基本着眼点。同理，由五十多个非洲主权国家的领土范围构成的现代非洲政治版图，实质上也是殖民时代开启以来，整个非洲大陆在近现代政治发展格局中的一个重要的影响因素及表象。非洲殖民地间边界格局确定的非洲各国的领土格局，内在蕴含的是边界格局划定时，欧洲列强之间的权力对比与利益诉求，与非洲在前殖民时代的各个民族或者国家完全无关。不仅如此，这些边界划定方式的随意性、草率性，完全违背了非洲既有民族与地理空间划分的关系，进而使围绕这些边界格局建立起来的统治权威进一步阻隔甚至是撕裂了非洲民族的发展演进。更为重要的是，殖民地间边界格局强行扭转了非洲政治的演进方向，让一个愈发破碎化的前殖民时代的民族基础，嫁接上以欧洲殖民者为中心的政治统治架构，并最终演化成为欧洲

---

① ［西班牙］胡安·诺格：《民族主义与领土》，中央民族大学出版社2009年版，第40页。

模式的现代主权国家。在这个过程中，前殖民时代非洲民族发展所保持的惯性，与欧洲殖民者强加的政治外壳之间的矛盾，始终难以得到有效解决。这个基本问题不仅造就了独立后的各个非洲国家内部的政治发展困局，成为频频引爆族群政治矛盾激化的火药桶，而且高频率地引发不同非洲国家之间围绕部分领土归属权的争议，使国家间关系交恶，甚至引发战争，严重威胁非洲次区域的安全稳定，为非洲国家有序推动一体化合作带来了一定的障碍。因此，全面梳理非洲殖民地间边界格局形成的历史背景、产生方式和对非洲主权国家发展的影响，有助于深入理解造就非洲国家间畸形边界格局的底层逻辑，及其在非洲政治演进中所扮演的角色。

第一节　欧洲列强力量对比变化是造就非洲殖民地间边界格局的推手

近现代意义上的欧洲对非洲的殖民统治始于15世纪的全球地理大发现时期，在开辟绕过好望角通往东方的新航路时，各个欧洲主要大国陆续在非洲大陆海岸线上自然条件较好、地理位置优越的地区建立港口或航线补给站，并以此为据点向内陆推进一定的范围，建设起若干聚居区或交易市场，由此逐步成为了一个个分散的殖民据点。在其后的历史发展进程中，这些殖民据点成为欧洲殖民者从事原材料掠夺、奴隶贸易、商品倾销的桥头堡，为欧洲资本主义社会的原始资本积累提供了必要的支持。进入19世纪后，随着工业革命带动欧洲主要资本主义国家生产力的大规模发展，列强对海外自然原料、商品销售市场、投资目的地的需求，已呈现出按照"指数级"速度迅猛增长的态势。在这些刚性需求的推动下，它们在全球掀起了前所未有的殖民扩张狂潮。非洲作为欧洲强权推行殖民统治的最早和最主要对象之一[1]，无疑在此历史阶段中沦为了最悲惨的受害者。此前，欧洲列强在非洲各地的殖民统治呈点状或线状

---

[1] Harry Johnston, *A History of the Colonization of Africa by Alien Races*, HardPress Publishing, 2013, pp. 25 – 30.

分布，即大多局限在非洲海岸线上的一些孤立据点或狭小地带内①，并未涉及周边区域。在这种模式下，列强的殖民统治范围相对较小且通常并不接壤，因而彼此博弈最多只会导致某个据点的宗主权发生变化②，而不产生精确划界的需求。但当寻找资源、开拓市场的动力推动列强纷纷深入非洲内陆时，殖民者们在非洲各处迎面相遇的机会开始愈发增多。为在遏制竞争对手扩张的同时，巩固自己对所到之处的全面控制，"有效占领"原则③一经产生，便不仅意味着殖民统治已开始呈面状扩张，更是暗含了列强精确划定各自统治范围的现实需求。从这个意义上来讲，欧洲列强竞相向非洲内陆的大规模扩张所造成的非洲土地的相对稀缺性，是导致各个国家在非洲大陆上出现大规模划界需求的直接原因。由于欧洲对非洲的殖民统治本质上是欧洲资本主义经济在非洲的扩张和掠夺，因此列强在非洲范围内的竞争从根本上说是欧洲范围内国际关系体系下的各个欧洲国家在欧洲地缘范围内的竞争，在非洲范围内的拓展和延续。

为了"协商"和"平衡"纷纷以地理探险、公司开发、传播基督教福音等口号深入非洲内陆的各路列强的利益，1884年欧洲各殖民国家召开旨在全面瓜分非洲的柏林会议，在确定了各方必须通过"有效占领"建立宗主权的同时，也在地理空间上基本划定了各方的势力范围。不同列强控制的势力范围或有效占领区之间的地理分界线就是此后出现的殖民地边界。柏林会议之后，由这些殖民地边界共同勾勒出了近现代意义上的非洲政治版图。第一次世界大战结束后，随着《凡尔赛和约》对欧洲列强间的利益分配作出了重新安排，非洲的政治版图再次出现了一定规模的变化，主要以德国殖民地不复存在为主要内容。其后，无论是在殖民统治时期，还是非洲国家独立后，殖民者划定的边界格局总体上保

---

① Dwight Harris, "Intervention and Colonization in Africa," *Political Science Quarterly*, Vol. 31, No. 1, 1916, pp. 157 – 158.

② Charles Lucas, "The Partition and Colonization of Africa." *American Journal of International Law*, Vol. 18, No. 1, 1924, pp. 209 – 212.

③ Deborah Fahy Bryceson, "The Scramble in Africa: Reorienting Rural Livelihoods," *World Development*, Vol. 30, No. 5, 2002, pp. 725 – 739.

持着稳定。毫无疑问，在这种特殊历史背景下产生的非洲殖民地（国家）间边界，只是欧洲列强意志在非洲延伸的产物，绝非非洲本土历史自然演进的结果。也正是由于这些边界格局本质上并不反映非洲前殖民时代的政治或社会文化性群体的发展脉络与利益诉求，因此当非洲人被迫沿着殖民地的框架和遗产来推进现代国家构建时，既有边界的存在给许多国家的治理带来了巨大的障碍和挑战。从这个意义上来讲，只有从殖民统治体系产生时期，欧洲列强之间的权力对比变化，才能深刻且全面理解欧洲殖民者诉求影响下的非洲殖民地土地划分。

一 从维也纳体系多极均势到凡尔赛体系的转变

欧洲对非洲的殖民入侵与统治持续了数个世纪，但真正把整个非洲大陆全部纳入欧洲殖民体系的时间段是第一次工业革命成果大规模应用之后的19世纪，不断提升的生产力和科技水平不仅强化了欧洲列强加速和扩大殖民掠夺的力度，而且也为其进一步深入非洲内陆建立大范围的殖民统治提供了物质基础。19世纪也是欧洲国际关系体系进入深刻变革的时期，三十年战争塑造的威斯特伐利亚体系多极均势格局，正在逐步转变成为资本主义经济快速发展的大国之间的均势平衡，而后演变成为大国集团之间的竞争与对抗。维也纳体系的建立，确立了以限制后拿破仑时期法国崛起和扩张为主题的国际体系格局，实质上是为了减缓大革命后法国资本主义经济快速崛起带动的海外殖民扩张速度，因其在全球范围内给英国殖民扩张带来的巨大压力。因此在整个19世纪前半期，欧洲殖民入侵非洲的主题仍然是英法竞争。而随着德国完成德意志邦联的统一，加速发展资本主义经济，并且在普法战争中击败法国，新崛起的欧陆霸权正在成为英国面临的全新威胁。至柏林会议召开前的19世纪80年代，德国已经挤进列强全球扩张的行列，而且非洲成为其拓展海外殖民地的最主要地区。因此，从19世纪中后期开始，以遏制德国在非洲扩张为首要目标的战略，成为欧洲殖民国家迅速分化为两大对立集团的原因。在第一次世界大战中，非洲殖民地也被直接卷入欧洲列强之间的战火之中，维持柏林会议确定的边界格局平衡被打破。巴黎和会与《凡尔赛和约》在剥夺德国在非洲殖民体系的基础上，局部重新划分了殖民地之间的边界，从而最终奠定了当前的非洲国家间边界格局。具体来看，非洲殖民地（国家）间边界格局的最终确定，与以下几个方面的欧洲列强博弈存在联系。

（一）从竞争到合作的英法关系

法国长期扮演着欧陆霸权的角色，而英国则一直是欧洲的海上霸权，两者在欧洲秩序领导权上的争夺一直延续到全球范围内殖民扩张的竞争之中。法国大革命之后，国家、民族的现代化速度加快，进一步促进了资本主义经济的发展，增强了法国在全球殖民竞争中给英国带来的压力。英国领导的数次反法同盟在打败拿破仑之后，将限制法国扩张作为中心目标。1814年，反法同盟与法国签署《维也纳条约》，正式建立缔造欧洲国际新秩序的维也纳体系，力图以均势原则、补偿手段作为基本着眼点，在后拿破仑时代的欧洲重新建立起欧洲大国之间的均势，维持列强之间的和平与调解。《维也纳条约》的签署与维也纳体系的建立，暂时实现了英国在全球殖民扩张中限制法国的目标，其中在非洲范围内，法国根据条约的规定，将塞舌尔、毛里求斯等非洲殖民地"转让"给英国，法国在非洲的势力范围暂时局限于西非部分沿海据点上。

随着法国与欧洲其他大国关系的逐渐缓和，至19世纪20年代中后期，维也纳体系开始发生动摇，法国也借此逐步开始恢复对外的殖民扩张力度，其中非洲是重点地区。1830年，法国出兵阿尔及利亚海岸地区，并逐步加强了对阿尔及利亚的统治。从此，法国从阿尔及利亚开始，由北向南不断扩张。与此同时，法国以早在17世纪就已经占领的塞内加尔沿海的主要据点不断向北方内陆渗透，力图与从阿尔及利亚的扩张实现南北会师，将整个西非收入囊中。与此同时，法国在赤道非洲地区，特别是刚果河流域的扩张速度不断加快，以赤道附近的大西洋贸易据点为出发点，持续向刚果河流域的内陆地区"探险"和"开发"。在遭受法国殖民侵略的非洲土地上，分布有图库勒尔、瓦苏鲁、达荷美、刚果等这样一些统一的强大古代王国，而另一些地区则散布着许多原始的氏族部落、部落联盟，以及小酋长国、小王国。这些非洲本土王国大多以"保护国"的形式，被法国纳入统治范围，而其余的氏族联盟、部落则被直接以军事占领的方式武力征服。此外，法国还在马达加斯加地区以"保护国"和"口岸通商"的名义不断加强殖民渗透，最终实现了对全岛的实际控制。至19世纪80年代柏林会议召开前夕，法国已经实际掌控了赤道非洲地区、马达加斯加全岛各处重要港口和交通要道。西非除了塞拉利昂、加纳、尼日利亚三处的沿海港口之外，其余的重要港口及其延伸向内陆地区的重要商路也纷纷处于法国的控制之下。同一时代下，英国主要在东部、南部以及东北部非洲实现殖民扩张，占据了印度洋沿岸大量商贸据点和交通要道。相比之下，英国虽然占据的地方的整体质量相对较高，地势平坦、经济社会发展程度较高、自然资源丰富、人口众多，而法国占据的西非、赤道非洲等地则是遍布沙漠或者不适宜大规模种植经济作物的热带雨林，但法国控制的地域面积更广，且在非洲的各个方向都对英国的殖民扩张呈现出围攻和包夹的态势。相较于英国在全球范围内的殖民统治体系，法国虽然在全球也维持了殖民统治体系，但非洲在其中的占比要更高，法国无论是在经济社会发展，还是在列强政治争霸中，对非洲的依赖程度都要高于英国。因此，在整个19世纪的前半期，法国尽管在非洲的殖民扩张中对英国表现出一定的劣势，但无论是从扩张范围，还是扩张的意愿程度上来看，法国仍然是英国最大的竞争对手。欧洲列强在非洲的殖民扩张仍然是以英法两国直接竞争为最显著特点。柏林会议召开之后，英法两国分别确认了自己"有效占领"的范围，并加速向尚处于"权力真空"的内陆地区渗透。英法两国在非洲的殖民竞争，实质上就是英法两国在维也纳体系下封锁与反制斗争的一种外延表现。允许葡萄牙、西班牙、意大利等欧洲殖民列强在非洲维持一定的"有效占领"，以及让小国比利时占据中部非洲的心脏地带，本质上都是英法博弈背景下为实现均势的一种妥协性安排。

英法竞争在非洲的最高潮以及转折点，是发生在1898年的法绍达危机。柏林会议之后，英法双方向非洲内陆的殖民扩张竞赛，最终在尼罗河上游地区产生了直接矛盾。无论是法国要实现沿着萨赫勒地带，从西非到东非的殖民地贯通，即所谓的 S–S 计划①，实现从西非的塞内加尔到非洲之角的索马里，构筑横向扩张的殖民帝国，还是英国要把整个非洲大陆的东半部收入囊中，即所谓的 C–C 计划②，实现从位于东北非的埃及开罗到南非的开普敦的连接线，建立纵向联系的非洲殖民地集团，尼罗河上游地区都是必不可少的地带，因其处于法国横向扩张的殖民体系与英国纵向扩张的殖民体系相互交叉和重叠的地区。英法双方的拒绝让步造成了在该地区的"土地稀缺"问题，殖民归属权问题成为双方博弈的焦点。1897 年法国少将简·巴普迪斯特·马尔尚（Jean Baptiste Marchand）率领 150 人的殖民军队，从法属西非出发向非洲内陆挺进。同时另一支法国殖民军队在克里斯蒂安·德·邦尚普斯（Christiande Bonchamps）带领下，从法属吉布提出发向非洲内陆挺进。双方希望在尼罗河汇合，完成法国对非洲的横向占领。1898 年 7 月马尔尚率军到达尼罗河畔的法绍达，将其变成法国的保护区。邦尚普斯则因为在埃塞俄比亚受阻，未能到达法绍达与马尔尚汇合。9 月胜利征服苏丹的英属苏丹总督赫伯特·基奇纳率领的英军舰队沿尼罗河而上抵达法绍达。英法双方都要求对方撤出法绍达，遭到拒绝后，双方在法绍达形成对峙。法绍达的军事对峙传到欧洲后，给本已紧张的英法竞争关系又火上浇油，英法双方都指责对方是帝国主义的扩张与侵略行径，双方都开始进行战争动员，双方的关系进入《维也纳条约》签订后最为危险的时期。但由于法国在军事力量，特别是海军力量上弱于英国，加之法国认为主要威胁来自陆上邻国德国，因而决定最终在与英国的对峙中做出让步。英国同时也认为自身在与法国竞争关系中的优势地位不会得到挑战，且德国的因素越来越重要，因此决定与法国握手言和。最终，法国命令军队秘密撤离法绍达，英国放弃军事威慑，两国最终以和平协商的方式解决了法绍达争端。1899 年，英国与法国正式签订化解双方在非洲殖民争端的条约，法国放弃占领苏丹南部，承认英国对整个尼罗河流域的占领，认可英国控

---

① MC van Zyl., "Scramble for Africa." *African Historical Review*, Vol. 3, No. 1, 1971, pp. 53–54.

② MC van Zyl., "Scramble for Africa." *African Historical Review*, Vol. 3, No. 1, 1971, pp. 53–54.

制的各个非洲殖民地实现从埃及到南非的首尾相连；英国则认可法国对刚果河流域和赤道非洲的"有效占领"。至此，随着非洲最后一片"归属未定"的土地被划入欧洲列强的殖民体系，持续近一个世纪的英法在非洲的殖民竞争，特别是瓜分非洲狂潮下，两者在殖民体系扩张中的竞争宣告终结。英法双方最终以法国认可英国在非洲殖民体系中的绝对优势，英国认可法国在非洲享有仅次于自身的殖民优势的地位达成妥协，在20世纪初形成了新的权力平衡。

　　1904年，英国与法国正式签署《英法协约》，就两国在全球范围内的利益协调做出了明确和详细的规定，其中进一步细化和交换在非洲的殖民利益，成为两者协约的重要内容。根据协约的规定，英国通过在非洲局部向法国让渡殖民利益，进一步拉拢法国，主要包括英国承认法国对摩洛哥的实际控制权，换取法国承认英国对埃及的控制权；英国将洛斯群岛转让给法属几内亚殖民地，将冈比亚河上游地区转交给法属塞内加尔殖民地，同时将英属南、北尼日利亚双方的部分土地，重新划分给周边的贝宁、尼日尔、乍得等法属殖民地。《英法协约》的签署，构筑了英国与法国从竞争全面转向合作的法律基础，也彻底奠定了双方在非洲殖民地划分格局中的稳定关系。其后两次摩洛哥危机的爆发，进一步巩固了英法之间的合作关系，通过合作维护两者在近东、非洲的殖民利益，成为支撑两者合作关系的关键性支柱。《英法协约》彻底拉开了欧洲大国同盟博弈的时代，是法国彻底摆脱维也纳体系束缚，以及英国变更欧陆均势政策遏制对象等变化，共同催生的产物。英法的合作关系后来加上俄国，最终构成了协约国集团，成为主宰第一次世界大战以及第一次世界大战后国际秩序安排的核心力量。第一次世界大战爆发后，英法控制下的非洲殖民地，也直接跟随宗主国被卷入战火之中，法属西非各个殖民地，英属尼日利亚，以及英属东非等殖民地，分别向同盟国所占据的非洲殖民地发动进攻，欧洲列强间的矛盾，最终演变成为非洲人之间的厮杀。第一次世界大战结束后，德国战败，俄国退出协约国体系，《英法协约》主宰下的凡尔赛体系成为影响非洲殖民地间边界格局发生变动的又一重要的国际秩序体系。德国在非洲的殖民地悉数被剥夺，纳入英法现有的殖民体系之中，欧洲列强之间的力量再次恢复了平衡，这最终奠定非殖民化时期非洲的殖民地间边界格局的雏形。

(二)从竞争者到出局者的德国

以普鲁士为基础的德国一直是欧洲多极均势的重要组成部分,但相较于国内实现政治统一,资本主义经济迅速发展的英法等欧洲列强中的翘楚,普鲁士的力量仍然相对较弱,不仅无法挑战英法在欧洲的霸权,也没有大规模参与18世纪和19世纪前期的全球殖民扩张。普鲁士的相对弱势,不仅是德意志邦联长期处于分裂状态造成的后果,同时也是西欧、东欧列强为了维持均势平衡,而在中欧塑造力量缓冲带的结果。但随着19世纪中期普鲁士统一除奥地利之外的其他德意志邦国,并且在普法战争中击败欧陆头号强国法国,德国开始成为传统欧洲均势的挑战者。伴随着德国内部政治的统一,资本主义经济的快速发展提出了加速向海外实现殖民扩张的要求。但19世纪中期以后,世界上的殖民地面临被英法强国和荷兰、比利时、西班牙、葡萄牙等老牌殖民国家瓜分殆尽的问题,因此作为后来者的德国,势必要通过强化殖民扩张的力度和速度,来赶上全球殖民瓜分狂潮的末班车。结合当时的实际情况来看,德国参与列强全球殖民扩张的竞争,仍然具有一些不容被忽视的优势基础。

第一,德国对海外殖民扩张并不陌生。虽然德国的大规模殖民扩张开始于19世纪中后期,但之前仍然从事过小规模的海外殖民活动,对海外殖民扩张的运行逻辑和程序并不陌生。早在16世纪,德意志邦国的部分居民就开始以个人的名义,到拉丁美洲从事小规模的殖民活动。到17世纪,普鲁士开始以国家的身份推动海外殖民活动,不仅创立了非洲商业公司,购买了西印度群岛的部分小岛,还派出大量"学术科考"、"基督教传教"、商业团体奔赴全世界各地,收集了大量的信息,占据了一定量的社会经济资源,为日后在这些地区建立殖民统治,打下了必要的前提基础。

第二,世界殖民体系尚未最终形成。虽然在德国成立前,英法等老牌列强已经瓜分了世界大部分地区,但世界殖民体系还没有完全形成。相较于很多经济价值较高,地理位置重要的地区,还有很多性价比相对较弱的地区仍然处于"无主状态",最典型的就是非洲。非洲当时对于欧洲人来说，大部分地区属于未知的，殖民统治体系只集中在沿海港口、商业城市，其余广大内陆地区的"归属权"并不明确。德国探险家在西南非洲、西非、东非等地进行了频繁的探险活动，德国政府将这些地区都纳入了自己的"保护"之下。除此之外，德国政府将德国商人购买的土地，以及与德国商人或公司保持着密切通商关系的地区、民族也列入"保护"范围。上述各类被"保护"地区，最终构成了德国在海外的殖民体系所涉及的土地和居民。

第三，统一后的德国实力迅速攀升。德意志民族是欧洲人数最多的民族，统一后的德国构建了比英法更为强大的国内市场。随着资本主义经济的快速发展，德国的经济实力迅速超过法国、英国。作为新兴的工业强国，德国迫切需要海外的资源和市场，对殖民地的渴求和重视也远远高过英法。德国国内的民族主义情绪也日益高涨，认为英法等传统欧洲列强，是横亘在德国崛起道路上的绊脚石，必须突破英法的束缚，才能真正实现德国经济社会的快速发展。英法霸权的维系，主要依靠庞大的海外殖民体系的支撑，因此德国如要突破英法的束缚，则应首先冲破英法垄断下的国际殖民体系，建立能够为自身积聚物力和财力的海外殖民地，不断增强对抗英法的硬实力。

由于欧洲在距离上对非洲具有天然优势，加之非洲又是英法实现原始资本积累最主要的"基地"，因此德国也把殖民扩张的矛头优先指向非洲。在英法竞争仍然是欧洲列强瓜分非洲的主要矛盾的形势下，德国在非洲各地的考察并未引发英法的担忧。德国所考察的地区分散在非洲各处，连成一片的可能性较小，加之具有的经济价值相对有限，并不对英法在非洲的殖民扩张构成直接威胁。但随着德国统一后经济和军事实力的不断增强，至柏林会议召开之时，德国在非洲已经成为仅次于英法的第三大欧洲殖民列强，在多哥、喀麦隆、东非、西南非洲占据四大殖民据点。19世纪90年代，随着德皇威廉二世用世界政策取代俾斯麦的大陆同盟体系，建立强大海军、扩张海外殖民地成为德国对外政策的首要目标，与英法特别是在海军建设和全球殖民地扩张中占据优势地位的英国，产生直接利益冲突。随着德国从挑战以英法为主导的欧洲均势的秩序破坏者，转变为挑战英法全球殖民体系的破局者，英法在遏制德国扩张方面逐步产生共同利益，构筑了英法从竞争走向合作的基础。英国原计划用出让部分在非洲殖民地利益的方式拉拢德国，使德国能够继续成为牵制法国的力量。例如，在德属西南非洲殖民地问题上，英国就作出了巨大的让步，不仅允许德国获得卡普里维地带，作为通向赞比西河流域的通道，而且与德国、英属开普殖民地联合成立西南非洲有限公司，联合开发位于达马族聚居区的铜矿资源。但随着德国对外扩张政策越来越强化，特别是两次摩洛哥危机中，德国与法国已经处于战争爆发的边缘，使英国最终将德国锁定为比法国威胁性更大的头号竞争对手。在东非地区，为了强化从印度洋沿岸到大湖地区的"有效占领"，英德双方分别在各自的东非殖民地内，加速向西部内陆挺进的步伐。至20世纪初，英德在东非的殖民竞争进入白热化阶段，双方不仅分别修建了从印度洋沿海港口蒙巴萨、达累斯萨拉姆通往大湖地区的坎帕拉、基戈马的乌干达铁路、中央铁路，而且在沿海地区修筑不同规模的军港，同时在殖民地范围内不断增派军队。英德双方关于海军建设谈判的最终破裂，导致英德关系完全走向对抗，两国在东非的殖民地也成为双方在非洲军事对抗的最前沿。

第一次世界大战爆发后，德国在非洲的四块殖民地也分别参战，对周边的英属、法属殖民地的军事力量发动进攻。但由于德国迅速陷入欧洲战场东西双面作战，特别是在西线与英法展开长期的拉锯战，无暇顾及非洲殖民地战场，再加上英法殖民地在人口和经济体量上要更胜一筹，至第一次世界大战中后期，德国的非洲殖民地基本已经被英法殖民军队以及支持协约国的比利时、南非军队占领，德国实质上已经丧失实际统治权。德国战败后，《凡尔赛和约》和凡尔赛体系进一步从法理上剥夺了德国在包括非洲在内的所有海外殖民地。新成立的国际联盟以国际法的形式确认了第一次世界大战中协约国对德属非洲殖民地的占领，并且以"委任统治"的方式，变更了殖民地的实际控制权。瓜分德国在非洲的殖民地，本质上仍然是英法合作主宰凡尔赛体系重塑非洲殖民地边界格局的产物，战前所有的德属殖民地，悉数被划入英法以及由英国支持的南非的"委任统治"之下：其中位于西非的多哥转交给法国；位于赤道非洲的喀麦隆分别划分给法国、英国统治下的南、北喀麦隆；位于东非的德属东非的大部分被划分为英国统治下的坦噶尼喀,以及比利时统治下的卢旺达、布隆迪;西南非洲则由南非继续实际占领。统治权变更之后,上述殖民地与原有英法殖民地之间的边界又作出了局部的相应修改,以更好地适应新的统治形势。随着德国殖民地被瓜分殆尽,德国在非洲的殖民统治正如同其在欧洲本土一样,从一个旧的国际体系的搅局者,变成一个新的国际体系的出局者。德属殖民地的消失,以及"委任统治"殖民地的出现,标志着非洲殖民地间边界的变动基本告一段落,非洲政治版图和殖民地间的边界格局基本稳定地维持到非殖民化时期。

(三)作为配角的欧洲小国

自威斯特伐利亚体系建立欧洲多极均势以来,欧洲大国之间建立动态平衡的均势除了要依靠大国本身的力量变化以外,还与大国之间诸多小国的存在密切相关。在欧洲列强掀起瓜分非洲狂潮的形势下,欧洲小国在殖民非洲的进程中,在一定程度上发挥着类似的作用。在英法竞争、法德对抗、英德博弈的形势下,比利时、葡萄牙等欧洲小国在非洲建立的殖民地,客观上反映了大国之间保持缓冲地带的需求。柏林会议对除英法德之外的其他欧洲国家殖民地的安排,再次反映了非洲殖民地间边界格局的划定,本质上是欧洲均势在非洲的延伸。

比利时独占非洲领土面积最大的比属刚果殖民地,是欧洲均势在非洲的最典型表现之一。比属刚果位于非洲中部的刚果河流域,丛林密布,自然资源丰富,远离海岸线,到19世纪中期以后,仍然是欧洲殖民者很少涉足的"神秘"地区。随着瓜分非洲的狂潮掀起,欧洲列强分别从各个方向出击,加速向刚果河流域渗透。比利时国王利奥波德二世卷入了争夺刚果河流域地区的竞争。1878年,利奥波德二世筹资成立了刚果研究委员会,后改名为国际刚果协会,并雇佣殖民者亨利·莫顿·斯坦利(Henry Morton Stanley)为其代理人,开始了其在中部非洲加速殖民扩张的步伐。利奥波德二世以国际刚果协会比利时分会的名义,与斯坦利签订了五年的协议,规定斯坦利应从刚果河口向东到上游的大湖地区,打通一条便捷的交通要道,使沿线的村落和居民都可以受到相应的"保护"。而后,由于资金拨付的问题,斯坦利开始成为接受利奥波德二世个人资金资助的"探险者",与当地的部落首领签署上百个不平等协议,并且在"考察"的沿线建立多个殖民据点。至柏林会议召开前夕,比利时国王的代理人实际上已经成为在刚果河流域活动范围最广的欧洲殖民势力之一。

柏林会议召开后,欧洲列强们就瓜分非洲议题争论的焦点之一,就是中部非洲特别是刚果河流域的归属问题。利奥波德二世利用列强间的矛盾,尤其是正在崛起的德国与英法之间的矛盾,频繁进行会外交易,逐步争取到与会各方对其实际占有刚果河流域的认可。欧洲列强虽然不愿意最终放弃中部非洲,但让处于中立地位的小国比利时占据,也好过落入竞争对手之手①。最终,利奥波德二世以个人名义占据刚果河左岸地区,号称刚果自由邦。周边的英国、法国、德国、葡萄牙等殖民者可以在此获得"自由通过"的权利②。其后,比利时议会通过法案,承认刚果为国王的私人领地,同意利奥波德二世就任刚果自由邦国王。

由于柏林会议并未最终确定刚果自由邦的疆域,列强在会议结束后仍然持续从各个方向推进对当地的渗透。利奥波德二世再次利用列强之间的竞争与博弈,率先与欧洲三强中实力最弱的法国达成一致,并于1887年和1894年分别与法国签订划界协议,确定了刚果自由邦与法属刚果、中非之间的边界。19世纪90年代后,比利时又充分利用英德两国在东非的殖民竞争,先是向东和向南划定了与英属东非、南部非洲的各个殖民地的边界,攫取了加丹加等地区;而后也在东部的大湖地区南部,与德属东非殖民地大体划定了边界。至20世纪初期,比利时基本占据了刚果河、大湖地区、赞比西河合围的广大中部非洲地区,成为非洲陆地面积最大的一块殖民地。其后的《英法协约》的签订与英德谈判周旋,承认和保障比利时对中部地区的占有,都是列强合作与竞争的焦点内容,三方的相互牵制,客观上成为比利时殖民地稳定存在的外部保障。1908年,比利时政府正式代替利奥波德二世接管刚果自由邦,将刚果河流域

---

① Likaka Osumaka, *Naming Colonialism: History and Collective Memory in the Congo, 1870–1960*, Madison: University of Wisconsin Press, 2009, p. 156.

② Adam Hochschild, *King Leopold's Ghost*, Mariner Books, 1999, p. 161.

从"私人领地"变更为比属刚果殖民地。随着英德关系越来越紧张，德国也多次从德属东非殖民地派军骚扰比属刚果东部边界，并占领了部分存在争议的地区。随着第一次世界大战的爆发，比利时军队从刚果殖民地进行了反击，不但收回了被德国占领的边界地区，而且反攻进入德属东非殖民地西北部地区。正是由于比利时在第一次世界大战非洲战场中的"出色表现"，英法主导下的凡尔赛体系不仅再次重申认可比属刚果边界格局的"合理性"，而且将德属东非西北部被比利时军队占领的地区，划分为交由比利时"委任统治"的卢旺达、布隆迪。至此，中部非洲的殖民地边界格局基本稳定成型，比利时在欧洲列强殖民竞争中扮演的"均势"调节阀的作用，暂时告一段落。

除了比利时之外，其他欧洲小国的殖民地也在不同程度上扮演着欧洲强国竞争下的隔离地带的角色。在德国成为非洲殖民竞争的出局者之前，葡萄牙是位列英法德之后第四大欧洲殖民力量。事实上，葡萄牙殖民非洲的时间要早于后起的欧洲资本主义强国，从近代新航路开辟之后，就相继占领了非洲大西洋、印度洋沿岸的主要商贸和军事据点。但随着荷兰，特别是英国、法国等后起资本主义国家的崛起，至 19 世纪上半期，葡萄牙在非洲的殖民据点只剩下大西洋中的部分岛屿，以及西非、赤道以南的印度洋、大西洋海岸线上的几处孤立的据点，其余的都被后来居上的欧洲殖民强国夺走。但在瓜分非洲的柏林会议上，欧洲列强仍然保留了葡萄牙在非洲的几处殖民据点，作为英法德三强之间的隔离缓冲地带。具体来看，葡萄牙在大西洋南部沿岸保留卡宾达、安哥拉两块殖民地，反映了法国与德国相互对抗的利益诉求。葡萄牙占据刚果河入海口两侧的大西洋沿岸，不仅满足德国把法国在赤道非洲的殖民势力牢牢压缩在刚果河以北地区，防止其继续南下渗透的利益，也满足法国希望把德国在西南非洲的殖民力量堵在林波波河以南的区域，杜绝其北上染指刚果河流域的目标。而为了给英法德均势下催生的利奥波德二世独占的刚果自由邦留出唯一的出海口，列强也是以牺牲葡萄牙的殖民利益作为代价，将卡宾达南部的刚果河出海口地区"转让"给比利时，实质上是共同利用葡萄牙、比利时在维持英法德三方均势的价值，确保非洲西海岸地区的态势平衡。在非洲印度洋海岸，葡萄牙占据的莫桑比克实质上充当了德属东非与英属罗德西亚之间的隔离屏障，英国据此将德国的势力范围挡在了赞比西河流域之外，而德国也能防止英国在南部非洲的殖民力量继续北上，与东非的殖民势力形成合流。由于在随后以第一次世界大战、第二次世界大战为代表的欧洲体系变化中，葡萄牙的地位和所扮演的角色并没有发生变化，因此其在非洲殖民地能够长期维持相对稳定的边界格局，英法德三强之间的力量对比变化，并没有影响葡属殖民地的存在和发展。这种"隔离"作用甚至一直延续到非殖民化时期，葡属殖民地成为阻挡非洲民族解放浪潮向种族主义盘踞的南非发动总攻的最后"屏障"。

二　欧洲殖民者在非洲划分边界的具体方式

相较于欧洲国家之间普遍依据历史遗留下的传统习惯，经过相关民族、国家之间的长期交往互动，最终广泛依据山川形便的因素，利用河流、山脉、湖泊、海岸线等自然地貌作为划界标准的"自然边界"，非洲殖民地之间的边界是欧洲殖民者为了尽快完成瓜分非洲的"目标"，而在短时期内划定的"人造边界"[1]。这些边界格局不仅与非洲在前殖民时代的民族、国家所掌控的地理空间的范围以及民众对家园的认同范围完全无关，而且也不遵循非洲山脉、河流、沙漠、湖泊等自然地形的走向，只是欧洲殖民者利益妥协的产物。事实上，当柏林会议确定了"有效占领"原则之后，欧洲列强在瓜分非洲狂潮中为了尽可能多地攫取非洲土地，往往从不同方向的多个沿海据点出发，沿着河流或古代商路向非洲内陆推进，直到遇到其他列强竞争者的"有效占领"而无法继续前进时才作罢。迅速划定殖民地之间的边界，成为欧洲列强在巩固自己所"掌握"的殖民土地的同时，全面限制竞争对手进一步前进的必要手段。因此，殖民地边界格局的划定，不仅从宏观上反映了19世纪中后期以来不同国际关系体系格局下，各个欧洲列强之间的力量对比变化，而且在微观层面也表示了以某个殖民者占据的商贸据点或者交通枢纽为中心，可

---

[1] Achille Mbembé and Steven Rendall, "At the Edge of the World: Boundaries, Territoriality, and Sovereignty in Africa." *Public Culture*, Vol. 12, No. 1, pp. 259–284.

以向外辐射控制的地区。

从具体的实践操作层面来看,由于柏林会议之后,各个欧洲列强迫切希望在最短的时间内实现"有效控制"的土地面积最大化,加之从不同方向挺进一片地区的列强的实际推进速度并不一致,因此欧洲人既没有意愿,也没有能力按照前殖民时期已经存在的民族或者国家间的习惯边界来划定殖民地间边界。因此,殖民地边界之于欧洲殖民者,更多的表现为一种用于指示以某些中心城镇为据点,能够被殖民统治体系所掌控的地理空间范围的闭合线段,属于一种法律层面的宏观与抽象的概念。但从微观和具象化层面来讲,由于边界与自然地貌并不存在必然联系,因此处于交界地带上的很多非洲本地民族,往往并不知晓这种"人造边界"的存在,直到后来逐步演化成为由边界双方的统治体系权威予以强行推行的情况下,这种广为非洲人诟病的"人造边界"才成为当地居民批判的焦点[①]。如前所述,任何边界都不是能够脱离人类社会活动而独立存在的客观实在,而是要通过人类持续的社会经济活动的支撑,逐步依托自然地貌而实现从抽象化到形象化的过程,承担对两侧局面活动的分割功能。在这一过程中,人类社会产生的空间分割的需求与自然地理的充分结合,也使得人类边界这一社会经济范畴的产物,依托自然地貌,成为了一种自然地理层面的产物[②]。在非洲的模式之下,非洲殖民地边界自从划定诞生之时算起,就处于一种两个层面上的人类空间分割标准之间完全脱离的状态,因此也难以保持稳定,为日后非洲的政治发展埋下了诸多的隐患。具体来看,在瓜分非洲的狂潮中,欧洲列强主要通过以下方式来划分殖民地之间的边界。

非洲"人造边界"的最典型代表,是运用简单的几何线段来划分边界。其中的第一种类型,是直接依据地图上的经纬线来作为划界的标准。众所周知,经纬线并非一种客观存在的自然事物,而是随着自然科学的日益进步,特别是在近代西方天文学和航海事业蓬勃发展的基础上,人

---

① John Mccauley and Daniel Posner, "African Borders as Sources of Natural Experiments: Promise and Pitfalls." *Political Science Research and Methods*, Vol 3, No. 2, 2015, pp. 409–418.

② AM Søderberg, *Merging across borders: People, cultures and politics*, Copenhagen Business School Press DK, 2003, p. 114.

们出于准确定位的目的,而在地图上人为划定的线段。位于同一纬度的地区只可能拥有近似的气候,而同一经线贯穿的地区则是共享同一地方时。除此之外,这些地区在自然地貌、人文风情方面,并不必然具有相同或相异的关联性。正因为如此,世界范围内很少有国家会选择以经纬线作为国界。但在瓜分非洲的狂潮中,经纬线却被频繁的采用为勘界依据。由此产生的若干条笔直国界,也成为人们印象中非洲"人造边界"的典型代表。经纬线边界穿过的地区通常都是沙漠、荒原等较为贫瘠的地带,之所以会产生这种简单粗暴的划界方式,一方面是因为这些地带并没有太多的经济开发以及战略安全的价值,殖民者之间没有必要进行激烈的博弈和争夺,另一方面由于这些地区大多数是无人区,殖民者也难以在短时间内"考察"完毕每一处具体的地理信息。综上所述,为了尽可能快地实现所占领的殖民地的边界闭合,相关殖民者采取最为简便的方法来处理类似地区的划界问题,地图上的经纬线成为最为现成的工具。

符合这种情况的案例主要包括:德属西南非洲(纳米比亚)与英属贝专纳(博茨瓦纳)边界贯穿干旱的卡拉哈里沙漠,其北段、中段、南段分别与东经21度线、南纬22度线、东经20度线完全重合。埃及的南部和西部边界均位于撒哈拉沙漠地带,国土形状类似于一个直角梯形。除靠近红海的哈拉伊卜三角地区(Hala'ib Triangle)之外,埃及南部与苏丹的边界与北纬22度线完全重合,西部与利比亚的边界则大体与东经25度线重合。

运用简单几何线段来划界的第二种类型,是以一个定点为起点向外引出射线,或者是在几个定点直接用直线进行连接,从而构成由斜线或者若干条不同斜率的直线首尾相连构成的边界。这种模式虽然不以地图上的经纬线为依据,但产生的原因基本相同,即不具备太多的划界争论的价值。但与此同时,如果直接选择横平竖直的经纬线走向,又不能充分照顾到相关殖民者的"利益诉求",因此采取改变直线走向的方式来划界,本质上仍然是经纬线边界的一种特殊变形表现形式。撒哈拉沙漠地区的殖民地间边界,基本都是这种直线与曲线:阿尔及利亚与毛里塔尼亚、马里的边界,利比亚与乍得之间的边界是西北—东南走向的直线;

阿尔及利亚与尼日尔之间的边界是东北—西南走向的直线；尼日尔与利比亚之间的边界是西北—东南走向的一段弧线。非洲其他地区也广布此类边界。位于非洲之角的埃塞俄比亚、索马里之间的边界穿越欧加登高原、沙漠等地带，南段是西南—东北走向的直线，北段是西北—东南走向的直线和弧线。地处东非大草原的肯尼亚—坦桑尼亚东段边界，也是一条西北—东南走向的直线，从维多利亚湖东岸一直延伸到印度洋沿岸。赞比亚与邻国莫桑比克、刚果（金）的部分边界，也是一些人为画出的直线。总之，在所有的殖民地间边界中，有44%是直接按照经纬线划定的，有30%是按照直线和曲线划定的[①]。这两种划界模式成为欧洲人肆意划定殖民地边界的最重要表现形式。

　　造成殖民地之间形成畸形边界格局的第二种方式，是不同列强进行的殖民地间局部土地交换，导致相邻的殖民地之间出现犬牙交错，甚至是飞地频出的局面。这种情况通常是指，在某片地区以及邻近地区的殖民统治权已经被先行确定的情况下，列强出于各自利益的考虑，就位于两块殖民地交界处部分地区的统治权做出交换。这种局面的出现仍然是依靠列强的相互对抗、竞争与协商，本质上是列强凭借均势原则瓜分非洲的继续。当这些地区的统治权发生变化后，殖民者又会再度依据经纬线、直线、曲线，重新修正两个殖民地在此地区接壤的边界。作为这种交易的结果，上述地区的殖民地间边界，在犬牙交错中往往形成层出不穷的不可思议形状。具有代表性的案例是纳米比亚的卡普里维地带（Caprivi Strip）。根据英国和德国之前达成的协议，英属贝专纳与德属西南非洲的北部边界，本应完全按照东经22度线划定。但在德国新任首相冯·卡普里维（von Caprivi）执政期，愈发奉行激进海外殖民扩张政策的德国，急于打通连接德属西南非洲与德属东非两块殖民地的陆路通道。出于这种考虑，作为南部非洲第一大河流并且能够直接通达东非海岸的赞比西河，开始进入德国人的视野。距离西南非洲直线距离最近的赞比西河段，位于贝专纳与英属北罗德西亚（赞比亚）的交界处，而德国如

[①] 葛佶主编：《简明非洲百科全书（撒哈拉以南）》，中国社会科学出版社2000年版，第243页。

若要从西南非洲西北角打通至此河段的通道,就必须要求贝专纳让出北部领土。根据英德两国于1890年签订的《桑给巴尔—赫利果兰条约》(Zanzibar-Heligoland Treaty),德国以彻底放弃在桑给巴尔寻求特权为代价,换取英国同意让出贝专纳北部地区,作为德国通达赞比西河的走廊[①]。这条走廊开始于东经22度线,以宽度为30—100公里的矩形形式向东延伸,至冲贝河(Chobe)与赞比西河的交汇处结束,全长450公里。走廊北部与葡属西非(安哥拉)、英属北罗德西亚的边界,南部与英属贝专纳的边界,全部都是笔直的线段,走廊的最东端距离南罗德西亚(津巴布韦)仅120米,隔着河流的中心线与南罗德西亚(津巴布韦)领土的西北角相望。从南部非洲的版图来看,这条以时任德国总理姓名命名的走廊,犹如纳米比亚的一个细长楔子,被硬生生地钉入安哥拉、赞比亚、博茨瓦纳、津巴布韦四国的交界地带,实乃全球罕见的领土格局。

欧洲殖民列强在刚果河口地区的土地"交换",是造成当地出现多个殖民地领土犬牙交错的罪魁祸首。19世纪中期以后,在非洲的大西洋海岸的中南部,基本上形成了法国占领赤道非洲,葡萄牙占据刚果河口及其以南区域的格局。随着比利时在刚果河内陆地区的大范围扩张,并且利用英法德的相互博弈,控制了刚果河左岸的大片地区之后,刚果河流域实际上成为了法国、比利时、葡萄牙三国的最终博弈点。由于彼时英国、德国已经扩张至大湖地区,比利时无法向东打通至印度洋的出海口,顺刚果河而下寻找出海口成为更为现实的选择,否则比利时的殖民扩张成果面临着成为一个完全内陆地区的危险,无法与比利时本土保持直接的交通运输联系。因此,较为现实的选择是向控制刚果河下游地区的法国、葡萄牙寻求出海口,而实力较弱,且实际掌控着刚果河口的葡萄牙成为优先选择。在柏林会议召开期间,比利时成功说服英法德三方,同意刚果自由邦以部分土地与葡萄牙交换刚果河口地区的出海通道。尽管葡萄牙强烈反对,但在英法德三强的重压下被迫妥协。1885年,欧洲各方签订《希姆拉布科条约》,规定各方承认位于刚果河口的葡属刚果(卡

---

① Gillard, D. R. "Salisbury's African Policy and the Heligoland Offer of 1890," *English Historical Review*, Vol. 75, No. 297, 1960, pp. 631–653.

宾达）是葡萄牙的殖民统治范围，同时葡萄牙将刚果河口以北37公里海岸线以及附近的内陆地区"转让"给比利时，作为刚果自由邦的出海口。这种土地的"交换"也给比利时、葡萄牙在当地控制的殖民地带来了畸形的边界格局。对于比利时占领下的刚果自由邦而言，其陆地面积虽然超过200万平方公里，是欧洲列强在非洲划定的陆地面积最大的殖民地，但其出海口只有短短的37公里，且海岸线上没有建设天然良港的条件，造就了身子巨大，但出海口细如瓶嘴的畸形领土格局。也正是由于瓶嘴一般的出海口仅仅是解决了比利时殖民当局能否与海运沟通的问题，而实际上不具备大规模的开发和运输价值，因此无论是殖民统治时期，还是日后刚果（金）独立后，进出境的大量货物仍然需要借道临近的法属刚果、加蓬殖民地的黑角、利伯维尔等港口，造成了极大的不便。对于葡萄牙而言，将刚果河口以北地区让与比利时，不仅使葡萄牙丧失了垄断进出刚果河口贸易的机会，而且使葡属刚果（卡宾达）、西非（安哥拉）两大殖民地不再与陆地接壤，由此也造就了葡萄牙在非洲的五块殖民地全部不接壤的局面。失去刚果河口北岸地区，不仅导致卡宾达的面积缩小一半，而且经济价值和战略地位也大幅度下降。20世纪中期后，为了缩减海外殖民的成本，葡萄牙合并了卡宾达、安哥拉的殖民体系，将前者直接并入安哥拉，使安哥拉成为非洲唯一拥有陆上飞地的殖民地。安哥拉独立之后，卡宾达的归属问题成为两地间旷日持久的矛盾，而安哥拉需要借助刚果（金）的狭长出海口地区，才能派军队前往卡宾达地区的现实，也成为频繁引发安哥拉与刚果（金）两国外交交恶以及爆发零星边界争端的祸根。

第二节　畸形殖民地边界为非洲政治发展埋下祸根

随着各地的殖民地边界的不断划定，至第一次世界大战爆发前，整个非洲大陆除极少数地区仍旧保持着独立状态之外，其余都被裹挟进欧洲殖民统治的桎梏之中。随着非洲原有的政治演进逻辑被完全打乱，无论是在殖民统治时期，还是在日后实现了非殖民化之后，非洲的政治都是在欧洲划定的殖民地的基础上进行的。殖民地边界格局的形成，实质上发挥了两个方面的作用：一方面是在闭合的边界内部创造了一个全新的空间场域，作为欧洲殖民统治影响下，承载非洲政治发展的基础；另一方面是以殖民地为基本单元，首次构筑了非洲的国际体系，而后演变成为由各个在殖民地基础上独立的非洲主权国家组成的非洲国际体系，主权国家间关系成为处理超越边界之外的一切事务的唯一途径。正是由于殖民地边界开启的政治发展道路，严重冲击了非洲原有的民族—国家—土地之间的关系，只是这种矛盾在欧洲殖民者的统治下，往往被欧洲人与非洲人之间的二元身份对立矛盾所掩盖，并没有广泛表现出来。但随着殖民统治的终结，无论是先前压制这些矛盾的欧洲殖民者，还是弱化这些问题的欧洲人与非洲人之间的种族矛盾，都已经不复存在，因此前殖民时代仍然存在的身份认同与殖民地间"人造边界"的结构性冲突，便在非洲国家内部以及非洲国家之间演变成为频繁引起危机乃至是动荡局势的潜在威胁。

一　非洲主权国家内部的空心化问题

如前所述，欧洲殖民入侵是非洲政治演进历程中的分水岭。在前殖民主义时代，非洲特别是撒哈拉以南非洲的文明发育程度虽然低于欧洲，但民族—国家—土地之间的关系基本保持稳定，与欧洲模式下的发展规律并没有本质区别。欧洲殖民入侵的开始，特别是掠夺人口和经济资源的出现，开始扰乱这一历史进程的发展。但殖民地间边界的划定，则是在加剧这种冲击的同时，进一步固化了其恶劣的影响。随着前资本主义民族或国家赖以生存和发展的土地被撕碎，非洲居民被迫在殖民统治的铁蹄之下重新开始新的排列组合。

一方面，殖民地边界几乎将非洲所有的前资本主义民族变成了跨界民族。一个民族的聚居区往往是具备一定环境承载能力，拥有一定经济发展腹地和辐射范围的地区，因而成为欧洲列强的争抢对象，而由此产生的殖民地边界往往直接穿过这些民族的历史聚居区，将历史上长期共享同样经济基础和集体心理的社会成员划分到不同的殖民地之中，而处于边界两端的不同居民，也就分别被纳入了不同的发展轨道。从民族自身的演进逻辑来看，土地被欧洲划分所带来的结果，就是前殖民主义时代已经形成的居民共同体，被人为瓜分到不同的现实统治权力之下，在完全不同的发展逻辑下，成为欧洲民族海外扩张下的附庸。对于被瓜分到不同殖民地的非洲民族而言，欧洲殖民者的统治带来了诸多负面的影响。在政治层面，殖民地政府开始成为非洲居民的统治者，其各项统治政策都在直接或间接地影响着境内民众的生活。随着时间推移，这种既定事实决定了殖民地概念，势必将成为推动居民身份认同发生变化的一个重要参数。在经济层面，不同殖民地对某个族群聚居地的瓜分，意味着原有的居民之间将难以拥有继续融合的物质性基础。由于不同殖民地往往拥有不同的政治、司法、经济体系，这使得商品、资源、人口在这些居民之间进行跨境流通的难度在不断增大，进而导致共同市场无法成型。在文化层面，即便是散居在相邻殖民地的居民群体之间仍然保留着文化上的联系，但它们都会在一定程度上受到各自宗主国文化、语言、宗教以及价值观上的影响，而这种影响最突出的表现在接受西式教育的知识分子阶层。由于这个前提条件的存在，当殖民统治终结之时，原本同宗同源的居民群体之间，都已或多或少的存在着差别。因此，从这些特征可以看到，随着殖民地边界的划定，几乎所有的在前殖民时代形成的非洲民族，都成为了跨越至少两个殖民地的社会共同体。在这种影响下，部分规模较小、发育程度相对较低的非洲族群走上了解体甚至是消失的道路，而其他具有一定发展成就和规模的民族，则是沿着边界线，逐步裂解成为几个不同的亚群体。

另一方面，殖民地未能对不同民族裂解出来的碎片加以有效整合。如前所述，欧洲的民族整合源于资本主义萌芽的出现，并且与历史上稳定存在的封建国家巩固权力和维持生存的利益诉求密切相关。反观非洲殖民地，殖民地边界的划定虽然把在发展逻辑上没有相互联系的不同非洲民族强行聚集在一起，但却没有任何在经济基础和上层建筑层面对其加以整合的必要性。欧洲列强殖民非洲的根本目的，是尽可能多地寻求自然资源出产地以及释放国内商品、资本过剩的压力，而非帮助当地人建立现代经济形态。在整个殖民统治时期，宗主国的大量资本被投向矿产资源开采与经济作物种植，不仅导致了几乎所有殖民地都形成了以出口上述资源为内容的单一畸形经济结构，而且造成了当地广大民众的极端贫困落后[①]。加之欧洲廉价商品的大量涌入，非洲依靠本土力量产生资本主义萌芽的机会被逐步地扼杀[②]，难以提出整合殖民地内部市场的需求。与此同时，由于殖民统治是从外部强加给非洲人民的，殖民地赖以生存的基础是欧洲宗主国的硬实力，而非境内非洲居民的团结程度。殖民地的建立本已清晰证明了欧洲列强的强大，而且即便要讨论某个殖民地的存亡问题，那么最重要的影响因素也是欧洲列强的殖民统治成本以及彼此之间的力量博弈。因此，殖民者自始至终都不需要借整合境内居民，以维持殖民地的生存。相反，在殖民统治实践中，殖民者往往会采取挑拨不同族群矛盾的方式，实现各个本土族群的相互竞争与制衡，并从法律层面对这种"均势"加以支持和固化，从而降低开展殖民统治的难度与成本。殖民者一手炮制出的竞争甚至是敌对的关系，不仅阻碍了这些群体之间的融合，甚至直接成为了日后引发不同族群间大打出手的导火索。综上所述，在非洲殖民地走向独立之时，非洲的族体重组进程并没有完成：前资本主义时代的族体虽开始走向解体，但各部分之间的跨境文化联系并未完全中断；殖民地境内的各个居民群体仍然处于相对隔绝的状态，彼此之间并不存在共同的经济与文化生活，全方位的有效融合尚无从谈起。

以非洲人口第一大国和第一大经济体尼日利亚为例，其境内主要民族被纳入殖民统治的过程，及其在独立后的尼日利亚政治发展进程中所扮演的角色，较为典型地反映出殖民地边界对于民族发展的直接影响。尼日利亚国内三大民族固定对应着北部、西南部、东南部三大区域，其中豪萨—富拉尼族（Fulani）的分布范围主要集中在以北部重镇卡诺为中心的地区；约鲁巴族主要以西南部的古城伊勒—伊费为中心；伊博族的传统聚居区主要在东南部的尼日尔河三角洲地区。也正是由于这种明显的对应关系的存在，北部、西南部、东南部地区也常常被欧洲殖民者按

[①] 葛佶主编：《简明非洲百科全书（撒哈拉以南）》，中国社会科学出版社2000年版，第319页。

[②] 葛佶主编：《简明非洲百科全书（撒哈拉以南）》，中国社会科学出版社2000年版，第325页。

照对应的民族名称来称呼,即豪萨兰(Huasaland)、约鲁巴兰(Yorubaland)、伊博兰(Igboland),意为上述三个民族的聚居地。在前殖民时代,三地的发展完全是按照各自独立的逻辑平行推进,豪萨族与萨赫勒地区以及北非的各个民族保持着密切的通商关系,是穿越撒哈拉沙漠的商路与横穿萨赫勒地区商路交汇处的守护人,豪萨族商人也主要沿着这些商路往北至撒哈拉沙漠南沿,往西前往塞内加尔河、冈比亚河流域,往东前往乍得湖以东的东苏丹地区,因此豪萨语也成为上述地区通用的商业用语。以豪萨族为基础建立的无论是分散的城邦,还是统一的王国,实际统治的疆域都没有超出上述地域范围。即便是在富拉尼族征服豪萨族建立索科托酋长国后,伊斯兰教进一步强化和扩展了以豪萨族为基础的身份认同,但索科托的统治者控制的范围仍然没能超过豪萨族商人的活动范围。相较之下,尼日尔河下游地区并非豪萨族的主要交流和活动方向,也从未处于豪萨族建立的或者以豪萨族聚居区为基础建立的城邦或者王国的统治范围,当地的约鲁巴族、伊博族分别建立有自己的国家,并且一直稳定持续到近代英国殖民统治入侵之前。在19世纪中期后的殖民入侵中,英国以拉各斯为殖民据点,不断向北渗透,逐步将尼日尔河下游的约鲁巴族、伊博族生活的土地纳入殖民统治中,建立南尼日利亚殖民地;而在北部地区,英国殖民者则是以"保护国"的名义征服了索科托酋长国,建立北尼日利亚"保护国"。由此可见,即便在英国殖民统治开始初期,南北双方也是处于平行独立发展的,直到1914年南北双方被合并为统一的尼日利亚殖民地,南北三大民族被迫开始在同一个政府的统治下相互博弈。

如果超出尼日利亚现今的边界格局来看,则可以很清晰地认识到,英国殖民者把三个长期处于平行发展的民族强行搅和在一起,但这三个民族并非前殖民时代的非洲民族的全部。换言之,尼日利亚境内的三大民族都是被殖民者间划定的边界所肢解的前殖民主义时代的非洲民族的一部分。以北部的豪萨族为例,英国人虽然征服了索科托酋长国,但面对法国在萨赫勒地区的竞争,英国殖民统治的实际覆盖范围并未包括整个豪萨兰,北部、西部、东部的不少地区被实际纳入法属的各个殖民地之中。法绍达危机解决后,英国在尼日利亚北部与尼日尔、乍得、布基纳法索等法属殖民地的划界中，进一步作出了让步，作为对法国在尼罗河上游地区让步的"补偿"。因此，无论是豪萨族著名的城镇"七个城邦"，还是索科托酋长国的统治中心索科托，都处于英国的实际统治下，但一些豪萨族重要的商业城镇，例如津德尔、马拉迪、迪法，却处于法国殖民者的统治下。尼日尔境内的南部、西部分布着大量使用豪萨语的居民，豪萨族的占比高达54%，甚至超过拥有豪萨兰核心区的尼日利亚。随着豪萨族成为地跨英法殖民地边界的民族，而分布在尼日利亚、尼日尔的豪萨族居民在政治化、现代化的进程中，也分别受到了英国、法国殖民者的影响，因此产生了一定的差异。尽管双方之间仍然保持着语言、宗教相似性的联系，但殖民统治打下的不同烙印，决定了两者间不可能再回到前殖民主义时代的关系之中。与此同时，分布在尼日利亚、尼日尔境内的豪萨族，也要分别面临处理与境内其他民族关系的问题，其中以尼日利亚尤甚。从英国合并南北方开始，尼日利亚无论是在殖民统治时期，还是独立后相当长一段时间内，政治和经济中心始终是以拉各斯为中心的西南沿海地区，约鲁巴族不仅在殖民统治体系以及独立后初期的政府中担任众多职务，而且在一定程度上分享到了英国资本主义经济给当地带来的溢出效益，发展起小规模的商铺或者手工业。人数居多的豪萨—富拉尼族聚居区却成为贫困、闭塞的落后地区，对整个殖民地的发展影响相对较小。加之殖民地内部交通设施相对落后，北方与南方之间的人员物资交流有限，不具备推动不同民族之间实现融合的经济基础。这种局面也为独立之后的尼日利亚频繁陷入国内政治危机，埋下了无尽的隐患。

尼日利亚的边界格局与其内部民族碎片化之间的联系，实质上是广大非洲现代主权国家的一个集中缩影。随着非殖民化浪潮的到来，除了埃塞俄比亚等极少数案例之外，绝大多数非洲国家都是在殖民地基础上，以"换牌子"的方式成为了主权国家。这种与殖民地之间的直接继承关系，为非洲国家带来三个基础性的矛盾。其一，非洲国家与前殖民地在领土上的重合，导致此地域范围内各个族群间的混乱关系，被前者不加选择的全盘继承。其二，非洲国家并没有摆脱位居资本主义经济全球分工底端的悲惨境地，以资源出口为主要内容的单一经济结构，以及中心城市、资源出产和出口地与广大农村并存两种经济形态的局面，仍然广泛存在①。其三，欧洲的多元选举制度是民族与国家关系趋于成熟和稳定后的产物，但在非洲却被当作缔造民族与国家间稳定关系的工具。在上述三个条件的制约下，非洲国家构建与自身主权和领土范围相适应的民族身份认同，势必受到以下若干问题的挑战。

首先，非洲民族主义不断变化的内涵和指向范围，导致它与主权国家之间的关系处于不断变化之中，进而影响民众对国家的认同。在非殖民化时期，殖民地内部各个族体在知识分子的领导下，共同发出立即终结欧洲殖民者的统治，实现全面政治解放的呼声，在一定意义上可以被看作是一种形式的民族主义②。与近代西欧相比，这种意识形态同样将某个特定地域范围内的所有居民看作一个整体，并且也以反对不符合境内居民集体利益的统治者为主要斗争目标。但不同之处在于，它并不依靠那些形成于共同文化传统、语言、宗教信仰基础上的民族意识和心理，而是通过强调所有居民都拥有被殖民统治奴役的共同经历的基础上，依靠殖民者与被殖民者间的二元对立矛盾而存在。因此，当二元对立矛盾随着殖民统治的终结而不复存在时，这种民族主义在完成了为全民争取政治自由的任务之后，却在继续优化国家与国民间关系的任务中显得力不从心。在非洲人自我意识觉醒的背景下，残存的前殖民时代的文化身份认同，也得以借机孕育出了自己的意识形态。与前一种民族主义主要为接受西式教育的知识分子所鼓吹和推崇不同，这种时常被称作"部族主义"或者"地方民族主义"③的意识形态所强调的更多的是居民在起源、语言、宗教信仰上的直观差异，因此更容易被广大民众接受。换言之，对广大民众而言，以前殖民时代的社会文化因素为基础的集体记忆，

---

① 葛佶主编：《简明非洲百科全书（撒哈拉以南）》，中国社会科学出版社2000年版，第325页。

② Sterling Stuckey, *The Ideological Origins of Black Nationalism*, Mass: Beacon Press, 1972, p. 127.

③ 在许多文献中，与非洲国家不相应的族体意识形态，通常被称作"部族主义"。亦有学者主张将其称作"地方民族主义"。具体参见李安山《非洲民族主义研究》，中国国际广播出版社2004年版。

要远远强于政治精英为实现独立而努力塑造的共同社会心理。如前所述，鉴于非洲国家与境内族群间并无直接传承关系，国家认同与民族的身份认同之间将存在一定的偏差，各民族对国家的认可程度相对较弱。

其次，独立后的非洲国家内部不同族群间关系往往存在不确定性，成为非洲国家实施民族整合的巨大障碍，难以在短时间内塑造出国家认同所需要的共同经济基础与社会心理。相比殖民者，非洲国家维持生存与发展的需求，决定了它必须将彼此间关系混乱的各个族群，整合为一个或若干个能够发挥支撑作用的现代民族。但已经固化的殖民地畸形经济结构，导致制约单一民族形成的物质性障碍仍然存在。即便放弃建构单一民族，转而选择学习欧洲以外的多民族现代主权国家的发展道路，非洲的前景依然不乐观。在成熟的现代多民族国家内部，各民族在长期共存中，不仅实现了彼此间的相互认同，而且建立了一套约定俗成的协作制度以共享国家的权力。而在非洲，族群间关系的不确定性，往往导致国家无法成为这些居民群体认可的"命运共同体"。正因为如此，在非洲解放浪潮兴起后，各族群基于自身特点而形成的民族主义思潮，频繁地呈现出相互竞争甚至是冲突的态势。而作为由这些意识形态催生的政治诉求，各个族群关于国家建立以及权力分配的设想，自然难以实现充分的融合与匹配。

最后，非洲国家采取的多党民主制度，为境内的各族群分别政治化提供了制度基础，族群在政治上的碎片化进一步增加了彼此间的融合难度。无论是西欧的单一民族国家，还是欧洲之外的现代多民族国家，境内全体居民在用集体意志改造主权国家的同时，也随着国家概念一起实现政治化，建立以国家为基础的统一政治身份认同。在国家内部，政权机构的设置和政党的组建，均反映出不同社会阶级的利益诉求，是一种社会经济性的划分，与文化性身份认同无关。多元竞争性民主选举制度的设立，本意是为保障不同阶级都能够有机会分享国家权力。非洲国家在并没有经历绝对主义或威权主义整合族群的前提下，就在族群间关系混乱的基础上引入多元化竞争性选举制度，实际上是为境内各族群的民族主义膨胀提供了机会。当政治精英以及政党为巩固自身力量，而竞相向前殖民时代的文化性身份认同求助时，作为这些认同承载者的各个族群,实际上已开始踏上分别政治化的道路①。由于政治化的族群势必追求运用政治手段使自身利益最大化,因此独立之后许多非洲国家的国内政治都曾退变为族群间的无序争斗,让国家政治实质上沦为了族群政治。在有些国家,强势族群和弱势族群出现两极分化态势,其中强势族群独揽国家大权,排斥和压迫其他弱小族群,而部分处于弱势地位的族群则寻求在既有国家之外重新建立主权。而在另外一些国家,多个族群处于势均力敌状态,定期举行的多党大选就成为这些族群掌控下的政党相互倾轧的时刻,任何一方的胜选都会引发其他各方的抗争,出现逢选必乱的现象。

二 给非洲主权国家之间的关系埋下隐患

随着20世纪中期以后非洲各个殖民地纷纷独立,并且获得国际社会认可,成为联合国成员,非洲主权国家成为非洲政治发展中的最基本行为体。但由于前殖民主义时代的各种社会文化性的身份认同仍然存在,特别是当这些身份认同的性质从跨殖民地间边界变更为跨主权国家间边界的时候,国家主权与领土完整的需求与仍然存在强大惯性的前殖民主义时期的民族身份认同之间,便产生了难以有效调和的矛盾。如前所述,由于欧洲殖民者划定的"人造边界"的广泛存在,非洲几乎所有的民族,特别是先前发育程度较高的民族,都因为是跨界民族,而最终变成跨越国境的民族,民族主义意识的逐步觉醒与这些民族不同部分所在的相应主权国家推崇的国家叙事之间,发生了一定的错位,从而频繁地引发国家间关系中的矛盾。具体来看,摆脱殖民统治之后,非洲国家间关系的不稳定给非洲政治发展带来的挑战,主要表现在以下几个方面。

其一,跨境民族要求实现"统一"的呼声日益高涨,容易引发相关非洲国家之间产生矛盾与对立。前殖民主义时代的身份认同的存在,使非洲各个跨境民族在否定欧洲殖民主义者的议程中,将彻底否定殖民地间边界格局,特别是针对将自身机械割裂的殖民地间边界,也一并纳入

---

① 张宏明:《论黑非洲国家部族问题和部族主义的历史渊源——黑非洲国家政治发展中的部族主义因素之一》,《西亚非洲》1995年第5期。

其中。虽然非洲的非殖民化进程最终止步于欧洲殖民者统治的终结，而没有采取进一步否定殖民地所占据的地理空间范围的合法性，但相关民族并没有立即放弃其利益诉求。在这种情况下，相关民族不断鼓吹基于前殖民主义时代民族身份认同的民族主义，会给非洲国家的主权与领土完整带来两种类型的挑战。第一种类型是不断膨胀的民族主义与国家认同产生了直接冲突，进而引发地区分离主义的出现。这类问题一般都是发生在自殖民统治开始以来，在整个殖民地范围内一直处于边缘化地位的族群身上。在殖民统治终结之后，他们的实际政治经济地位并没有发生根本性的变化，因而倾向于选择彻底另起炉灶，与邻国境内具有同宗同源关系的族群结合成一体。在实践层面，这种诉求最终会演化成为地区割据力量，乃至地区分离主义势力，直接威胁所在国家的主权与领土完整。邻国的同源族群往往会在背后予以相应的支持和帮助，从而逐步引发两国间关系的交恶。这种类型是非洲国家面临的最为常见的民族与国家间的矛盾模式，几乎每个非洲国家出现的民族间关系紧张、族群政治发酵、地区割据势力猖獗，乃至内战的爆发，背后都存在着国内民族与邻国民族之间密切的联系，而国内的政治矛盾也往往借助这些前殖民主义时代的身份认同关系，被放大为国家之间的矛盾。例如，从20世纪中期至今，大湖地区的安全形势始终处于不稳定状态，卢旺达、布隆迪、刚果（金）、乌干达四个核心国家之间的关系脆弱多变，而隐藏在选举危机、武器泛滥、外交交恶等各类表象问题背后的实质矛盾，是上述几个国家内部的胡图族、图西族两大民族，分别对待邻国内部的胡图族、图西族所发挥作用的持续竞争与博弈。第二种类型是持续膨胀的民族主义符合相关非洲国家在特定区域内拓展地缘政治并获得支持的利益，从而引发国家之间的紧张关系。符合这种情况的主要是在前殖民主义阶段发育程度较高，而且在殖民统治中以及独立后的主权国家内部占据一定主动地位的民族。在这种模式之下，民族的利益诉求与国家发展之间的脱节程度相对较低，民族要求恢复前殖民主义时代的民族身份认同以及民族与土地的联系的诉求，能够成为其所在的非洲国家扩大领土利益的"口实"，并且在背后予以官方的支持。索马里族鼓吹的"大索马里主义"是推动英属索马里、意属索马里两块殖民地在独立后进行合并的重要理论基础。但在合并建国的同时，索马里族的主张也指向邻国吉布提、埃塞俄比亚东部、肯尼亚东北部的索马里族聚居区，索马里政府也积极支持索马里族的主张，为邻国的索马里族聚居区的分离主义活动提供支持，最终引发索马里与埃塞俄比亚、肯尼亚等国爆发边界武装冲突，甚至是高烈度局部战争。尽管索马里最终未能实现其领土目标，但索马里族民族身份认同的膨胀，至今仍然是非洲地区安全形势面临的重大威胁。

其二，欧洲殖民者在具体某片土地归属权上的模糊化处理，引发相关非洲国家之间的领土争端。这类问题具体可以分为两种类型。第一种类型是欧洲殖民者在划定殖民地边界的时候，并没有对归属权作出明确的说明，因此使得拥有这片土地的不同非洲国家埋下领土争端的隐患。如前所述，欧洲殖民者在划定非洲殖民地边界的过程中，面临着时间短、范围广、竞争激烈的难题，因此仓促划定的边界往往在某些地区并没有考虑实际管理的难题。随着时间的推移，在有些不便于实际管理地区，欧洲列强会以重新签订条约的形式，予以局部的"修订"，从而构成依靠多份条约定义边界的模式。日后独立的非洲国家基于对不同条约的认可程度，可能引发划界的争议。苏丹与埃及在边界东部的哈拉伊卜地区的争议，尼日利亚与喀麦隆就巴卡西半岛的领土争端，都属于这种情况。南北苏丹分家之后，两国旋即就阿卜耶伊地区的主权归属发生争端，在一定意义上也与英国殖民统治者，对于南北双方的划界模糊，存在着一定的关联性。上述案例中争端双方的斗争焦点，在于认可欧洲列强在不同时期签订的有关边界划分的具体条约的内容，各自坚持对于自己有利的边界划分模式。第二种类型是欧洲列强为了在殖民统治结束后仍然能够维持在当地地缘政治中的影响，刻意模糊化某片地区的归属权，从而引发相关非洲国家爆发争端。较为典型的是西班牙为了在非殖民化后仍然能够插手北非事务，一方面与西属撒哈拉殖民地内部的民族解放阵线进行和谈，另一方面又与摩洛哥商讨"主权移交"，同时又与阿尔及利亚接触，"默认"其在当地也有相应的利益。这种"一份商品卖给三个客户"的做法，人为地造就了三方就西撒问题的争端。西班牙殖民统治结束后，三方各自坚持与西班牙殖民者签订的协议的唯一合法性，根本无法达成有效共识，最后陷入久拖不决的武装冲突之中。时至今日，西撒问题依然是影响非洲一体化以及马格里布地区安全稳定的潜在火药桶之一。葡萄牙殖民者与此类似，引发了以卡宾达地区为中心议题的刚果河口地区长期的紧张局势。在非殖民化浪潮中，葡萄牙殖民者一方面与卡宾达内部的民族解放力量接触，另一方面不顾非洲统一组织已经将卡宾达列为待解放的单独殖民地的事实，又同时认可安哥拉对于卡宾达的管辖权。葡萄牙统治者撤出后，安哥拉采取"借道"刚果（金）的河口地区，出兵"飞地"卡宾达，不仅引发与安哥拉政府军与卡宾达当地民族解放力量的冲突，而且导致了安哥拉与刚果（金）的边界武装冲突。即便在冷战结束后，安哥拉与刚果（金）两国关系实现正常化之后，卡宾达问题仍然没有得到彻底性的解决，安哥拉政府与卡宾达本土的政治力量依然在当地的主权地位上存在根本性分歧，双方的理论基础分别是在非殖民化时期与葡萄牙殖民者达成的不同协议。特别是当卡宾达近海地区发现大量的油气储备资源，安哥拉实现石油经济大发展后，卡宾达问题在历史遗留争端的基础上，又进一步卷入现实的经济利益纷争，持续走向复杂化。进入 21 世纪后，当其他地区的争端逐步平息或者被淡化后，卡宾达地区仍然会不定时地爆发武装冲突，长期成为中部非洲地缘政治热点议题之一。葡萄牙则多次以"调解人"的角色，维持了在安哥拉政治发展中的相应影响力。

第 三 章

非殖民化后非洲殖民地间边界存续面临的挑战

自 20 世纪中叶的非殖民化浪潮兴起以来,特别是非洲国家独立以来,残存的前殖民时代身份认同与主权国家间产生了激烈对抗的矛盾。从一定意义上来看,欧洲殖民者撤出非洲大陆后,新生的非洲国家面临的首要问题是能否维持既有边界格局的稳定,进而确保自己继承来自殖民地领土的完整性。这种局面的出现绝非偶然,而是与非殖民化在当时给非洲大陆带来的一系列形势变化有着密切的联系。首先,作为世界反殖民运动的重要组成部分,由黑人民族主义掀起的非洲解放运动,力图通过根除西方殖民统治体系,来赋予非洲人民以充分的自由。因此,西方列强为奴役统治非洲而设立的殖民地,无疑应在解放运动中被彻底打碎[1]。这项历史任务为全盘否定继续坚持殖民地边界提供了必要的逻辑支撑。其次,欧洲殖民统治的终结,令长期强制非洲人民在地理和心理层面接受殖民地概念的外部压迫性力量,或是基本上不复存在,例如比利时、葡萄牙;或在一定意义上被极大地削弱,诸如法国、英国。这在客观上为非洲人独立自主地重新规划自己的未来,提供了一定的可能性空间。再次,随着殖民者的撤离,原有意义上的欧洲与非洲、黑人与白人之间的二元对立矛盾在某些非洲地区或者转变为次要矛盾,或者已经不复存在,因此空泛的地理概念以及笼统的种族概念,难以继续承载非洲

---

[1] 葛佶主编:《简明非洲百科全书(撒哈拉以南)》,中国社会科学出版社 2000 年版,第 242 页。

内部各个族群的集体身份认同，普通民众对抽象的"共性"的理解终究难以匹敌对彼此间现实差异的感知[①]。前殖民主义时代身份认同的逐步崛起，为非洲主权国家框架下的各个社会文化性居民共同体，注入了全新的行动动力与行为逻辑。

与此同时，殖民地改头换面为主权国家，又令所有形式边界更改欲求的合理性荡然无存。且不论英属、法属、比属殖民地的领袖如何同意在殖民地基础上独立建国，即便葡属殖民地领导人在与宗主方兵戎相见后所建立的国家，在地域上仍然与殖民地完全重合。在完成向现代主权国家的蜕变之后，殖民地变身为现代国际法行为主体，享有使其疆界受到国际社会保护的合法权力。随着殖民地间"人造边界"因被合法化而走向固化，出于任何理由的边界更改欲求，都将因为被视作是对当事国主权和领土完整的挑战与威胁，而遭到坚决的反对。因此，从以非洲主权国家为支撑的非洲现代政治发展产生之初，就面临着国家与支持国家的民族基础的割裂问题。就外在的表象来看，非洲主权国家在继续稳定维持原有边界格局的议题上，面临着十分严峻的多重挑战。

第一节 国家内部不同居民群体的身份认同对抗

欧洲殖民统治终结之后，在前殖民主义时期的身份认同持续发酵的形势下，宗教认同的差异在撕裂非洲主权国家内部的民众方面，发挥着更为典型的作用。在欧洲殖民统治开始之前，伊斯兰教已经在非洲传播了十几个世纪，不仅使北非地区完全伊斯兰化，而且顺着穿越撒哈拉沙漠的商路以及西非、东非近海的航线，以贸易和战争的形式，逐步扩张到整个萨赫勒地带，以及赤道以北的大西洋、印度洋沿岸地区。在伊斯兰教尚未大规模传播的撒哈拉以南非洲的其余地区，原始宗教信仰占据主导地位。欧洲殖民者的政治、经济统治架构是建立在以基督教影响为主要特征的发展模式之上，因此欧洲列强殖民非洲，一方面客观上遏制

---

① Davidson Basil, *The Black Man's Burden: Africa and the Curse of the Nation-State*, London: James Currey, 1992: p. 74.

了伊斯兰教继续向其他非洲地区的大规模传播,另一方面将信仰原始宗教地区的非洲居民,大量带入基督教信仰体系。伊斯兰教、基督教原本在欧洲、近东、中东就长期维持着竞争关系,欧洲殖民者对非洲的大规模入侵,将两大宗教间的竞争实质上也带到了非洲。对于欧洲殖民者建立的地跨萨赫勒地带的各个殖民地而言,内部居民往往可以被划分为信仰伊斯兰教、基督教的两大群体,且这种宗教信仰上的差异往往与民族、种族、地域差异相叠加,成为殖民地居民之间优先区分身份认同的标准。当非殖民化开启后,随着欧洲殖民者的压迫不复存在,在宗教信仰分野裹挟下的民族间、种族间、地域间矛盾开始上升,并且为两大宗教信仰体系之间的竞争与对抗,持续提供具象化的内容与充足的动力。相比其他由多个族群共同构成的非洲主权国家,内部存在两大信仰体系并立的非洲国家,更加容易陷入周期性的政治危机与内乱。两大宗教之间的边界,往往成为国家内部出现认同大规模断裂的脆弱地带。这种现象的出现,在一定程度上可以被简化理解为亨廷顿主张的所谓"文明间的断层"。受困于这种模式,相关非洲国家独立之后的政治发展议题,始终围绕着如何释放或化解宗教对抗的压力而展开,国家治理的要务是尽可能在两者之间缔造和保持平衡,而治理失序的结果则往往是国家的政治危机乃至是分裂。

一 尼日利亚南北矛盾

如前所述,非洲人口第一大国尼日利亚的成型过程,经历了较为典型的不同民族的"拼凑"的痕迹,是英国殖民者将本处于平行发展格局的三大民族强行糅合在一起的产物。但抛开不同民族之间的身份认同差异来看,在三大民族博弈之上还存在着更为宏观的身份认同竞争与对抗,即伊斯兰教与基督教信众之间的博弈。从尼日利亚独立后的发展历史来看,两大宗教之间的矛盾或者以南北方发展不均衡以及双方政治精英治理理念对抗的形式出现,或者以豪萨—富拉尼族与约鲁巴族或者伊博族之间的民族矛盾的形式爆发。总之,宗教竞争和对抗与南北矛盾、民族矛盾处于一种相互激化的关系,使尼日利亚的族群政治、区域发展失衡等问题，最终都以宗教冲突的形式表现出来，并被持续放大，最终成为非洲第一个大规模引爆身份认同危机的主权国家。

（一）南北宗教差异格局的形成

如前所述，在前殖民主义时代，位于尼日尔河与贝努埃河交汇处以上，至萨赫勒地带的广大地区，主要生活着使用豪萨语的豪萨族。通过与北非地区连接的穿越撒哈拉沙漠的商路，豪萨族不仅建立了较为发达的城邦国家，而且也开始接受伊斯兰教的影响。一些城邦开始接受北非、马格里布的阿拉伯国家的政治和宗教制度，模仿建立起以伊斯兰教为特征的世俗统治体系。由于撒哈拉沙漠以北的阿拉伯国家实际上并未全面征服过豪萨族分布的地区，加之豪萨族地区并没有经历过完全的政治统一，因此虽然伊斯兰教、阿拉伯语对豪萨族的政治制度、语言文化产生了深远影响，但至索科托酋长国建立之前，豪萨族仍然有部分城邦与居民并没完全皈依伊斯兰教。富拉尼人在建立索科托酋长国之前，已经全面皈依了伊斯兰教，因此当其全面征服豪萨各个城邦，完成了豪萨兰事实上的政治统一之后，伊斯兰教开始与政治统治全面结合成为政教合一的统治体系，全面渗入豪萨族生活的每个角落。至19世纪中后期英国殖民者大规模入侵豪萨兰之前，当地已经完全完成了伊斯兰化的过程，不仅每个豪萨—富拉尼族的居民都是虔诚的伊斯兰教徒，索科托、卡诺等城市也成为萨赫勒地带乃至整个西非地区的伊斯兰教的重要中心。加之英国在当地采取典型的间接统治措施，以"保护国"的名义获得了索科托酋长国的宗主权，实际上除了攫取对当地的军事、经济统治权之外，并没有实际触及索科托酋长国原有的统治体系与制度，伊斯兰教基础上的治理体系，依然是各级政权机构维持统治的根本，而英国的殖民统治只是以花费最小成本的考量，直接嫁接在这套本土统治体系之上。即便在1914年，南北尼日利亚合并组建英属尼日利亚殖民地之后，北方依然长期维持着原有的统治秩序。这种局面决定了伊斯兰教对北方居民的影响，并没有因为英国殖民统治的开始而被削弱，而是维持着相对的稳定性，为豪萨—富拉尼族身份认同的稳定发展，提供了必要支撑。因此，当与南方的非穆斯林民族发生竞争和对抗之后，伊斯兰教为政治精英借助民族身份认同发动广大民众，提供了取之不尽、用之不竭的强大动能。

相较之下，在英国殖民者到来之前，尼日利亚南部地区既不属于萨赫勒地带以穿越撒哈拉沙漠的商路为核心的地缘圈，也没有通过沿海贸易与已经伊斯兰化的冈比亚河、塞内加尔河流域的沿海城镇保持联系，因此伊斯兰教对尼日尔河下游地区的影响相对有限。无论是约鲁巴族，还是伊博族，统治者和普通民众都信仰传统多神宗教，处于欧洲殖民者眼中的"前现代宗教"时代。近代欧洲殖民者入侵尼日尔河下游地区，普遍都是以教会传播"福音"的形式，通过在沿海设立传教据点，发展信众，逐步从沿海向内陆扩张。19世纪中后期，英国殖民者攫取尼日利亚南部后，在当地建立直接统治的殖民地体系，皈依基督教信仰的学者、学生、商人等人员开始成为直接参与殖民体系的本土力量，在殖民政府的基层和中层中担任大量的职务。在参与殖民统治体系的同时，这些西化的本土人员将成为基督教向尼日利亚南部的广大城镇、乡村地区快速传播的有力推动者，随着越来越多的居民从信仰传统拜物教改宗皈依基督教信仰。以英国殖民统治的政权体系和当地教堂为支点的基督教信仰，成为在英国殖民统治体系下构筑约鲁巴族、伊博族居民全新身份认同的重要载体之一。南北尼日利亚合并之后，英国对南北双方在社会结构、社会经济价值等多个方面的差异，实质上仍然采取了分而治之的策略，殖民统治与基督教信仰相互绑定的模式，仍然只是在南部地区主要推行，而在北部伊斯兰教信仰占据绝对主导的地区，推广与发展的成效十分有限。

自1914年南北双方合并组建尼日利亚之后，南北双方之间始终明显存在着身份认同鸿沟，这种局面不仅是南北双方始终没有实现有机融合的重要外在表现，同时又成为加剧双方博弈与竞争的催化剂。南方的基督教信仰始终无法在北部伊斯兰教信仰地区大规模开花结果，实质上是南北双方因为没有形成内部融合的经济共同体，人员流通与交流严重不畅导致的隔阂。英国虽然实现了两者事实上的政治统一，但是南方在整个殖民地经济发展中占据着举足轻重的地位。从经济作物生产来看，南方地区温暖湿润，土地相对肥沃，降水量较为充足，适合发展绝大多数作物的种植。此外，传统拜物教信仰并没有在世俗政治统治上演进出一套对普通居民严格的规范和限制，因此，大量的居民可以被殖民统治者直接拉入以经济作物种植为核心的资本主义生产方式之中。从整个殖民统治时期来看，尼日利亚出口宗主国英国的主要经济作物产品包括可可、芝麻、腰果、咖啡等，均来自位于南部地区的各类经济作物的种植园，主要分布在约鲁巴族、伊博族历史上活动的中心地区，其中以约鲁巴族活动范围，特别是首府拉各斯周边最为密集。从交通运输格局来看，西方殖民者主要通过海路入侵非洲，因此造就了非洲顺着欧洲人开辟的新航路，被逐步拉入资本主义全球分工体系的局面。在尼日利亚南部地区，拉各斯、哈科特港等重要港口不仅是英国殖民者登陆尼日利亚海岸建立的第一批殖民据点，是向内陆扩张的大本营，同时也成为尼日利亚南部乃至整个殖民地进出口物资的必经之路，是维持殖民地经济与宗主国市场的关键性桥头堡。在此格局之下，北部豪萨—富拉尼地区曾经繁荣的穿越撒哈拉沙漠的传统商路逐渐没落，大量的人流、物流开始通过南部沿海地区的各个港口，与外部的市场发生联系。因此，无论是从英国在尼日利亚建立起殖民统治的时间顺序、内在逻辑，还是从南北双方合并之后的现实发展差距来看，南方相较于北方具有较为显著的优势，加之英国殖民政府的总部设立在南方港口拉各斯，南方特别是西南部地区已然成为整个殖民地的政治经济文化中心。北方虽然在地域面积和人口数量上占据优势，但实质上在整个殖民地统治体系中处于边缘化的地位，无论是北方地区，还是居民，都没有被实质性地广泛纳入以南方为中心的殖民地经济体系之中，而是在交通闭塞的环境下，大体上仍然维持着前殖民时代的发展状态。

随着20世纪中期非殖民化浪潮的兴起，尼日利亚也最终走上了以殖民地为基础的国家独立和民族解放道路。北方的豪萨—富拉尼族以及其他信仰伊斯兰教的民族恢复到前殖民主义时代，与周边散居在其他殖民地内的本民族的其他部分以及分布在萨赫勒地带其他相关民族的重新融合的可能性已经不复存在，转头南下与约鲁巴族、伊博族博弈，成为本民族参与现代尼日利亚政治发展的必由之路。同理，在以殖民地为基础的非殖民化道路上，南方民族也必须接受在一个国家的框架内，与人数上更胜一筹但"现代化"程度要明显稍逊一等的北方穆斯林民族共存与竞争的事实。在非殖民化浪潮中，殖民地内的三大民族分别依托各自的政治主张和民族身份认同，建立了相应的民族主义政党：以豪萨—富拉尼族为基础的北方人民大会党（Northern People's Congress）、以约鲁巴族为基础的行动集团（Action Group），以及以伊博族人为基础的尼日利亚和喀麦隆国民会议（National Council of Nigeria and Cameroon）。在英国殖民者逐步移交权力的过程中，三大政党分别通过发动本地区、本民族的群众，快速成长为代表三大民族利益的政治力量。虽然在终结英国殖民统治的问题上，三大民族建立的政治力量具有高度的共识，凭借通力合作成功在1960年实现了国家的独立，但南北两大宗教信仰体系的竞争以及三大民族的博弈，很快将国家拖入政治动荡的泥沼之中。

（二）尼日利亚独立后的南北矛盾演进

由于北方豪萨—富拉尼族在人数上占据优势，因此在一人一票的普选下，代表北方民族利益的巴勒瓦（A. Balewa）成为首任政府总理，北方人民大会党成为执政党。但国家独立之后，执政者在如何平衡南方经济社会发展程度高与北方人口数量占据优势的问题上，出现治理失误，被南方民族批评为北方民族独自垄断国家政权，严重偏袒北方民族的利益需求，忽视南方民族的政治经济权利。换言之，在主权国家已经建立的情况下，三大民族认同却并没有有效融合为与国家相适应的全新集体身份认同，其中南北两大宗教信仰之间的分野，成为更加直观的鸿沟。这也决定了殖民统治结束之后，尼日利亚的和平局面必然只是昙花一现，很快就会在南北方的无序争斗之中被撕碎。1966年，伊博族军官伊龙西（J. Ironsi）发动军事政变，正式拉开了持有不同文化性身份认同的居民群体无序竞争的帷幕。代表北方的巴勒瓦总理被暗杀以及大批在南方从政、从商、从军的豪萨—富拉尼族被大规模排挤和驱逐，甚至部分人成为了极端暴力的受害者。自感遭受不公正待遇的豪萨族军官戈翁（Y. Gewon）于同年发动军事政变推翻伊龙西，并以排挤、驱逐和杀戮伊博族居民的方式作为"报复"手段，在首都拉各斯以及各大城市中发起对伊博族的攻势。伊博族的抗争得到了同为南方民族和基督教信仰者的约鲁巴族在一定程度上的支持，而豪萨—富拉尼族则依靠北方穆斯林居民作为强大的后盾。宗教信仰成为将政治精英间的矛盾迅速放大为南北双方冲突的催化剂。随着南北矛盾不断升级，伊博族于1967年成立"比夫拉（Biafra）共和国"，宣布伊博族聚居的东南部地区完全脱离尼日利亚"独立"，成为第一个直接迈出挑战尼日利亚既有边界格局的实例。伊博族的分离主义行径，令本来反对豪萨—富拉尼族大权独揽的约鲁巴族开始转变立场。随着约鲁巴族与豪萨—富拉尼族合作打击"比夫拉"[1]的分离主义行径，豪萨—富拉尼族与约鲁巴族关系恶化到历史极点的同时，约鲁巴族与伊博族之间的关系也随之复杂化。在赢得"比夫拉"战争（1967—1970）后，伊博族的聚居区虽然依然留在尼日利亚，国家的整体边界格局没有发生变化，但南北矛盾已经使国家政治陷入周期性动荡，国家认同建构始终面临着宗教矛盾激化下的民族意识对抗的威胁。此后，尼日利亚历届军民政府虽然通过调整行政区划[2]、搬迁首都[3]、重组政党等诸多手段，来淡化伊博族的仇恨以及南方对豪萨—富拉尼族长期掌权[4]的憎恶，但取得的成果依然十分有限，并没有从根本上化解南北之间的身份认同矛盾。

就当前的尼日利亚来看，文化性身份认同之间的对抗，依然是扰乱该国正常发展的重大障碍。与独立初期相比，南北双方的矛盾仍旧表现为宗教信仰问题与民族问题的叠加，而南方内部则依然是约鲁巴族与伊博族间的民族问题。自第三共和国建立以来，每当国内举行重大的政治性选举时，位于南北信仰体系、民族认同交界处的包奇（Bauchi）、高原（Plateau）等州的民众，总是沦为大规模教派、民族冲突暴力的受害者。近些年，兴起于东北部博尔努州（Bornu）的极端主义组织博科圣战（Boko Haram），甚至将北方地区的发展落后归咎于未能在全国实行伊斯

---

[1] Mwakikagile Godfrey, *Ethnic politics in Kenya and Nigeria*, Nova Publishers, 2001, p. 45.

[2] Brennan Kraxberger, "Strangers, indigenes and settlers: Contested geographies of citizenship in Nigeria," *Space and Polity*, Vol. 9, No. 1, 2005, pp. 9 – 27.

[3] 为了缓和南北矛盾，尼日利亚于1991年在国家几何中心处设立联邦首都区（Federal Capital Territory）。同年，位于联邦首都区内的阿布贾正式取代拉各斯，成为尼日利亚的新首都。

[4] 在第一共和国（1960—1966）倾覆后到第四共和国（1999年至今）建立前，无论是尼日利亚历届军政府还是第二、第三共和国，都由北方政要长期把持。

兰教沙里亚（sharia）法[1]，并选择对带有基督教、南方居民色彩的群体、组织肆无忌惮地发动恐怖袭击，造成了多起恶性伤亡事件，令本已紧张的南北矛盾更是雪上加霜。无怪乎在谈及解决尼日利亚南北宗教、民族问题时，利比亚前领导人卡扎菲（O. Gaddafi）也曾无奈地指出，南、北分治为两个国或许是最终的唯一合理出路[2]。此外，南方地区也并不太平。伊博人特别是尼日尔河三角洲地带的居民认为，中央政府在从自己聚居区持续攫取石油资源的同时，不但未能令巨额石油收入惠泽伊博族民众，反而把大量的环境污染和生态问题遗留在当地。虽然三角洲地区的叛军在表述这些不满情绪的时候，尚未显露出明显的分离主义倾向，但考虑到该地在历史上曾寻求独立且"比夫拉战争"带来的创伤并未完全平复，如若尼日利亚政府未能采取恰当手段予以合理解决，则情况极有可能迅速恶化。总而言之，当今的尼日利亚民选政府竭力维持不同宗教信仰、民族力量趋于平衡的努力，实际上是在三大文化性身份认同之间艰难的走钢丝。而三者间的长期不良关系，也决定了任何局部地区民众的不满情绪，随时都可能因引发宗教、民族冲突而迅速打破这种平衡。在可预见的时期内，这种挥之不去的阴影，将始终威胁着尼日利亚的政府稳定与国家的统一。

二　苏丹南北内战

另一个符合这种情况的典型案例是分裂前的苏丹。与尼日利亚相比，导致苏丹陷入内部矛盾的因素要更为复杂。首先，苏丹的土地面积更加辽阔，南北分家之前是非洲最大国家，且领土在南北方向上延展，从北方与埃及接壤的撒哈拉沙漠地带一直延伸到南方与刚果（金）交界的赤道雨林地带，囊括了众多气候区、植被带和自然地貌。其次，与南北自然差异相对应的是双方在人种上的显著不同。北方居民属阿拉伯人后裔，在血统上与西亚、近东、马格里布地区的居民更为相似，肤色较浅，而

---

[1] Adesoji Abimbola, "The Boko Haram Uprising and Islamic Revivalism in Nigeria." *Africa Spectrum*, Vol. 45, No. 2, 2010, pp. 95 - 108.

[2] "Divide Nigeria in two, says Muammar Gaddafi," BBC, March 16, 2010.

南方居民主要为尼罗特人（Nilotic people），在体质特征上表现为撒哈拉以南非洲的黑人。再次，宗教信仰差异与人种差异相呼应，其中北方阿拉伯裔居民信仰伊斯兰教，南方民众早先信仰原始拜物教，而后部分皈依基督教。最后，北方居民不仅在人数上远超南方，而且无论在殖民统治时期还是独立建国后，都较南方人掌握更多的政治、经济权力。这也成为导致苏丹南北矛盾比尼日利亚更为激化的重要因素。

苏丹的成型方式与尼日利亚大体相似。北部特别是东北部尼罗河沿岸地区古称努比亚（Nubia），自法老埃及时代就与北非地区保持着密切联系，是近东通往黑非洲的重要陆路通道。阿拉伯人于7世纪征服埃及后，逐步向努比亚推进，使该地逐步阿拉伯化和伊斯兰化。其后，该地与埃及历经多次分合，成为阿拉伯世界的重要组成部分。瓜分非洲狂潮兴起后，苏丹北方地区连同埃及一起，成为英国人势力范围。1889年，英国与埃及达成协议，将苏丹北部变成两国"共管"地区。在近代以前，苏丹南方地区曾长期处于世界"文明史"的记载范围之外。19世纪中后期，埃及控制该地，设立赤道省。当马赫迪起义（Mahdist Revolt）重创埃及统治体系时，英国人迅速跟进，并在借助法绍达危机成功逼退法国人之后，将白尼罗河中上游地区全面纳入自己的殖民体系。至此，南北双方虽然都由英国殖民统治，但却在两个平行的体系下发展。北方原有的伊斯兰统治体系被系统地保留，而南方则由殖民政府直接管理。1947年，英国人召集南北双方代表举行朱巴会议（Juba Conference），决定将双方合二为一。由于地域面积广阔、人口众多、交通便利，加之拥有较为完备的本土统治体系，因此北方殖民地政府得以成为合并后的新殖民地政府，而其多项制度也成为统摄南北双方新制度的基础。有鉴于此，不同于尼日利亚的国家概念很难借助于宗教信仰或民族认同来界定，当苏丹于1956年独立后，始终被外界公认为是一个信仰伊斯兰教的阿拉伯国家[1]。

正是由于本已十分强大的北方势力长期独揽大权，南方民众并不把跟随北方一起独立视为走向政治解放的合理途径。相反，在很多南方人

---

[1] Fluehr-Lobban Carolyn, *Islamic Law and Society in the Sudan*, Routledge, 2013, p.22.

看来，自己的利益在朱巴会议上被英国出卖，任由南方被北方吞并。更为重要的是，这种不对等的南北关系，并没有因为殖民统治的终结而得到有效改善。南方居民的激烈抗争，成为其后引发两场南北内战的直接原因。1956 年苏丹独立后的第二天，军队中的南方籍人员便开始发动兵变和叛乱，要求南方摆脱北方阿拉伯人的统治，实现完全意义上的"独立"。南方籍人员的行动立即招致苏丹中央政府的严厉打击，并开始在政府、军队中大规模驱逐南方籍人员。但这一举措不仅没有顺利压制南方的反抗，反而进一步加强了南方人员基于黑人、基督教信仰的集体身份认同而形成的政治团结。苏丹中央政府的相关政策颁布后，南方各州相继掀起了大规模的抗议和斗争，并最终演变成为全面的武装叛乱，从而引发第一次苏丹南北内战。苏丹内战不仅以南北方之间的内战形势表现出来，而且还带有浓厚的伊斯兰教与基督教、阿拉伯人与黑人武装冲突的色彩，三者在实践层面呈现出相互绑定、互为因果的局面，是双方身份认同对撞在不同领域中的具象化表现。内战爆发之初，苏丹中央政府拒绝在南方的自治权议题上给予任何让步，坚持建设以伊斯兰教、阿拉伯人为主导的单一制国家，因此错过了实现和平的最佳契机。面对中央政府来势汹汹的军事与政治攻势，南方各州的武装反抗力量于 1963 年联合组成"阿尼亚—尼亚（Anya-Nya）"军队，掀起了南方各民族统一行动的序幕，并且明确了以争取苏丹南部各州的"解放"为行动目标。各支武装力量后来改组为南部苏丹解放运动（Southern Sudan Liberation Movement），战斗力不断增强，并且逐步在战场上取得了对于中央政府的军事优势。

在历经 16 年半的鏖战后，随着南部苏丹解放运动攻入喀土穆，内战以南方的大获全胜而告终，苏丹中央政府同意通过向南部地区让渡某些权力，来实现南北方之间的和平。根据南北双方和谈签署的《亚的斯亚贝巴协议》（Addis Ababa Agreement），南方的赤道省（Equatoria）、北加扎勒河省（Bahr al-Ghazal）、大上尼罗省（Greater Upper Nile）合并为南部苏丹自治区（Southern Sudan Autonomous Region）[①]。自治区享有高度自

[①] The Democratic Republic of the Sudan, *The Addis Ababa Agreement on the Problem of South*, 1972, the United Nations.

治权,由高等执行委员会(High Executive Council)、人民地区大会(People's Regional Assembly)直接统治,不受带有北方伊斯兰色彩的各项制度的节制。和约的签订首次在苏丹国家的框架内部,确立南部地区作为一个统一政治实体的地位,通过向南部地区的赋权,特别是消除伊斯兰教在政治制度、经济发展模式、居民生活习惯方面的影响,在一定程度上消解了南北双方身份认同的对撞,不仅为国家争取了暂时的和平,也充分维护了苏丹继承自英属殖民地的边界格局的稳定。

然而,好景不长,实现和平后的苏丹中央政府并没有从根本上认同在南方实现高度自治的必要性与重要性,而是仅以和平协议作为休养生息的权宜之计,待力量恢复之后,重新找南方清算。20世纪70年代末,非洲的经济发展困局开始大规模影响苏丹,石油价格波动、旱灾、粮食危机等问题的相继出现,让苏丹的经济社会发展的压力持续激增。为了转移国内民众视线,转嫁矛盾和危机,苏丹中央政府开始在国内煽动极右翼势力,鼓吹伊斯兰教、阿拉伯人之于国家治理的至高无上的地位以及不可替代的唯一性,并且将矛头直指处于高度自治状态的南方各州。1983年,时任苏丹总统尼迈里(G. Nimeiry)单方面宣布退出《亚的斯亚贝巴协议》,完全废除南方的高度自治权,改为强行在当地推行阿拉伯语、沙里亚法。由此再度引起南方各州的集体政治抗争与武装反抗,第二次苏丹南北内战爆发。继尼迈里之后,达哈卜(A. al-Dahab)、米尔加尼(A. al-Mirghani)、巴希尔(O. al-Bashir)等历任苏丹国家元首虽然执政聚焦的重点各不相同,但在处理南方自治地位以及推广以伊斯兰教、阿拉伯人为主导的治理模式的问题上,却保持着高度的一致,因此导致南北关系长期无法回到第一次内战结束后构筑的政治共识之上。在整个80、90年代,苏丹政府军与南方的苏丹人民解放运动(Sudan People's Liberation Movement)之间的交战,基本上长期处于焦灼和拉锯状态,任何一方都未能取得决定性胜利。经过国际社会的调解,南北双方最终于2005年签订《奈瓦沙全面和平协议》(Naivasha Comprehensive Peace Agreement),正式结束内战。根据协议的规定,缔约双方将按照组成联合政府、在南方举行公投两个阶段，来解决战后的南北关系问题[①]。2011年，南方以"南苏丹"为国号，正式宣告脱离苏丹独立，成为非洲最年轻的主权国家。

苏丹在独立后仅半个多世纪就走向分裂，是其自身诸多特点必然导致的结果。犹如当年南、北尼日利亚合并后的状况，南北联合后的苏丹内部同样面临着两大文化性身份认同并存的现实：北方居民的认同以伊斯兰教、阿拉伯语、阿拉伯人为主要标志，而南方民众则以非穆斯林、黑人体貌等要素为基础。但尼日利亚的特点是，政治、经济资源分配的多寡，与三大认同所囊括的民众数量无关，甚至在事实上就是相反的。这种格局决定了三大居民群体间的力量对比大体上处于一种近似平衡的状态，因而使这三者在相互对立的同时，维持了一个动态竞争的模式，其中任何一方都可能成为另两方的合作或打压对象。苏丹的情况则完全不同，其地理位置决定了北方不仅在人数上占有绝对优势，而且能够掌握全国几乎所有的政治、经济权力。因此，自1947年南北合并以来一直到苏丹独立建国，南北双方的地位以及关系始终没有发生任何实质性的变化。北强南弱的格局导致两者间的互动结果，只可能表现为单向的压迫与反压迫。1972年《亚的斯亚贝巴协议》的破裂更是暗示，南方如果不寻求独立，可能永无翻盘之日。

此外，南北认同的并立以及双方力量对比的一成不变，都推动苏丹掌权者倾向于盲目的相信：着手于身份认同之间对立的议题，是解决任何国内问题的"灵丹妙药"。无论是试图染指南方石油资源的尼迈里，还是希望将国内民众的视线从政变夺权问题上转移的达哈卜、巴希尔，都不约而同地把压制南方作为切实可行的方案。在此过程中，伊斯兰教、阿拉伯语、沙里亚法等能够代表北方居民身份认同的符号，通常被政府过分强调和放大，乃至被南方居民视作等同于压迫的代名词。从这个意义上讲，南方各族居民共有身份认同的基础，更多地表现为针对这些北

[①] The Republic of the Sudan and the Sudan People's Liberation Movement/Sudan People's Liberation Army, *The Comprehensive Peace Agreement Between the Government of the Republic of the Sudan and the Sudan People's Liberation Movement/Sudan People's Liberation Army*, 2005, Inter – Governmental Authority on Development.

方文化性符号的一系列次生概念，诸如非伊斯兰教、非阿拉伯语、非沙里亚法，等等。事实证明，苏丹政府强势力推北方身份认同，其结果只会强化南方民众对自身不幸的感知，为南方身份认同的进一步巩固提供有利契机。综上所述，南方最终做出借寻求独立摆脱这场噩梦的选择，也完全在情理之中。

第二节　被殖民统治割裂的民族渴望重新统一

跨境民族的概念是针对现代主权国家而言的，其特点是虽然被分割到不同国家中，但各部分之间仍然保持着一定的联系和相似性，本质上还是一个文化性的共同体[①]。在当今世界范围内，绝大多数民族都存在跨境的情况，具体可分为三类：第一，某个民族在某国是单一、主体或占优势地位的民族，但在邻国却是少数民族，例如俄罗斯族之于俄罗斯及其邻国；第二，相同的民族建立了不同的国家，例如日耳曼人之于德国和奥地利，阿拉伯人之于中东、近东、马格里布的各阿拉伯国家；第三，某个民族同时分布在两个或多个国家，但在各国均属于少数民族或处于弱势地位，例如欧洲的吉普赛人。

如前所述，由于欧洲殖民者划定的边界，为前殖民主义时代的各个非洲民族带来了明显的割裂作用，因此当这些殖民地间边界格局固化成为非洲主权国家间边界格局之时，非洲绝大多数前殖民主义时代的民族，都在不同程度上成为了跨境民族。具体来看，这些被"人造边界"切割的七零八落的非洲民族，又可按照族体间关系，被细化为三个小类别：其一，各部分在相关国家都能持续占据或间歇性地获取优势地位，如豪萨—富拉尼族之于尼日利亚、尼日尔；其二，其中一部分在某国持续或间歇性地占有优势，而在邻国则处于持续的弱势，如索马里人之于索马里、埃塞俄比亚、肯尼亚；其三，各部分在所在国都处于持续劣势，如图阿雷格人（Touareg）在西非、马格里布国家。由于散落在各国的各个

[①] 曹兴：《论跨界民族问题与跨境民族问题的区别》，《中南民族大学学报（人文社会科学版）》2004年第2期。

部分之间仍然存在着相当程度上的认同纽带,因此特别是对于在所在国家内部处于劣势的居民群体而言,通过鼓吹前殖民主义时代的民族身份认同,摆脱国境束缚,与位于邻国的同一民族的其他部分重新实现联合,成为了殖民统治结束后,相应政治精英的主要诉求。由此带来的民族分离主义势力,成为挑战非洲国家间既有边界格局的又一股强劲力量。

一 图阿雷格族统一的渴望

图阿雷格族属柏柏尔人(Berber)的一支,以游牧的方式生活在撒哈拉沙漠西部,长期扮演马格里布地区与西非沿海之间联系人的重要角色。西方殖民统治开始之前,图阿雷格族并没有建立统一国家,而是由部落负责领导居民的生产与生活,但各部落已经基于图阿雷格语言文字以及共有的生活方式形成了文化性身份认同[1],借以与周边的穆斯林居民群体相区分。在瓜分非洲的殖民狂潮中,图阿雷格族的聚居区被肢解到阿尔及利亚、利比亚、马里、尼日尔、布基纳法索五块殖民地。非殖民化后,图阿雷格族的传统聚居区,成为五国犬牙交错的国界地带。但殖民统治的终结以及民族解放运动的胜利,并没有给图阿雷格族的社会经济发展带来实质性的提升,反而影响了分属在不同国家内部的图阿雷格族群体对所在国家的认同感。主宰民众身份认同的首要元素仍然是在殖民统治开始之前就已经形成的宗教、语言、传统社会结构等显著的符号。具体来看,殖民统治结束后,图阿雷格族在五个非洲国家内部都面临着相似的境遇。

首先,图阿雷格族的聚居区是五国领土内的偏远地带。由于欧洲殖民者的统治脉络是从沿海向内陆实现扩张,因此以撒哈拉沙漠为界,其以北的非洲殖民地统治中心普遍位于地中海沿岸,而以南的内陆非洲殖民地统治中心则普遍位于萨赫勒地带的南部边缘地带甚至是更为靠南的区域。域内的非洲国家独立之后,并没有改变这种地理格局,阿尔及尔、

---

[1] Edward Westermarck, "People of the Veil: being an Account of the Habits, Organisation and History of the Wandering Tuareg Tribes which inhabit the Mountains of Air or Asben in the Central Sahara." *Nature*, Vol. 119, 1927, pp. 551–553.

尼亚美、瓦加杜古、的黎波里、巴马科等政治经济重镇不仅没有一个位于图阿雷格族的聚居区，而且普遍在数百公里乃至数千公里之外。也正因为这种客观存在的地理因素，图阿雷格族居民在各国事务中都处于极度边缘化的地位。殖民统治虽已结束超过半个世纪，但各国的经济和社会发展对图阿雷格族的生产和生活方式影响甚微。时至今日，图阿雷格族仍是各国接受现代教育和参政比例最低的群体，聚居区也是各国发展最为滞后的区域。在国家主权不能为本族居民的发展权带来实质性支持的情况下，图阿雷格族对继续留在当事国必要性的认识自然快速下降。

其次，图阿雷格族的经济基础与上层建筑长期保持稳定。正是由于这些国家在独立后的发展很少惠泽图阿雷格族，因此他们的生活与过去相比并没有发生本质性的变化。从生活方式上看，图阿雷格族依然以放养牛羊的游牧业为主，逐水草而居，既没有长期定居在某个地区，也没有大规模地从事商业或种植业。从活动范围来看，图阿雷格族的活动范围依然集中在五国交界的撒哈拉沙漠地区，没有分别向各国腹地迁徙，从而令其聚居区仍然能够彼此相连。从居民组织形式来看，五国政府依据行政区划设立的政权机关并非管理图阿雷格族的主要力量，相反他们仍然按照传统的部落制度，由各自的部落首领负责组织和领导[1]。加之五国均没有在彼此交界的沙漠地区通过设置有效的隔离措施来强化"人造"国界概念，本族居民实际上依然可以自由穿行于上述地区。这些客观条件决定了五国内部的图阿雷格族居民能与邻国的同胞保持密切的联系，为该民族认同的继续存在提供有利条件。

再次，相关非洲国家缺乏应对分离主义的力量。地理位置的偏僻导致五国在图阿雷格族聚居区的统治力量相对薄弱。此处近似于国家权力真空的状态，势必为其他力量的趁机填补提供了有利条件。图阿雷格族民族主义势力的泛滥，虽然在五国交界地区长期引发了诸多问题，挑战了各国的主权与领土完整，但从实际层面来看，由于国家政治经济中心远在百里甚至千里之外，因此并未对各国的发展建设带来太多实质性的

---

[1] Keita Kalifa, "Conflict and conflict resolution in the Sahel: The Tuareg insurgency in Mali." *Small Wars & Insurgencies*, Vol. 9, No. 3, 1998, pp. 102 – 128.

影响。因此，上述五国过多介入边疆地区事务的意愿并不强烈。加之五国的经济军事力量相对有限，因此长期在边疆地区开展军事行动，打击地区分离主义的能力不足，从而致使当地长期处于无人管理的"自治状态"。历史的发展表明，这种接近于"权力真空"的模式，为后来其他域外力量的介入，提供了充足的空间。近些年来，随着伊斯兰极端主义、恐怖主义等势力均呈现出由北非向西非扩散和渗透的趋势，地处国家统治盲区和西非、北非毗连要道上的图阿雷格族聚居区，无疑将成为这些力量快速入侵的对象。上述力量的持续介入，为图阿雷格族对当事国政府发起武装挑战，提供了物力和财力支撑[1]。

因此，自马格里布、西非国家纷纷获得独立以来，横跨多国的图阿雷格族仍然维持着频繁的跨境活动，各国境内的民族成员交往频繁，并谋求实现本民族的重新统一。进入20世纪60年代后，图阿雷格族在五国交界地区先后发动了四次大规模的武装叛乱，谋求建立自己的政权。作为图阿雷格族最主要聚居地的马里、尼日尔两国，自然成为这些动乱最主要的波及对象。早在非殖民化时期，部分图阿雷格族居民就萌发独立建国的念头[2]。在马里独立仅两年后，北方的图阿雷格族于1962年掀起分离主义叛乱，史称第一次图阿雷格叛乱。在马里总统凯塔（M. Keita）的领导下，政府军虽然在1964年击溃了所有的部落武装，但其在清剿时给北方居民留下的心理阴影却迟迟挥之不去，为日后该地再次出现叛乱埋下了隐患。这虽然是图阿雷格族发动的首次分离主义叛乱，但如若从该民族为维护自己的生存发展权而做出抗争的角度来看，它可以被视作是1916—1917年期间发生在尼日尔北部阿伊尔山区（Massif de l'Aïr）的"考桑起义（Kaocen Revolts）"的延伸和继续。考桑起义的打击对象虽然是法国殖民者，但其基本目的却和日后爆发的数次图阿雷格族叛乱完全

---

[1] Keenan Jeremy, "Waging war on terror: The implications of America's 'New Imperialism' for Saharan peoples." *The journal of North African studies*, Vol. 10, No. 3 – No. 4, 2005, pp. 619 – 647.

[2] Baz Lecocq and Georg Klute, "Tuareg Separatism in Mali and Niger," in Lotje de Vries, Pierre Englebert and Mareike Schomerus eds, *Secessionism in African Politics: Aspiration, Grievance, Performance, Disenchantment*, Cambridge University Press, 1926, pp. 23 – 57.

一致，即反对本民族在被兼并的过程中丧失独立自主的地位[1]。在20世纪80年代席卷非洲大陆的经济危机中，马里同样未能幸免，全国特别是北部地区迅速陷入饥荒以及难民问题的困扰。趁巴马科方面忙于经济社会问题而无暇北顾之际，图阿雷格族于1990—1995年期间在马里、尼日尔北部发动第二次武装叛乱。马里的叛乱规模较大并最终演变为内战。科纳雷（A. Konaré）政府在推进武力围剿的同时，及时设立基达尔（Kidal）自治区，通过赋予图阿雷格族以部分自治权而暂时缓解了加奥（Gao）地区的紧张局势。但在利比亚的暗中支持下，图阿雷格族叛乱在1994年再度爆发，直至次年在政府军和桑海族（Songhai）民兵组织"干达科伊"（Ghanda Koy）的双重攻击下，才以双方签署和平协议的方式暂告一段落。

在邻国尼日尔，图阿雷格族建立武装抵抗组织（Organisation de Résistance Armée）、协调武装抵抗（Coordination de Résistance Armée）两个组织，并于1990年再度开始在阿伊尔山区攻城略地。当尼日尔政府做出同意吸收图阿雷格人参与政府和军队的承诺后，叛军最终于1995年签署和平协议。但由于一系列的历史和现实原因，马里、尼日尔两国政府在履行和平协议中的分权承诺时遇到诸多障碍，使本已脆弱的和平难以长久维持。2007年，两国的图阿雷格族分别在基达尔、阿加德兹等地发动第三次武装叛乱，要求当事国在政府和军队中切实实行民族间的平衡，其中尼日尔的叛军还要求分享北方铀矿的开采权和收入[2]。经过两国政府与叛军举行的多轮磋商，危机于2009年宣告终结，但历史的经验表明，这次和平的曙光只是下次叛乱爆发前的短暂寂静。果不其然，马里北部的图阿雷格族于2012年再度发难，在短时间内击溃政府军，并宣布北部的阿扎瓦德（Azawad）地区独立，要求直接与马里政府讨论该地区的未

---

[1] Jennifer C. Seely, "A political analysis of decentralisation: coopting the Tuareg threat in Mali." *The Journal of Modern African Studies*, Vol. 39, No. 3, 2001, pp. 499–524.

[2] Baz Lecocq and Georg Klute, "Tuareg Separatism in Mali and Niger," in Lotje de Vries, Pierre Englebert and Mareike Schomerus eds, *Secessionism in African Politics: Aspiration, Grievance, Performance, Disenchantment*, Cambridge University Press, 1926, pp. 23–57.

来归属①，使该族的"独立建国"运动达到历史巅峰。惊恐不定的马里政府最终在法国军事介入的帮助下，才暂时夺回了局势的主动权。由于图阿雷格族的问题未获实质性解决，武力压制根本无助于和平的到来。图阿雷格族的跨境统一要求，未来仍然是相关国家领土完整的潜在威胁。

二 泛索马里主义的膨胀

非洲之角的索马里人属于跨境民族要求统一的另一个典型案例。相比西非的图阿雷格人，索马里人的不同之处在于：一方面，他们大规模聚居于索马里境内，掌握着该国的政权，近似于成熟现代国家内的主体民族；另一方面，他们还分布在埃塞俄比亚东部、肯尼亚北部，属于两国境内的少数民族。这种特点决定了索马里族的跨境统一要求并不表现为建立全新的国家，而是邻国境内的族人"回归"索马里，而且索马里政府为推动这种民族主张的落实，提供源源不断的支持。索马里族是推动伊斯兰教在非洲之角发展的最重要力量，长期以来一直被信仰基督教的阿姆哈拉族、提格雷族视为竞争对手。近代西方殖民入侵开始后，英国、意大利分别与埃塞俄比亚协商，共同瓜分了索马里族的聚居区，造就了该民族日后分属多国的悲惨局面。1960年索马里独立建国后，泛索马里主义（Pan-Somalism）思潮开始日渐膨胀，不仅成为支撑索马里族构建现代民族国家的理论基础，也成为索马里族实现"民族统一"的催化剂。泛索马里主义支持下的索马里民族主义思潮无视非洲之角地区已经形成的国家间边界格局，而是在其设想建立的大索马里（Greater Somalia）国家的版图上，把埃塞俄比亚的欧加登（Ogaden）、肯尼亚的北部边境区（North Frontier District）、吉布提等历史上或现在是索马里族的地方，悉数纳入自己的麾下②。与此同时，索马里族在邻国的弱势地位也强化了他们的"回归"愿望，这种状况在埃塞俄比亚表现得尤为突出。索

---

① Stephen Emerson, "Desert insurgency: lessons from the third Tuareg rebellion." *Small Wars & Insurgencies*, Vol. 22, No. 4, 2011, pp. 669–687.

② Lewis I., "Pan-Africanism and Pan–Somalism." *The Journal of Modern African Studies*, Vol. 1, No. 2, 1963, pp. 147–161.

马里族不仅在聚居的位置上远离亚的斯亚贝巴、迪雷达瓦（Dire Dawa）等中心城市，而且在以东正教文化为主导的埃塞俄比亚境内，信仰伊斯兰教的索马里族难以挤进国家政治舞台上的核心区域，与国内其他的基督教民族难以实现充分的融合。加之埃塞俄比亚政府在全境长期推行以基督教、阿姆哈拉语为基础的同化政策，严重挫伤了境内索马里族的民族情感，为泛索马里主义在欧加登的泛滥提供了温床。肯尼亚的情况与之类似，无论是在前殖民主义时代，还是英国殖民统治时期，中央高原、大裂谷地带、印度洋沿岸都是人口最为稠密、经济活动频繁、文明发育程度相对较高的地区，是殖民统治的中心地带。这种局面也造就了生活在这些地方的吉库尤族、卡伦金族、卢奥族，无论是在殖民统治时期，还是在肯尼亚独立之后，都是当地政治中最为活跃和强势的本土力量。此外，在英国对东非的重点"开发"下，蒙巴萨—内罗毕—基苏木—坎帕拉一线形成了从大湖地区到印度洋的陆路通道，成为东非最重要的经济走廊，沿线地区也成为肯尼亚独立后倚重和重点开发的区域。相较之下，索马里族生活的东北部地区土地贫瘠、交通闭塞、资源匮乏，实质上处于被内罗毕中央政府"遗忘"的境地。

早在非殖民化时代，分布在东非各殖民地境内的索马里族就相互保持着密切的联系，力争将泛索马里主义支持下的索马里民族主义主张，塞进非洲民族解放浪潮之中。尤其是英属索马里、意属索马里两大殖民地在独立后的合并，更增强了索马里族打破现有殖民地间边界格局，实现"民族统一"的信心。为了尽快实现建立大索马里的梦想，索马里在独立后便将矛头指向邻国，支持邻国境内的索马里族提出的政治主张。在1963年肯尼亚宣布独立之时，由肯尼亚境内的索马里族组成的北部边境区解放运动（Northern Frontier District Liberation Movement）公然要求北部边境区脱离肯尼亚，加入邻国索马里[1]。在其主张遭到拒绝后，当地索马里族旋即发动武装叛乱，掀起西夫塔战争（Shifta War）。索马里虽然没有直接参与战争，但在暗中却大力支持"北解运"与肯尼亚政府军交火。

---

[1] Mburu Nene, *Bandits on the Border: the Last Frontier in the Search for Somali Unity*, The Red Sea Press, 2005, p. 37.

战争不仅无法动摇肯尼亚对当地的统治权，反而使两国关系不断恶化，索马里被迫于1967年与肯尼亚签署《阿鲁沙备忘录》（Arusha Memorandum），承认领土的实际归属，并停止一切敌对活动。然而，一波未平一波又起，巴莱（M. Barre）在1969年通过军事政变夺取索马里政权后，为了尽快转移国内民众视线，再度大肆鼓吹泛索马里主义，企图通过"解放"邻国境内的索马里族，来争取国内支持，稳固执政根基，并且再次将矛头指向邻国肯尼亚。巴莱上任后不久，不仅立即废除《阿鲁沙备忘录》，重新支持肯尼亚境内的索马里族叛乱，而且胃口进一步增大，还把目光转向了非洲之角域内的传统大国埃塞俄比亚，支持欧加登地区的索马里族成立西索马里解放阵线（Western Somali Liberation Front），从事反政府叛乱和分离主义活动。当埃塞俄比亚于1974年发生政变后，索马里认为时机已成熟，不仅公开表明支持"西索解阵"的态度，甚至直接从幕后走向台前，武装入侵欧加登地区，挑起欧加登战争（1977—1978年）。埃塞俄比亚最初因准备不足，在战争中接连受挫，连续失手欧加登地区的重镇，后在全民团结下奋起反抗，最终击溃入侵的索马里军队，迫使巴莱选择议和，暂时放弃吞并埃塞领土的企图。索马里在欧加登战争中的失利，不仅给索马里的社会经济发展造成了严重的损失，而且也使国内统治者企图煽动民族主义情绪转移矛盾的政策破产。此后，索马里国内发展逐步陷入困境，直至20世纪80年代末陷入内乱。以此为分水岭，索马里政府没有能力再继续"染指"埃塞俄比亚、肯尼亚境内的索马里族聚居区，吉布提也不再恐惧被索马里"吞并"，泛索马里主义在实践发展中逐步走向了低谷。

综上所述，索马里族通过索马里的国家意志，私下或公开的表达对本民族实现跨境统一的强烈支持，也是其区别于图阿雷格族的重要特征。当今的索马里虽然依旧没有完成实质上的统一，也没有再以索马里族的分布范围为借口，向邻国提出领土要求，但这并不表明泛索马里主义已经彻底退出了历史舞台。特别是考虑到索马里族在邻国埃塞俄比亚、肯尼亚的人口增速以及占全国人口比例的增速在不断加快，未来索马里族的政治诉求仍然将是非洲之角乃至整个东非地缘政治圈内的重要议题，只不过掀起新一轮运动的核心力量有可能不是索马里本国境内的居民，而是周边邻国范围内的。

第三节　非殖民化阶段被更改的地域身份认同

西方殖民者在非洲实施殖民统治时，常常出于降低统治成本和对抗竞争对手的考虑，实施殖民地之间的合并，如前文所述的尼日利亚、苏丹均符合这种情况。但当非洲人的自我意识在第二次世界大战后开始逐步觉醒，特别是当非殖民化浪潮大规模兴起之后，西方人的这种做法开始面对越来越大的阻力[①]。在非洲人民与殖民者展开解放斗争时，殖民者与殖民地人民之间二元矛盾对立之下，以殖民地为特定场域形成的身份认同，往往成为推动非洲民众与殖民者彻底划清界限的暂时性社会集体心理。这种认同以前文所述的非洲民族主义思潮为基础，会暂时性地超越各个前资本主义族群之间的身份认同差异，转而聚焦不同族群与西方殖民者之间的共同矛盾，将殖民地范围内所有的族体看作一个整体，是全体民众在非殖民化时期逐步走向政治化的一种产物。因此，在非殖民化阶段，面对殖民地人民开始形成以殖民地为基础的身份认同，西方殖民者再度推动不同殖民地之间的合并，被指责为没有经过相关殖民地人民同意，而对其未来发展强行做出的不恰当安排，并由此引发民众的强烈抗议。本节讨论的对象，正是与非殖民化时期已经形成的以殖民地为基础的身份认同密切相关。在独立之前被殖民者合并进入其他国家或殖民地之后，这些地区相继爆发出强烈的反抗斗争。驱动这些反抗的动力并非宗教、语言、民族等前殖民时代就已经存在的社会文化性联系，有些被合并的殖民地居民甚至在宗教、语言等方面与合并方国家或殖民地的部分居民具有一定的相似性，真正的动力是这些殖民地曾经作为相对独立的实体而拥有的特殊历史，以及基于这种特殊地位和历史而形成的在非殖民化中独立决定本殖民地发展前景的政治诉求。在合并完成后，

---

① 代表性案例是，英国于1953年合并南、北罗德西亚、尼亚萨兰三块殖民地，组建中非联邦（Federation of Rhodesia and Nyasaland）。但由于遭到三地人民的集体强烈反对，英国被迫于1963年废除中非联邦，重新恢复三地的相对独立地位。

这种身份认同与诉求往往与接收方殖民地特别是国家构建以整个殖民地或者国家为基础的全新身份认同的努力，产生直接的竞争甚至是冲突，并最终引发矛盾的激化。在矛盾难以得到有效化解的情况下，这部分地区最终迸发出分离主义诉求，成为挑战非洲国家间原有边界格局的又一股强劲力量。

一　厄立特里亚

厄立特里亚当属这种模式的最典型代表。厄立特里亚位于亚丁湾西南部，扼守红海通向印度洋的水路交通，地理位置十分重要，自古以来就是埃塞俄比亚基督教王国的出海口。提格雷族（Tigray）是当地的最主要民族，其宗教信仰与阿姆哈拉族相似，历史上一直是埃塞俄比亚的重要组成部分。近代的西方殖民统治，带来了厄立特里亚与埃塞俄比亚几经分合的恩恩怨怨。1890年，意大利大举入侵埃塞俄比亚，并夺取厄立特里亚作为殖民地，开启了两地并立发展的历史。1936年，意大利吞并埃塞俄比亚，并将其与意属索马里、厄立特里亚合并组建意属东非殖民地，实现了两者的再度统一。1941年，英国解放了意属东非，在帮助埃塞俄比亚复国的同时，托管了作为意大利殖民地的厄立特里亚，导致两地二度分离。1950年，根据联合国390A（V）号决议，授权厄立特里亚通过与埃塞俄比亚组成联邦的方式，实现政治独立。1952年，随着英国在联合国监督下结束托管，埃厄联邦正式成立，两地在近代史上第三次走到一起。

根据联合国390A（V）号决议的规定，厄立特里亚作为一个自治体与埃塞俄比亚组成联邦。在联邦体制下，厄立特里亚将享有"半主权国家的"地位，在立法、司法、行政等各方面享有高度自治权[①]。联合国作出的这种制度安排，实际上是基于两地近现代发展史的特点，对两地实属不同实体的一种正式认可。但联邦成立后不久，塞拉西皇帝（H. Selassie I）不顾厄立特里亚和国际社会的批评与反对，于1962年强

[①] Dominique Jacquin-Berdal and Martin Plaut, *Unfinished Business: Ethiopia and Eritrea at War*, The Red Sea Press, 2005, p. 75.

行废除厄立特里亚的高度自治地位,将其吞并为该国的第 14 个省。联邦的瓦解激起了厄立特里亚全体民众的一致反对,但这却招致了来自亚的斯亚贝巴方面更为猛烈的军事镇压和以阿姆哈拉语为基础的更为苛刻的同化政策。1974 年塞拉西王朝被推翻后,革命政府不但没有及时纠正前任的失误,反而在厄立特里亚问题上变得更为保守,尽其所能的推行镇压手段。与之相对应的是,忍无可忍的厄立特里亚人民开始大规模掀起武装斗争,寻求该地区的完全独立。1991 年,厄立特里亚人民解放阵线(Eritrean People's Liberation Front)与埃塞俄比亚反政府武装人民革命民主阵线(Ethiopian People's Revolutionary Democratic Front)并肩作战,推翻了门格斯图(H. Mengistu)政府。在获得埃塞新政府的同意后,厄立特里亚于 1993 年正式宣告独立,成为非洲现代政治发展史上第一个成功突破现有国家间边界格局的案例。

由于厄立特里亚几乎可以被视为是由提格雷族组成的单一民族国家,它的独立或许会被认为是提格雷族挣脱阿姆哈拉族主导秩序的民族斗争。但考虑到提格雷族同样也在埃塞俄比亚境内占有相当的优势地位[①],因此推动厄立特里亚走向独立的动力应该主要是政治性而非文化性的,即源于对厄立特里亚曾有和应有的独特政治地位的坚守,而非来自对提格雷族文化性身份认同的追捧。

二 卡宾达

卡宾达问题(Cabinda)是属于这种模式的又一个典型案例。与厄立特里亚明显不同的是,卡宾达并不存在某个在前殖民时代拥有较高发育程度的民族,因此它的独立愿望更明显地表现为一种政治性诉求。卡宾达为安哥拉的一个省,位于刚果河口北岸,隔着刚果(金)领土与安哥拉本土相望,是非洲唯一与所属国在地域和水域上均不接壤的"飞地"。卡宾达与安哥拉这种奇特的地理布局关系,源于葡萄牙在当地的殖民统治。19 世纪中期,葡萄牙与刚果河口地区的土著领导人签订《希姆拉布

[①] 截止到 2012 年,提格雷—提格雷尼亚人占厄立特里亚总人口比例的 85%,具体参见:CIA – Eritrea – Ethnic groups. Cia. gov. Retrieved on 25 June 2012。

科条约》(Treaty of Simulambuco),以永远"保障"当地领土完整为承诺,换取在河口地区建立卡宾达保护国(Protectorate of Cabinda)。与此同时,葡萄牙人在赤道以南的大西洋沿岸建立葡属西非(安哥拉)殖民地。卡宾达原本与安哥拉北部接壤,但当葡萄牙人将刚果河口南岸地区"转让"给比属刚果后,两地便形成了如今的隔山相望的地理格局。在非殖民化开始前,葡萄牙当局曾长期将两地作为不同的殖民单位加以统治[1]。正因为如此,非洲统一组织(Organization of African Unity)才会将卡宾达、安哥拉列为不同的待解放地区[2]。这实际上表明,非洲国际社会从国际法角度认可两地是相互独立的实体,是未来两个非洲主权国家的雏形。

出于在第二次世界大战后压缩海外殖民统治成本的考虑,葡萄牙于1956年将卡宾达置于安哥拉总督的管理之下,正式开启了两地共治的阶段。葡属殖民地解放战争(1961—1975)爆发后,安、卡两地均成立了相应的解放组织,相互配合打击殖民者。但在实际谈判中,葡萄牙却没有表现出与两地组织同时对话的意愿,转而将安哥拉独立作为解决两地非殖民化问题的最终途径。1974年,在没有卡宾达解放阵线(Cabinda Liberation Front)(以下简称"卡解阵")参与的情况下,葡萄牙与安哥拉的相关解放组织签订《阿沃尔协议》(Alvor Agreement),认可卡宾达是独立后安哥拉的领土。卡解阵认为,在没有任何卡方人员签字的情况下,殖民者对卡宾达的未来做出的任何安排都是无效的,并于1975年抢在安哥拉独立之前单方面宣布"独立建国"。同年安哥拉独立后,罗安达政府拒绝承认卡宾达的"独立",旋即派兵越过刚果(金)进占该地,武力驱逐了卡解阵并废除其统治体系。并入安哥拉后的卡宾达并未因为拥有特殊的历史而受到中央的特殊对待,而是拥有与安哥拉本土18省平级的行政区划。卡解阵则一方面在海外成立"卡宾达流亡政府",争取国际社会的同情与支持,另一方面,在卡宾达境内开展游击战争,扰乱安哥拉的统治。安政府军虽多次进剿,但始终未能取得令人满意的效果。时至今

---

[1] Brock Lyle, "Blood for Oil: Secession, Self-Determination, and Superpower Silence in Cabinda." *Global Studies Law Review*, Vol. 4, No. 3, 2005.

[2] 1963年5月,非洲统一组织将安哥拉、卡宾达分别列为第35和第39个待解放地区。

日，卡宾达寻求"独立"的问题仍然在当地频繁导致政治危机和流血事件，成为威胁安哥拉领土完整以及刚果河口地区安全的潜在定时炸弹。

综上所述，由于卡宾达的族体、宗教信仰状况与安哥拉并无根本性的差别[①]，因此支撑当地居民寻求独立的基础并非文化性的身份认同。卡宾达的政治精英在陈述该地应该脱离安哥拉所使用的首要依据，并非卡宾达是某个民族或宗教信众的特殊聚居区，而是该地在半个多世纪之前曾拥有的被国际社会承认的独立身份与地位。

三 西撒哈拉

西撒哈拉案例的进一步明确论证，表明这类潜在挑战非洲既有边界格局的问题来源于政治性身份认同。与厄立特里亚、卡宾达相比，西撒哈拉与周边各国具有文化上的同质性，居民都为信仰伊斯兰教的阿拉伯人。西撒哈拉问题的实质正是此地主权的归属问题，即当西班牙殖民统治结束后，该地究竟应该成为一个独立的阿拉伯国家，还是并入周边的阿拉伯国家。西撒哈拉地处非洲大陆西北角，扼守西欧、地中海沿岸通往非洲大西洋沿岸各地航线的咽喉，战略地位十分重要。历史上，西撒哈拉属于摩洛哥王国的势力范围。瓜分非洲狂潮出现后，摩洛哥、西撒哈拉分别被纳入法国、西班牙两国的殖民体系中，并从此开始成为两个不同的政治实体。1973年，西撒哈拉民众成立波利萨里奥阵线（Polisario Front），开始通过发动武装斗争来争取独立。与此同时，先行独立的摩洛哥则一直呼吁西班牙在殖民统治结束后，将该地归还自己。不同于葡萄牙在卡宾达归属上始终偏向安哥拉，西班牙选择了貌似"公正"，实则更为卑劣的手段：一方面，它同意让波利萨里奥阵线继续在非殖民化进程中发挥领导作用，尽快推动该地独立；另一方面，它又与摩洛哥、毛里塔尼亚两国签署《马德里协议》（Madrid Accords），认可两国拥有瓜分该地的权力。当西班牙人于1976年撤出后，西撒哈拉旋即陷入了战争漩涡。在波利萨里奥阵线宣布建立"阿拉伯撒哈拉民主共和国"（Sahrawi Arab

---

① 邓延庭：《卡宾达危机：下一个南苏丹？——浅析安哥拉的卡宾达问题》，《亚非纵横》2012年第3期。

Democratic Republic）的同时，摩洛哥、毛里塔尼亚军队分别开进西撒哈拉，并与前者发生激烈的武装冲突。局势起初是三方混战，但在毛里塔尼亚于1979年退出后，最终演变为波利萨里奥阵线与摩洛哥的终极对决。时至今日，由于双方长期维持在僵持状态，西撒哈拉地区实际上由两个政府共管：摩洛哥实际控制区包括首府阿尤恩（Aaiun）和沿海地区，占西撒哈拉总面积的绝大多数；波利萨里奥阵线的控制区位于靠近阿尔及利亚边境的狭长地带，政府驻地为边境小城比尔—勒赫鲁（Bir-Lehlou）。

导致西撒哈拉地位至今得不到有效解决的重要成因在于，该问题的发展过程与厄立特里亚、卡宾达两个案例明显不同。无论是厄立特里亚还是卡宾达，它们的独立状态、与所在国合并状态是按照时间轴线顺次排列的，即前一个状态的终结时刻即为后一个状态的开始时刻。外部世界的总体态度也按照时间轴线顺次发生变化，即从承认某地是独立实体，到认可某地为某国一部分，再到承认某地（厄立特里亚）已获取独立。在这种状态下，外部的态度只是当事地区局势变化的产物，很难推动当地居民巩固以该地为基础的政治性身份认同。反观西撒哈拉，摩洛哥兼并该地与波利萨里奥阵线独立建国同时发生，并且双方都没有能力将对手的统治体系彻底逐出西撒哈拉。由于长期在同一片土地上并存，两者都从国际社会上获得了相当可观的外部承认与支持[1]。对于波利萨里奥阵线来说，外部世界的充分认可无疑能够帮助他们领导民众不断强化以西撒哈拉为基础的政治身份认同。这种认同的存在与巩固，直接导致了该地的国界线至今无法被明确。

第四节　主权国家间的领土争端

上述三节讨论的案例都是国家与次国家行为体之间以及不同次国家行为体之间的互动，对非洲国家间边界格局已经或可能造成的影响。除

---

[1] 截止到2014年初，"西撒哈拉"国获得了43.5%的联合国成员国、72%的非洲联盟成员国、32%的伊斯兰合作组织成员国、23%的阿拉伯联盟成员国的承认。摩洛哥对西撒哈拉的所有权主要由中东阿拉伯国家承认。

此之外，非洲主权国家之间发生的领土争端，也是一个重要的影响要素。在非洲范围内，国家间争议领土的面积通常较前文所述地区要小得多，除了埃及与苏丹争议的哈拉伊卜三角区以及前文所述的索马里与埃塞俄比亚争议的欧加登地区等极个别案例之外，绝大多数的争议地点都无法在非洲地图上被清晰地标示出来。国家间领土争议案例的最主要特点，是它表现为主权国家之间的互动行为，因此如若处理不当，可能会更为直接地导致消极影响。争议领土同样是西方殖民统治带来的产物，可以按照具体成因的不同，被划分为两种主要类型：其一，因追求特定民族在历史上的分布区而导致的国家间争端。这种情况通常可被视作是次国家行为体与国家之间的矛盾，激化上升为国家间的矛盾。由索马里族的泛索马里主义引发的索马里、埃塞俄比亚两国就欧加登地区归属的争议，便属于这种情况。其二，因对殖民统治时期不同划界条约的认可而导致的争端。这种状况通常与国家内部的族群、宗教群体等次国家行为体没有直接关联性，而是主要表现为主权国家的利益诉求。但在实践层面，两种因素往往交织在一起，前者往往成为后者进一步佐证领土诉求的论据。本节论及的案例，主要选取族群认同因素相对较为淡化的国家间领土争端，作为展开论述的对象。

一 埃及—苏丹关于哈拉伊卜地区的争端

埃及与苏丹在东部边境地区的领土争端，属于符合这种情况的最典型案例。哈拉伊卜三角区位于非洲的红海沿岸上，因环绕哈拉伊卜城，且形状为三角形而得名。哈拉伊卜三角区九成以上的土地位于北纬22度纬线以北，南部边界与经线完全重合，总面积2万多平方公里。比尔—塔维尔（Bir Tawil）三角区在西部以对顶角的方式与哈拉伊卜三角区接壤，北部边界与北纬22度纬线完全重合，总面积0.2万平方公里。两个地区的存在改变了埃及与苏丹依照北纬22度纬线划分国界的标准，因此长期以来成为两国争议的地区。两个三角区来源于英国在此的殖民统治。当埃及在1899年与英国签订《英埃共管协定》（Condominium Agreement）

时，双方同意以北纬 22 度纬线，作为埃及划分与苏丹边界的唯一参考标准①。在日后的统治中，英国逐步发现这条"人造边界"并不能很好地服务于英国对埃及南部、苏丹北部的部分居民的统治。于是在 1902 年，英国依据当地不同部落居民的活动范围而重新划分了东段边界。在坚持以 22 度纬线为主轴的基础上，英国以苏丹境内的阿巴布达（Ababda）部落邻近埃及为由，将位于此线以南的比尔·塔维尔划给埃及管辖，同时以方便苏丹境内的贝加（Beja）部落北上游牧为借口，把此线北部的哈拉伊卜并入苏丹。随着埃及、苏丹相继独立建国，两地的归属问题开始浮出水面。

尽管两个勘界条约的存在是客观事实，但由于哈拉伊卜的面积相对较大，两国都只坚持在哈拉伊卜归属上有利于自己的条约。苏丹独立建国时，两国的边界基本维持在 1902 年的格局。但当苏丹政府决定于 1958 年在哈拉伊卜地区举行选举时，埃及抢先派军进驻，在当地居民中举行有关是否同意埃及与叙利亚合并建立阿拉伯联合共和国的公投②，并随后撤出。在此之后，两国并没有在哈拉伊卜做出进一步宣誓主权的激进举措，该地在事实上处于两国共管状态。但进入 90 年代，事态开始逐步恶化。当苏丹于 1992 年允许外资公司进入哈拉伊卜地区实施开发建设方案时，埃及将其视作喀土穆政府主权宣示举措，旋即予以驱逐，并在此后逐步实现了对整个地区的单方面实际控制。苏丹方面虽然据理力争，并将争议先后提交至联合国与非统组织，但至今仍未取得任何实质性进展。近些年，埃及、苏丹两国在各自先前坚持的勘界条约的基础上，也试图开始从文化性的角度论证各自对该地区行使主权的合理性。例如，活跃在哈拉伊卜地区的叛军武装东方阵线（Eastern Front）与喀土穆政府签订和平协议时，其组织内部的贝加、拉沙伊达（Rashaida）部落成员均表示，语言、文化、居民的相似性证明，该地区应隶属于苏丹③。埃及方面

---

① Guo Rongxing, *Territorial Disputes and Resource Management: A Global Handbook*, Nova Publishers, 2006, p. 17.

② Hesham Khalil Issa, Ethnicity and public politics, MA in Political Science, The American University in Cairo AUC, 1999.

③ Martin Randlph, "Sudan's perfect war." *Foreign Affairs*, March, 2002, pp. 111 – 127.

也针锋相对地抛出类似的证据。例如埃及媒体曾报道，哈拉伊卜地区的阿巴布达、贝加、巴沙利亚（Basharya）等部落的首领均表示自己是埃及人，支持埃及对此地区全面行使主权[①]。两国至今互不相让、各执一词造就了这样一种奇特的现象：一方面，哈拉伊卜成为非洲又一处领土争端焦点；另一方面，相邻的比尔—塔维尔成为世界上仅有的一块无人索取的土地。

二 尼日利亚—喀麦隆关于巴卡西半岛的争端

尼日利亚与喀麦隆关于巴卡西半岛主权的长期争议，是西非和赤道非洲地区典型的国家间领土争端案例。更为重要的是，尼日利亚、喀麦隆分别属于西非、赤道非洲地区的域内大国，而且独立自不同欧洲列强国家所占据的非洲殖民地。因此，两国关于巴卡西半岛的主权争议，是不同列强在非洲机械瓜分土地和随意创造"人造"边界的更为典型的结果，给独立后的尼日利亚、喀麦隆两国的正常发展造成了一定困扰。

巴卡西半岛是几内亚湾东端的一个半岛，面积约665平方公里，人口20万左右，位于喀麦隆与尼日利亚边界的最南端。但与作为陆地向水域中延伸的其他半岛有所不同，巴卡西半岛的陆地面积较为破碎，上面遍布红树林沼泽覆盖的两栖地，密布的水道又将整个半岛分割成多个小型的陆地孤岛，不同的孤岛之间需要依靠船只来通行。除了近海地区因为有不同洋流交汇而带来的丰富渔业资源之外，巴卡西半岛的陆地部分不仅不适合大规模进行交通设施建设，打造西非内陆通往大西洋的重要港口，也不适合大规模推行经济作物种植。在西方殖民入侵之前，巴卡西半岛及其附近地区主要由伊博人建立的卡拉巴尔王国控制。瓜分非洲狂潮掀起后，英国殖民者顺着尼日尔河口附近的海岸线扩张，以吞并卡拉巴尔王国的形式，将巴卡西半岛与右岸的土地捆绑在一起，纳入南尼日利亚殖民地的统治范围。与此同时，德国在赤道非洲地区的大西洋沿岸的快速扩张，将殖民势力也迅速扩张到巴卡西半岛的左岸，并对巴卡西

---

① Hesham Khalil Issa, Ethnicity and public politics, MA in Political Science, The American University in Cairo AUC, 1999.

半岛地区的归属权提出了异议，希望将其与左岸土地一起纳入德属喀麦隆殖民地。从1885年，英德两国开始就巴卡西半岛地区的实际划界问题举行谈判。起初，英国拒绝在划界问题上作出让步，但随着英国企图通过拉拢德国而维持欧洲均势的战略意图逐步增强，特别是推动德国在非洲殖民扩张中遏制传统竞争对手法国，英国在划界问题上开始松口。1913年，英国与德国最终签订《英德协定》，就双方在欧洲以及海外殖民地的利益进行重新划分，其中包括巴卡西半岛地区的重新划界。德国以在其他地区的利益让渡作为筹码，换取英国同意将巴卡西半岛从英属南尼日利亚殖民地划归德属喀麦隆殖民地，过渡期结束后正式向德国移交实际统治权。但由于1914年第一次世界大战爆发后英国对德国宣战，移交问题被无限期推迟。《凡尔赛和约》签署后，德国丧失对喀麦隆的殖民统治权，英国和法国接替德国进行"委任统治"，其中巴卡西半岛左岸地区被划入英国"委任统治"下的喀麦隆殖民地。由于自1918年德国撤出后，巴卡西半岛的左右两岸实质上都处于英国的殖民统治之下，因此移交问题并没有实质性推动。由于实际控制权仍属于英属南尼日利亚，因此巴卡西半岛上的居民多为尼日利亚渔民，粮食供给主要依靠临近的克里斯河州，本质上仍然与右岸的尼日利亚社会经济发展，保持着密切的联系。1960年，尼日利亚独立建国，英属、法属喀麦隆合并建国，巴卡西半岛开始成为两国之间的领土争端。

尼日利亚起初认可英国在殖民统治时期作出的相应安排，认可巴卡西半岛归属喀麦隆，但在如何解决巴卡西半岛居民实质性已经融入尼日利亚社会经济发展的问题上，尚未与喀麦隆达成有效共识，因此难以在短时间内采取实质性的举措。1967年东南部伊博族宣布建立"比夫拉共和国"导致内战全面爆发后，巴卡西半岛左岸地区喀麦隆境内的伊博族对尼日利亚境内伊博族的支持，导致尼日利亚军政府与喀麦隆的关系出现裂痕，巴卡西半岛的移交问题也受到波及。两国关系正常化后，双方于1975年签订《马鲁阿协定》，在进一步明确巴卡西半岛主权属于喀麦隆的同时，强调尼日利亚国籍的公民可以在此继续生活，实质上仍然是维持尼日利亚实际控制的现状。20世纪70年代中期后，随着在巴卡西半岛及其附近海域发现石油资源，该地区从一个毫无价值的边缘地带，一跃成为两国竞相关注的核心。面对喀麦隆对实际控制权的索要，尼日利亚军政府既不承认英国殖民统治时期将巴卡西半岛主权划归喀麦隆的安排，也不承认之前军政府"背弃人民"签署的《马鲁阿协定》，而是公开声称巴卡西半岛主权属于尼日利亚，并由此导致两国在1981年爆发了针对巴卡西半岛主权争议的首次武装冲突。此后，围绕领土、石油、居民国籍等问题，两国多次展开双边会晤，但都未达成实质性的结果，当地的边境武装摩擦事件依然频繁地爆发。

1994年，喀麦隆将巴卡西半岛的主权争议问题交给了国际法院进行裁决。面对国际仲裁，双方都抱有获胜的信心，在喀麦隆看来，有殖民时期的《英德协定》，以及两国独立后签订的《马鲁阿协定》，巴卡西半岛的主权拥有充足的国际法论据支撑；对尼日利亚而言，因为《英德协定》从未执行，加之《马鲁阿协定》的签署者不能代表尼日利亚全国人民且已经被推翻，加之当地居住的都是尼日利亚居民，因此应该充分尊重当前的实际情况，特别是尊重当地居民的实际意愿，将主权交由尼日利亚。2002年，国际法院对巴卡西半岛的主权归属做出了裁决，法庭认可了《英德协定》以及《马鲁阿协定》的有效性，将巴卡西半岛的主权判给了喀麦隆。对于国际法院的判决，尼日利亚政府最初表示不可接受，但在联合国和非盟的斡旋之下，最后作出了妥协。经过两国的多轮磋商，2006年6月双方最终签订《格林特里协定》，同意在协定签订60日内从半岛撤军，并于2008年前完成领土划界和移交。巴卡西半岛实际控制权的移交，终结了尼日利亚与喀麦隆长达数十年的领土争端，是非洲国家依靠自己力量局部修改殖民者所划定边界格局的一次成功尝试。但巴卡西半岛的移交以及两国边界格局的局部调整，并没有从根本上解决英德殖民者划界时遗留下的历史问题。由于尼日利亚最终作出了让步，长期居住在巴卡西半岛上的尼日利亚籍居民的最终归宿问题则被相对忽略。如果要选择继续保留尼日利亚国籍，那么他们就必须面对要搬离世代居住的土地迁徙到尼日利亚其他地区生活的选择，而如果要继续留在巴卡西半岛，则必须选择放弃尼日利亚国籍，转而加入喀麦隆国籍，切断与尼日利亚其他地区的社会经济联系。正是由于面临这种两难选择，巴卡西半岛被移交给喀麦隆之后，当地居民中反对与抗议之声此起彼伏，并且有愈演愈烈之势。这些不满声音中的相当一部分力量，逐步转化成为包括暴力犯罪、分离主义势力、几内亚湾海盗，甚至是恐怖主义等问题，成为让喀麦隆以及尼日利亚，乃至几内亚湾沿岸相关国家迄今为止依然头痛的火药桶。

第四章

边界不可更改原则与后殖民时代的非洲政治秩序

无论是大多以和平方式建国的英法殖民地，还是通过武装斗争走向独立的葡属殖民地，都在一定程度上面临着如何维护自己疆域稳定的问题。除了上一章所述的源于否定殖民统治恶性遗产而涌现出的各类边界更改欲求之外，部分激进的泛非主义者鼓吹一步到位建立的"非洲合众国"，呼吁已独立建国的所有非洲国家全盘放弃自己主权的主张，同样使很多非洲国家感到不安。非洲各国领导人开始意识到，在主权国家已然成为非洲政治发展主角的背景下，应该对非洲人的反殖民斗争、泛非主义等政治运动的发展方向和程度加以必要的限制。基于这种考虑，在1964年非统组织开罗首脑会议上，非洲各国首脑集体通过《关于非洲边界不得更改的决议》（以下简称"决议"），重申既有国界格局是不容挑战的事实①。

《决议》是在殖民体系崩溃后，非洲国际社会独立表达自己在重大问题立场上的首批基础性文件之一。它以所有非洲国家间共识的形式，肯定了在殖民统治结束后继续坚持殖民地边界的合理性，以及这些边界全盘转化为主权国家间边界的可行性。《决议》继《联合国宪章》之后，再次肯定了脱胎于殖民地间边界的非洲国界所具有的不容置疑的合法性，将矛头直指各类国界更改欲求，正式终结了有关是否应摒弃殖民地边界

---

① Saadia Touval, "The Organization of African Unity and African Borders." *International Organization*, Vol. 21, No. 1, 1967, pp. 102–127.

的公开讨论。

对于非洲国家的次国家行为体而言,《决议》无疑已彻底否定了他们设想与实际行动的合法性,为当事国政府全面打击任何旗号掩盖下的分离主义势力提供了充足的论据。对非洲主权国家来说,《决议》要求将互相尊重领土主权,作为双边关系健康发展的基础。诚然,《决议》并非强制性决议,无法立刻制止某些国家的越线行为,但却能够一方面在世界和非洲国际社会层面上对这些不合作者形成舆论压力,为在日后出台相应的遏制性制裁措施提供了有力支撑,另一方面也同时保障这些国家有权随时反制会向自己施加同样手段的邻国,避免边界更改欲求的蔓延。随着新独立非洲国家和新成立非洲组织的悉数接受,《决议》所推崇的边界恒定原则无疑已成为独立后非洲国际秩序的重要支柱。

第一节 边界不可更改原则产生的背景

殖民地间边界获得非洲决策者的充分尊重,并能够顺利成为非洲主权国家间边界的事实,并不意味着当时的非洲政治领袖已经全然忘却了长期的殖民统治给非洲大陆带来的各种苦难,更不是他们因为一己私利,置广大非洲民众的呼声于不顾,单方面与西方殖民者妥协的产物。相反,这恰恰是卓有远见的非洲各国领导人,为避免殖民统治所带来的恶劣影响继续发酵,而基于现实做出的合理变通。从20世纪50年代末开始,欧洲殖民者从非洲的迅速撤出给这个大陆上留下了大片的权力真空。为了尽快填补这种空白,引导非洲的发展步入后殖民时代的正轨,非洲政治领袖的当务之急是必须打造出能够全面接收殖民者所让渡出全部权力的政治实体,而这种政治实体就是作为非洲民族解放斗争成果的数十个主权国家。非洲国家的先后独立为这种权力转移的发生提供了可能性,而如何巩固这个新的权力继承者,则关乎权力转移的可能性可否转化为现实性。鉴于现代主权国家的标志性特征是其领土属性[①],因此巩固非洲国

[①] [西]胡安·诺格:《民族主义与领土》,徐鹤林、朱伦译,中央民族大学出版社2009年版,第40页。

家的首要任务之一，无疑是清晰界定其领土范围，妥善处理划界问题。纵然非洲人表达了重新划界的多重设想，但从多个方面来看，按照边界恒定原则坚持原有殖民地边界格局，都表现为一个无法被替代的最优解。

首先，从非洲国家形成的特点来看，作为其前身的非洲殖民地，无疑是与其拥有最为密切关系的实体。换言之，在意识形态宣传中，非洲殖民地与非洲主权国家虽然处于一种对立的矛盾之中，其中后者是对前者的一种完全否定，但这只是根据执政者的性质以及统治者与被统治者之间的权力分配问题而得出的结论。事实上，从宏观角度来看，不论殖民地与非洲国家在政治性质上有何种差别，两者间的联系始终无法被割断。在时间上看，非洲殖民地与非洲国家的存在时段首尾相接，中间不存在时间断档。从1957年加纳独立到1990年纳米比亚解放，非洲国家的建国之日普遍都是殖民统治终结之日。即便是在独立后并没有选择立即建国的英属喀麦隆、英属索马里等殖民地，也在几天之后加入邻近的独立非洲国家①。时间上的相近势必决定非洲国家与昔日殖民地的关联程度，要远胜于前殖民时代历史。从逻辑发展脉络上来看，非洲殖民地与非洲国家间具有直接传承关系。如前所述，除埃塞俄比亚等极个别案例外，几乎所有非洲国家都脱胎于殖民地。非洲国家实质上是殖民地在非洲人自我意识觉醒的背景下，重新实现权力分配的一种产物。

从微观角度来看，非洲国家与前殖民地的密切联系同样十分明显。第一，非洲国家的国名普遍来源于殖民地名称，而非前殖民时代的人们对当地的称呼。这又可以细分为两种情况：其一，国名与本土名称具有一定联系，但本土名称并非专门指这片地区，只是后来被殖民统治加以利用，诸如苏丹、坦噶尼喀（坦桑尼亚）、几内亚比绍等；其二，国名完全是西方人带来的词汇，诸如南非、尼日利亚、象牙海岸（科特迪瓦）等。此外，加纳、津巴布韦等少数国家虽然在独立后将国名改为境内古

---

① 1960年7月，英属、意属索马里殖民地独立后，合并组建索马里共和国；1960年10月，法属、英属喀麦隆殖民地独立后，合并组建喀麦隆联邦共和国。

国的名称①，但这只是一种旨在刻意与殖民统治划清界限的政治行为，并不意味着古国与这些现代非洲国家间存在着传承关系。第二，非洲国家借以维持运转的现代政治制度，全部来源于西方国家。它们基本上都沿袭了宗主国已经成熟运用的政治制度，即以议会、多党竞争执政、定期举行选举为代表性标志的现代民主制度。具体而言，英语国家一般采用英国的威斯敏斯特（Westminster）模式议会共和制，典型代表是尼日利亚第一共和国（1960—1966 年）。法语国家则通常采取法兰西第五共和国的半总统制，由总统和国民议会（National Assembly）共同掌管国家最高权力，诸如塞内加尔。非洲国家普遍选择采取西方国家的政治制度，具有一定的历史必然性。一方面，非洲国家的独立方式，为其采取西方制度奠定了基础。尽管在非殖民化中，某些殖民地通过罢工、游行示威等方式，促使谈判或选举的结果朝向更有利于当地领袖的方向发展，但这种努力并不挑战宗主国在此过程中的主导权。即便是坚持武装斗争的葡属殖民地人民，其根本目的也是尽快迫使葡萄牙重新坐回谈判桌。最终，安哥拉、莫桑比克等地仍然是在葡萄牙的安排下，以组建多党联合政府的形式走向独立。另一方面，非洲国家在独立后与宗主国保持的密切关系，是其继续坚持西方政治制度的保障。且不说大多数独立后的英语、法语非洲国家分别加入了英联邦、法兰西共同体，即便是更为激进的葡语国家也与葡萄牙保持着密切的合作关系。宗主国不仅把非洲国家是否坚持西方制度作为可否对其实施合作与援助的标准，其专业人员甚至直接在非洲国家相关政权机构中任职。

其次，部分非洲利益集团所鼓吹的前殖民时代边界，无论从历史角度还是地理角度去看，都不是一个十分明确的概念，在实际操作中很难具有参考运用的价值②。第一，在前殖民时代，非洲大陆上并不存在完整

---

① 古代的加纳王国统治疆域大体为现在的毛里塔尼亚东部、马里的西部，与现今的加纳没有关联。1957 年英属黄金海岸（Golden Coast）殖民地独立前，决定将当地名称改为"加纳"。古代的津巴布韦王国统治范围大体为当今津巴布韦的东南部领土。1980 年罗德西亚（Rhodesia）独立后，将国名改为津巴布韦。

② Saadia Touval, "The Organization of African Unity and African Borders." *International Organization*, Vol. 21, No. 1, 1967, pp. 102 – 127.

第四章　边界不可更改原则与后殖民时代的非洲政治秩序　◀◀　119

的国家间边界格局。在瓜分非洲狂潮之前，非洲大陆上只存在着几处相对发达的文明地区①，包括非洲之角的高原、东非的斯瓦西里海岸（Swahili Coast）、西非的尼日尔河与塞内加尔河流域，其中分布着埃塞俄比亚、桑给巴尔、阿散蒂（Asante）、索科托等王国。除此之外，非洲其他地区的社会发育程度仍然维持在较低水平。在这种情况下，讨论前殖民时代的边界格局不具有任何实际意义。退一步讲，即便这个议题真的能够成立，那也只能是有限地适用于位于上述几片地区的现代非洲国家。

　　第二，即便对于那些分布在上述地区的现代非洲国家而言，找出论证自身现有疆域合理性的历史依据，也绝非易事。以固定的领土为基础，并在地理上清楚且精确地划定自己统治范围的做法，源于近代西方世界。这种划界方式需要若干前提条件：其一，必须经划界各方的同时参与；其二，必须标示出用以划界的明确地理坐标；其三，必须依靠相应的统治维持边界的有效性。欧洲国家不仅依照这些条件划定了彼此间的边界，而且塑造了殖民地的"人造边界"。反观即便是在前殖民时代最发达的非洲本土王国，其在地理上的分布也不具有前述特点：其一，统治范围大体都是从若干个核心城镇出发，沿着不同的商路，呈放射状向四周扩散。例如，桑给巴尔（Zanzibar）王国的核心统治区是桑给巴尔群岛以及斯瓦西里海岸上的巴加莫约（Bagamoyo）、蒙巴萨（Mombasa）、达累斯萨拉姆（Dar es Salaam）。从这些港口通向大湖地区道路上能讲斯瓦希里语、信仰伊斯兰教的小城镇和集市，都可被视为该国的统治范围②。其二，受制于生产力发展水平，王国通常未能对全境实施有效的行政管理，统治范围的维持依靠的是相关地区居民的进贡。一些从事游牧、行商的居民群体的活动范围更容易受到季节、战争的影响，因此导致整个王国的统治范围频繁地在发生变化。例如，每当雨季的暴雨阻断了来自斯瓦西里海岸的商人前往大湖地区的商路之时，桑给巴尔王国的统治范围实际上

---

　　① 葛佶主编：《简明非洲百科全书（撒哈拉以南）》，中国社会科学出版社2000年版，第74页。

　　② Frederick Cooper, *From Slaves to Squatters: Plantation Labor and Agriculture in Zanzibar and Coastal Kenya, 1890–1925*, Yale University Press, 1997, p. 144.

就收缩到东非海岸附近①。由此可以看出，盲目要求恢复到前殖民时代的统治范围，是极不可取的行为：一方面，不同时期的统治范围不尽相同，因此很难严格界定究竟恢复到哪个历史阶段的疆域；另一方面，即便确定了特定的历史阶段，也同样难以依靠精确的地理坐标，准确勾画出闭合的国界。

再次，从非洲主权国家与境内居民群体的关系上来看，保留殖民地边界格局，有利于维持非洲国家的稳定。如果放弃现有边界格局，非洲国家则极有可能迅速陷入以下棘手问题：第一，对于那些并没有刻意利用某些居民群体重新划界欲求的国家来说，可能会丧失部分领土或走向全面解体。这种危险将首先出现在位于萨赫勒—撒哈拉地区的非洲国家。按照宗教—民族—部落的顺序，持有不同文化性身份认同的居民群体的竞争，很有可能引发大规模内战或点燃分离主义的火花，尼日利亚内战、两次苏丹南北内战、南苏丹宣布独立的情况，会以多米诺骨牌的方式，出现在越来越多的非洲国家。那些政治身份认同被长期压制的地区，也可能会借此机会，迅速踏上分离主义的道路，例如将厄立特里亚模式推广到卡宾达、卡普里维等地区。

第二，对于试图刻意利用部分居民重新划界欲求的国家来说，情况要更为复杂。其一，如果某国刻意利用邻国部分居民的重新划界要求，首肯他们以此作为在邻国从事分离主义活动的合理性，并且予以道义或物质上的援助，那么它在把邻国推入主权与领土完整的危机之中的同时，实质上也将自己带进了同样的危机。众所周知，现代非洲国家内部的民族构成状况大致相似，以族体、宗教信众为代表的众多次国家行为体，对新成立的主权国家的认同仍然有待加强。在此前提之下，不论是出于对邻国某些地区的同情，还是为了恶意削弱邻国而做出对邻国分离主义势力的首肯或支持，实质上等于变相承认了这些次国家行为体寻求独立的合理性。按照这种逻辑，作为同样由多个族体或者宗教信仰体系拼凑成的国家，其内部的次国家行为体同样可以因此而受到鼓励，积极寻求

---

① Frederick Cooper, *From Slaves to Squatters: Plantation Labor and Agriculture in Zanzibar and Coastal Kenya, 1890 – 1925*, Yale University Press, 1997, p. 145.

分离或独立。但在实践中，这些国家往往在支持邻国分离主义的同时，自己却大肆镇压国内按照相同逻辑发展的分离主义势力，奉行双重标准。例如，扎伊尔在支持卡宾达脱离安哥拉的同时，却自相矛盾地打击加丹加省的分离主义运动[1]。

最后，如果某国刻意利用本国内部部分居民群体重新划界的要求，并企图借此从邻国身上获利，那么它同样会因为引入双重标准而带来混乱。在族体与国家不存在严格对应关系的情况下，政府究竟选择哪个族体的历史分布范围作为重新划界的依据，是一个非常棘手的问题。当前非洲国家的疆域基本都会在较多地囊括了某个族体历史聚居区的同时，又较少地包含另一个族体的历史活动范围。因此，假设某国与邻国同时要求依照相关族体的历史聚居区修改边界，那么该国在因为较多占有某族体历史聚居区而从邻国获得土地的同时，还可能由于较少地拥有另一族体的历史分布区而将某些土地让与邻国。但在实践中，国家最大化追求利益的特点，使当事国往往闭口不提于己不利的后半部结论。例如，索马里在向肯尼亚索要北部索马里族聚居区的同时，却从未提及是否因为境内有15%的班图族居民[2]，而将南部地区转交肯尼亚。另外，国家内部的族际关系也可能会因此走向恶化。对于由多族体拼凑而成的非洲国家而言，加强民众对国家认同的最佳方式，是公平公正地扮演各族体权益保障者的角色。但如果某国意图片面强调有利于自身的领土变更，则必然打着尊重和保护相应族体权益的旗号。与此同时，如果另一族体的重新划界愿望会带来不利于自身的领土变动时，该国则会保持沉默或予以反对。这不禁会引起有关该国内部的族际关系是否平等的讨论。索马里在鼓吹泛索马里主义的同时，闭口不提是否同意南部班图族居民投奔肯尼亚的做法，无疑在暗示索马里只是索马里族的国家，为日后激起班图族民众的不满情绪埋下了祸根。

---

[1] Crawford Y., "The politics of separatism: Katanga 1960–1963," *Politics in Africa*, 1966, pp. 167–208.

[2] Besteman C., Cassanelli L. V., *The struggle for Land in Southern Somalia: the War behind the War*, Westview Press, 1996, p. 74.

第二节　边界不可更改原则与非洲和平

建构主义国际关系理论认为，国际体系存在三种不同形式的文化，即无序混战的霍布斯文化、有序竞争的洛克文化，以及完全和谐的康德文化。决定一个国际关系体系究竟属于哪种文化的关键之处，在于国际关系行为体的角色建构，即共有的观念使持有这些观念的行为体所具有的位置[①]。作为现代国际关系发源地的欧洲，其长期遭受战火摧残的惨痛历史强有力地论证了，如果任何国家都无限制地追求自己的主权，完全无视他国的利益诉求，那么结果只可能是大规模的混乱。霍布斯文化把敌意作为对他者的位置以及这种位置对自我姿态的意义[②]，从而恰当地诠释了近代欧洲大国之间的关系状态。毋庸置疑，处于这种状态下的各个国家互相视为敌人，打交道的主要手段是频繁的战争，因为自我限制只能使自己处于相对劣势的地位[③]。因此，欧洲每次原有和平秩序的崩溃，都表现为一个国家对现有秩序发起挑战，立刻导致欧洲范围内几乎所有国家悉数被卷进战争。需要指出的是，如果一个国家因为与邻国的关系处于无序竞争状态而推行"与邻为壑"的政策，那么其行为将对邻国针对自己角色的定位产生恶劣影响，实质上是在延续这种混乱状态，进而导致恶性循环的产生。从这个意义上来讲，近代欧洲的各场战争不仅是霍布斯状态的产物，同时也是其缔造者。因此，作为问题解决的关键，有必要使用相关原则，对主权国家的行为加以必要的限制。这种论述同样适用于一国内部的族际关系。在国内民族尚未得到有效整合的情况下，族体间关系处于不确定状态。为避免各族体在观念中把对方建构为敌人，同样应该使用一些原则或标准，对可能恶劣影响族际交往的要素

[①] ［美］亚历山大·温特：《国际政治的社会理论》，北京大学出版社2005年版，第325页。

[②] ［美］亚历山大·温特：《国际政治的社会理论》，北京大学出版社2005年版，第328页。

[③] ［美］亚历山大·温特：《国际政治的社会理论》，北京大学出版社2005年版，第328—335页。

加以严格的规范。

如前所述,英国、法国、德国、葡萄牙、意大利、西班牙共同瓜分非洲的格局的形成,是欧洲均势在非洲的有机延伸。在整个殖民统治时期,非洲殖民地间长期处于的和平状态,依靠的是列强在欧洲国际关系体系格局中形成的相对稳定的权力分配格局。其中任何一方在此体系中获得的相对固定地位,都是在旧的国际体系终结时,依靠由硬实力支撑的战争手段获得的。第一次世界大战、第二次世界大战期间爆发在非洲殖民地之间的战争,正是欧洲列强在国际体系变更时争夺权力地位的对应产物。因此,在非洲居民群体无论大小强弱,都无权自由表达自己意志的情况下,殖民地间关系究竟是战争还是和平,都只是欧洲人之间的游戏:列强力量对比变化引发的战争,成为划定和修改殖民地间边界的手段,而力量对比平衡带来的和平,则是维持这种边界格局的保障。殖民地内部的情况与之类似,各族体的共处以及各自在宗主国于当地殖民统治中所扮演的地位,与它们自身的大小强弱或者彼此之间的认可程度没有任何联系。但当殖民统治结束后,在殖民地内部和殖民地之间维持原有格局的力量不复存在,如果不能用一种非洲人自己主导的秩序设想及时填补西方人撤出所留下的秩序空白,那么非洲大陆可能会迅速陷入无政府的混乱。

对于非洲国家来说,甩掉殖民地身份意味着不再继续充当西方人的傀儡,转而成为现代国际法中拥有独立行为能力的最主要行为体。从此以后,非洲国家做出行动的根据不再是殖民者的喜好,而是各自真实的利益诉求。西方人的离去令殖民地之间的关系不再是欧洲国家间关系的延伸,其内涵开始转变为非洲主权国家间关系,即各国执政者之间或全体民众之间的关系。但非洲国家的普遍独立无法回答一个基本问题,即在后殖民时代,由非洲主权国家组成的非洲国际体系是什么样的状态。具体来说,在这样一个国际体系中,不同的非洲国家究竟会以什么方式追求权力的最大化。由于非洲国家间关系本身是一种之前并不存在的全新事物,它的演进并不能直接简单地复制殖民统治时期的殖民地间关系,而是要在非洲人独立自主的寻找新的利益坐标点的基础上,被大规模修整乃至重新塑造,因此其未来的发展方向仍充满了不确定性。加之非洲范围内同样不存在超越主权国家的"世界政府",非洲各国对邻国采取何种政策,仍然是各国主权范围内的事务。在这种情况下,如果各国对外无限制地使用主权,则可能引起国家间战争。

　　对于国家内部的族体、宗教信仰群体而言,殖民统治的终结宣告了长期压制它们力量的不复存在。非洲国家虽在法理上有统治它们之名,但却缺乏像殖民者一样充分驾驭它们之实。在统治权由殖民者向非洲国家移交后,中央统治机构管理这些次国家行为体的实力正在快速减弱。随着越来越多的居民群体可以自由表达利益诉求,长久被压制的矛盾像火山般爆发。由于这些居民群体普遍带有地跨多国的性质,它们间的矛盾在可能引发国内冲突的同时,也可能对国家间关系变动造成恶劣影响,进而导致国家间战争。此外,共同利益的缺失,也为战争的爆发提供了可能性。在国内,统一市场尚未形成,决定了不同的族体间难以形成相互依存的利益关系。非洲国家间同样缺少共同利益:以争取政治独立为代表的共同政治利益,随着殖民统治的终结而消失;依然维持着向宗主国出口原材料的畸形经济格局。引入边界恒定原则,正是为了最大限度地降低这种全面混乱出现的可能性。强调尊重非洲国家间边界格局,实际上是敦促包括非洲主权国家、次国家行为体在内的有关各方,充分尊重非洲在近代一百多年以来所形成的一些既定事实,将非洲本土力量重塑后殖民时代非洲秩序的努力,严格限制在主权国家的基础之上[1],避免非洲人在彼此无序争斗中,抵消了解放斗争的成果。从这个意义上讲,边界恒定原则其实是非洲国际社会维护非洲国家政治和每个非洲国家内部政治稳定的重要手段。事实证明,以上有关非洲可能在殖民统治结束后陷入战乱的担心并不多余。在非洲国际社会已认可边界恒定原则的前提下,非洲的局部地区仍然爆发了战争,其中约有一半左右直接涉及更改边界的企图[2]。边界恒定原则虽然没能完全制止战乱的出现,但可以肯定的是如果没有此原则的存在,安哥拉、索马里、刚果(金)、莫桑比克、卢旺

---

[1] Horowitz D. L., "Patterns of ethnic separatism." *Comparative Studies in Society and History*, Vol. 23, No. 2, 1981, pp. 165 – 195.

[2] Herbst Jeffrey, "War and the State in Africa." *International Security*, 1990, pp. 117 – 139.

达、布隆迪等国的内战，乃至其他非洲国家的部族主义政治，最终都可能演化为相关群体重新划定边界的斗争，成为导致更大规模混乱的催化剂。

涉及非洲国家间边界格局变动的战争，与前文所述的各类边界更改欲求密切相关，并可以按照交战方的类型被划分为两个主要类型。这些战争的成型方式、发展过程及其造成的恶果已经清晰地展示出，任何试图挑战边界恒定原则，都必定因此吞下苦果。第一种与边界格局变动相关的武装冲突，发生在非洲国家与境内的某些次国家行为体之间。这也是在非洲现代政治发展史中，分布范围最广、持续时间较长的一种冲突形式。冲突的主要内容通常是某些次国家行为体试图脱离既有国家宣布对立，引起当事国政府的武装镇压，从而导致内战的爆发。苏丹南北双方、埃塞俄比亚与厄立特里亚、安哥拉与卡宾达、纳米比亚与卡普里维、尼日利亚与比夫拉、马里与基达尔、刚果（金）与加丹加之间的武装冲突都符合这种模式。这类武装冲突的特点可以从以下几个方面加以认识。从战争的起源来看，这些地区寻求独立的原因，在于当地居民对当事国的完全不信任。当地居民之所以在其意识中将国家的形象建构为"敌人"，主要是在于以下原因：其一，部分地区拥有的独特政治身份认同未受到应有的重视。这主要是指在非殖民化初期曾经拥有相对独立地位，但后来却被合并入其他国家的地区，例如，厄立特里亚、卡宾达。政治身份认同的存在，并不必然地导致独立欲求的产生。只是当这种认同在现代民族国家建构的过程中被刻意忽视或排斥，当地居民才会在观念中将当事国的印象建构为不可被接受的压制者，进而选择武力抗争。例如，在1952—1964年，由于埃塞俄比亚并没有公开挑战厄立特里亚在埃厄联邦中享有的高度自治地位，因此后者并没有宣布独立的意图。自1975年正式接管卡宾达以来，安哥拉始终未能在当地建设相应的自治制度，因而始终无法安慰当地民众的不满情绪。其二，部分地区的居民因持有明显有别于国内其他地区居民的文化身份认同而受到当事国的排挤。这种认同通常是基于独特的创世神话体系、风俗习惯、语言、宗教信仰等文化性因素而形成的。在缺少必要互动的情况下，由于价值观念上存在差异，持有不同文化性身份认同的群体通常不会在观念中彼此建构为信任的对象①。这就导致了掌权的一方通常会压制另一方，而遭受压制且长期无力翻盘的一方，则会通过武力抗争寻求独立。例如，苏丹南方发动叛乱并寻求独立的原因，在于北方长期借伊斯兰教、阿拉伯语推行压制和歧视性政策。其三，某些地区远离所在国的统治中心，导致国家没有及时惠及，从而引发当地民众对国家的不信任。例如，马里北部的图阿雷格人认为自己所在的五个国家并没有对自己的生存与发展权益给予足够的重视，因而倾向于建立能够真正服务于本民族利益的全新国家。在上述三种情况下，战争的爆发本身是双方不信任的产物，但战争的进行却进一步地加强了彼此的敌意，导致问题长期无法得到实质性解决。即便选择通过突破边界恒定原则来化解矛盾的厄立特里亚、南苏丹两个案例，极度不信任带来的结局只是武装冲突从内战升级为国家间战争。

第二类与边界变动相关的武装冲突发生在非洲国家之间。相比由国家内部分离主义引起的战争，由于公开凭借国家意志和政府行为主张改变现有非洲国家间边界格局的案例相对较少，此类战争的持续时间通常较短。但考虑到主权国家能够在短时间内快速动员国内的人力和物力资源参与战争，非洲国家间战争无论是在规模、烈度、破坏性以及造成的恶劣影响上都要更胜一筹。具体来看，这种类型的武装冲突主要具有以下若干特点。从战争的缘起来看，边界更改欲求一般都是由次国家行为体与国家行为体共同提出来，并且普遍经历了由前者单独提出，向后者暗中支持，再到后者完全公开地代替前者提出这种欲求。从次国家行为体方面来看，提出边界更改欲求的族群一般与同样在此提出边界更改欲求的主权国家中占优势地位的族群在历史上存在着一定的文化联系，只是由于殖民统治的原因，才被肢解到与前述非洲国家相邻的另一个非洲国家之中，并且在这个国家中无法享有优势性的地位。作为这种局面的结果，无法享有优势地位的族群通常倾向于从原所在国分裂出来，合并进入本族群能够持续稳定享有更多生存与发展权益的相邻国家。分别居住在埃塞俄比亚东部欧加登高原、乍得北部奥祖地带（Aozou Strip）的索

---

① Marina Ottaway, "Ethnic politics in Africa: Change and continuity." in Richard Joseph eds. *State, Conflict, and Democracy in Africa*, Lynne Rienner Publishers, 1998, p. 29.

马里族、阿拉伯人便属于这种情况，他们因此更倾向加入国民与自己更具相似性的邻国索马里、利比亚。

从国家行为体的角度来看，如果通过暗中给予人力和物力支持而促成了领土所属权的变更，则可以一方面成功地实现削弱长期作为地区竞争者的邻国，而且还可以在不公开彻底地激怒邻国的同时，实现自己的领土扩张与权力总量的增加，可谓一举多得。当这些争议地区被广泛地认为蕴藏有丰富的自然资源时，这种争端就开始变得日益官方化和明朗化。考虑到丰富的有色金属矿藏或石油天然气等能源资源能够给自身带来丰厚利润的同时，又能相应地增强自身相对于其他非洲国家的竞争力，这些国家在一厢情愿地相信预期收益将会远大于投入成本的情况下，公然决定采取国家的力量促成领土变更的实现。在通过谈判无故索要这些地区根本不可能成功的情况下，这些国家通常会选择不宣而战，通过派兵迅速对这些地区实施军事占领，以迫使邻国承认事实上的领土变更。利比亚、索马里虽然长期觊觎奥祖地带、欧加登地区，并长期暗中支持这些地区的分离主义势力，但真正把两国推向武力吞并邻国领土的战争之中的动力，却并非是他们在邻国支持的地区分离主义势力在与邻国政府对抗中处于的弱势地位，而是某些西方勘探公司宣称欧加登地区、奥祖地带很可能分别蕴藏丰富的石油资源、铀矿资源①，虽然他们在发兵时所高举的大旗，是支持和帮助这些地区的民众充分实施民族自决的权力，反抗邻国政府在这些地区"践踏"居民的人权。但由于这些国家挑战的对象，同样是地区中的大国或强国。例如，索马里虽然因基本上统一了索马里族的历史分布地区而成为非洲之角的地区大国，但它挑战的埃塞俄比亚却自古以来就是非洲之角的头号霸权。再如，卡扎菲领导下的利比亚虽然是北非强国，但它的对手乍得却也是中苏丹地区和法属赤道非洲地区的大国，拥有较强的军事实力。由于双方之间基本处于力量相对平衡状态而非十分明显的实力悬殊，随着被侵害的国家迅速将全国力量投入反侵略战争，希望实现国界变更的国家通过"先发制人"而取得的

---

① Paul Collier and Nicholas Sambanis, *Understanding Civil War: Africa*, World Bank Publications, 2005, p.164.

优势地位正在逐步丧失，并最终使战争陷入了根本无法继续通过进攻和杀戮区分胜负的僵持局面。而先行武力进攻他国的国家，最终也会因为既无法立即开采那些据称可能存在的丰富自然资源而从这些被占领的新土地上获取足够的现实利益，也无力继续从国内投入更多的人力物力资源去支撑远离本土的战争，因而最终选择放弃。这也再次证明了，如果放弃既有非洲边界而选择完全重新划界，那么任何一次变动的最终结果很可能都需要发生类似的大规模杀戮来决定。在当时特殊的历史环境下，和平谈判根本不可能成为在主权争端问题上避免杀戮爆发的安全阀，相反它只可能是经历过大规模动乱与杀戮的有关各方，为避免这种损失继续下去而采取的一种手段。此外，这些国家公开的抛出更改当前国家间边界格局的欲求，并将其付诸实践的事实，并不能说明这些国家完全拒绝承认维持国界恒定原则的合理性，因此不能成为否认国界恒定原则已然成为非洲国际社会共识的充足论据。

第三节　边界不可更改原则与非洲一体化

早在19世纪中后期黑人民族主义浪潮兴起之时，黑人民族主义运动的杰出领袖们就提出了实现全世界黑人紧密联合在一起的设想[1]。进入20世纪后，随着非洲解放意识的逐步觉醒，以及来自非洲大陆的政治领袖逐步在世界黑人民族运动中开始扮演愈发重要的角色，旨在将非洲各地紧密的联合在一起的泛非主义（Pan-Africanism）思潮开始登上历史舞台，并成为非洲政治领袖的重要指导思想[2]。这种思想秉承早期黑人民族主义运动中旨在不断加强全世界黑人民众团结的思想，将奋斗重点指向黑人居民最为集中的非洲大陆，主张来自不同殖民地的黑人民众不断加强团结与合作，实现政治独立和社会经济发展，以非洲人独立自主的方式保障民众的集体生存与发展权。非殖民化兴起后，笃信泛非主义的非洲政

---

[1] Imanuel Geiss, *The pan-African movement: A history of pan-Africanism in America, Europe, and Africa*, New York: Africana Publishing Company, 1974, p. 16.

[2] Bakpetu Thompson, *Africa and unity: the evolution of Pan-Africanism*, London: Longmans, 1969, p. 92.

第四章　边界不可更改原则与后殖民时代的非洲政治秩序　◀◀　129

治领袖们开始提出实现非洲联合的不同设想。以恩克鲁玛（K. Nkrumah）为代表的激进派主张，各殖民地人民在行使完毕自决权后，应立即让渡主权组建统一的非洲国家，即"非洲合众国（United States of Africa）"。他们认为，与外部世界相比，近似的习俗、相似的传统社会组织形式以及在近代遭受殖民统治的共同悲惨经历，将为非洲人组建统一的非洲国家奠定坚实的基础[①]。因此，能否在后殖民时代尽快实现泛非主义的终极目标，取决于各殖民地（国家）领导人和人民是否对非洲一体化抱有坚定的信仰[②]。然而，非洲国家联盟（Union of African States）的破产、卡萨布兰卡集团（Casablanca Group）的解散、蒙罗维亚集团（Monrovia Group）的不断壮大以及非统组织的成立，清晰地指出了非洲一体化的未来发展方向：一方面，一步到位的统一非洲被证明为不切实际的幻想。这不仅表现在真正认同采取激进非洲一体化道路的非洲国家数量较少，更为重要的是，曾热捧"非洲合众国"的加纳、几内亚、马里在组成联盟后不久，也因一系列无法回避的现实问题不欢而散[③]。另一方面，蒙罗维亚集团的胜出和非统组织的成立表明，多数非洲国家在不否认开展非洲一体化必要性的同时，也极为重视自身主权的完整性。

　　非洲大陆在独立后所面临的状况，为发展一体化提出了迫切要求。一方面，鉴于非洲大陆早在19世纪就已被完全卷入全球化分工，长期作为外部世界特别是西方世界的原料产地和商品倾销地存在，并致使非洲各个殖民地在获取政治独立后，仍然继承着这种畸形的经济结构[④]。如果要通过经济独立充分巩固政治独立，防止新殖民主义卷土重来，那么非洲国家的当务之急就必须是彻底摆脱单一的原料出口结构，尽快促成工业化和产业多样化。只有通过非洲国家间经济一体化，非洲内部市场才

[①] Imanuel Geiss, *The pan-African movement*: *A history of pan-Africanism in America*, *Europe*, *and Africa*, New York: Africana Publishing Company, 1974, p. 22.

[②] Opoku Agyeman, *Nkrumah's Ghana and East Africa*: *Pan-Africanism and African Interstate Relations*, Fairleigh Dickinson University Press, 1992, p. 8.

[③] Bakpetu Thompson, *Africa and unity*: *the evolution of Pan-Africanism*, London: Longmans, 1969, p. 19.

[④] 葛佶主编：《简明非洲百科全书（撒哈拉以南）》，中国社会科学出版社2000年版，第325页。

能得到有效整合，为增强非洲经济竞争力提供基础性条件。另一方面，非洲大陆是战争、族群关系紧张、军事政变、难民、饥荒等传统安全问题最集中的大陆，其正常的发展总是周期性地受到这些问题的干扰。由于非洲国家的特殊成型原因导致这些问题或多或少地都带有跨境性质，单个国家凭借一己之力难以有效应对，必须依靠集体力量的有效介入。正是在这样的背景下，非洲不仅选择坚定不移地推行一体化战略，而且将实施一体化的行为体定义为非洲主权国家。

作为主权国家间一体化模式的典型代表，西欧一体化的历程表明，决定主权国家间一体化行为能否在实践层面顺利开展的一个关键性条件，是一体化潜在参与者之间的关系状态。一体化关系是国家间关系的一种特殊状态，主要特征是和谐共生，即前文所述的康德状态。在这种关系状态下，国家之所以愿意持续让渡自己的主权，是源于彼此的充分信任，即认为其他参与者不会给自己的国家利益造成损害。用建构主义国际关系理论的话来说，某个国际体系内部的国家如何在观念中建构体系中的其他成员的形象，将直接决定这个体系的特征究竟是合作性还是冲突性[1]。换言之，只有当某国在观念中把他国当作朋友，作为国家间深层次合作的一体化行为才有可能发生。除去价值观差异因素外，一国的形象在另一国的观念中的建构，受到前者对后者施加行为的深刻影响。

在相对较近的历史时期中，如果"甲国"曾经数次侵犯过"乙国"的利益，则后者自然会在观念中将前者视作敌人。因此，"甲国"在此后的行为或所取得的成就，都将被"乙国"视为对自己的威胁。为了有效保护自己，"乙国"必然追求与"甲国"的均势：或是加倍增强国力，并因为给"甲国"带来竞争压力而引起其不安全感；或是采取各种手段直接或间接削弱"甲国"，进而也导致自己成为"甲国"观念中的敌人。在这种相互敌视的恶性循环中，一体化关系根本无从谈起。西欧的一体化发展进程较为形象地诠释了这种进程。虽然西欧一体化的设想早在几个

---

[1] [美] 亚历山大·温特：《国际政治的社会理论》，北京大学出版社2005年版，第320页。

第四章　边界不可更改原则与后殖民时代的非洲政治秩序　◀◀　131

世纪之前已被提出①，但在法国、德国两个大国的关系改善之前，只是作为一个空想长期存在。为了报复法国长期奴役德意志邦联（Deutscher Bund）各国，统一后的德国先后在普法战争、第一次世界大战、第二次世界大战中重创法国，导致后者自 19 世纪末期以来一直将德国视为最大威胁。即便在欧洲煤钢联营（European Coal and Steel Community）、欧洲原子能联营（European Atomic Energy Community）、北大西洋公约组织（North Atlantic Treaty Organization）等欧洲一体化组织框架下，法国因为历史原因而对德国（西德）怀有的恐惧和担心，导致欧洲一体化长期裹足不前。而随着两国于 1963 年签署旨在终止对抗和加强竞争的《爱丽舍宫条约》（Elysée Treaty），欧洲共同体（欧洲联盟）才得以赢得快速朝向纵深发展的黄金阶段。

"溢出"是新功能主义对国家间一体化发展方式的形象描述：在纵向上来看，一体化的深入发展表现为涵盖的领域越来越多。当一体化制度在特定功能领域发育成熟后，将按照经济领域、政治领域、安全领域的顺序，逐步向外"溢出"②；从横向上来看，一体化的深入发展表现为参与的国家越来越多。当一体化制度在担当核心领导作用的国家之间运作成功后，将逐步向周边国家"溢出"。这种经验同样适用于由主权国家承担的非洲一体化进程，国家间的关系状况将直接影响一体化的"溢出"式发展。试想如果没有使用边界恒定原则对某些主权国家和部分次国家行为体的边界更改欲求做出必要的回应，那么可能会出现破坏国家间正常关系的两种局面：其一，部分次国家行为体在邻国的支持下，公然提出分裂的诉求。不论这种诉求是否在当事国内部最终酿成战争，当事国政府在严厉打击地区分离主义势力的同时，也会不可避免地与在背后给予支持的非洲邻国发生不愉快。这有可能表现为两国在外交关系上走向交恶，也有可能是当事国不惜在暗中采取同样的手段，对邻国加以报复；其二，某个国家就领土所属的部分领土，公开地向邻国政府提出主权要

---

① Ernst Haas, *the Uniting of Europe: political, social, and economical forces, 1950–1957*, University of Notre Dame Press, 1958, p. 5.

② Derek Urwin, *The community of Europe: A history of European integration since 1945*, London: Routledge, 1995, p. 27.

求，从而直接惹怒邻国。这种纠纷有可能引发激烈的官方口水战，更有可能点燃两国之间的战火。无论纠纷最终以何种方式获得解决，双方关系在短时间内仍然难以恢复互信。在这两种情况下，非洲国家间关系的主题只可能是竞争而非有序合作。

非洲一体化在非洲不同次区域的迥异发展状态，佐证了以上论述。尽管非洲各个次区域都已建立了相应的一体化组织，但迄今为止所取得的一体化成就却截然不同。西非经济共同体（ECOWAS）、南部非洲发展共同体（SADC）、东非共同体（EAC）、中部非洲国家经济共同体（EC-CAS）等组织已经先后建成或正在努力建设关税同盟；西非、中部非洲的法语国家已经迈进经贸联盟的高级经济一体化阶段；西共体、南共体也分别在尼日利亚、南非两国的领导下，在集体安全建设道路上快步前进。但是反观非洲之角地区，尽管政府间合作组织"伊加特（IGAD）"的存在表明这里也是非洲一体化的重要参与者，但所取得的成就乏善可陈，远远落后于同时期的其他次区域。与之相呼应的是，非洲之角地区也是出现边界更改欲求最具代表性的地区之一，至今仍然是非洲的火药桶。埃塞俄比亚与索马里，苏丹与埃塞俄比亚之间的关系长期处于不正常的状态，是导致一体化长期裹足不前的重要成因。这两对矛盾关系在一定程度上都与相应的边界更改欲求相联系。前文已多次论述，埃塞俄比亚与索马里关系的症结，在于长期鼓吹泛索马里主义的索马里，支持欧加登脱离埃塞俄比亚。而当前埃塞俄比亚频繁地插手索马里内战，导致这种相互敌视在短期内难以走向终结。苏丹与埃塞俄比亚的交恶，源于两国长期互相支持对方境内的分离主义势力。在前殖民时代，位于青尼罗河流域的基督教民族与白尼罗河流域的阿拉伯人长期处于竞争关系之中。苏丹独立后，埃塞俄比亚以支持基督教认同对抗穆斯林认同为旗号[1]，暗中帮助南方叛军在第一次苏丹内战中攻占喀土穆。由此被激怒的苏丹政府将报复手段选择为支持寻求脱离埃塞俄比亚独立的厄立特里亚叛军。这种做法不但没能遏制住埃塞俄比亚，反而将其推向了以邻为壑的极端。

---

[1] Haggai Erlikh, *Islam and Christianity in the Horn of Africa: Somalia, Ethiopia, Sudan*, Lynne Rienner Publishers, 2010, p. 164.

当第二次苏丹内战爆发后，亚的斯亚贝巴仍然不顾喀土穆方面的反对，继续支持已愈发表现出独立倾向的南方叛军。这种恶性循环导致双方的关系陷入全面僵局，至20世纪80年代两国已经终止了多项官方往来①。

埃塞俄比亚、苏丹国内长期持续的内战，最终走向了不可控的状态，导致了国家的分裂，厄立特里亚、南苏丹两国走向独立。索马里陷入持续内战之后，位于北部的前英属索马里地区事实上脱离了摩加迪沙中央政府的统治，并以"索马里兰"②的名义维持着事实上的"独立"，尽管其国际法地位未获得非洲各国以及国际社会的普遍认可。前意属索马里地区则一直维持着内战的状态，此后虽然在美国、欧盟等多方力量的介入下，包括后来非盟派出维和团介入，并且选举出新的索马里政府，但实质无法维持事实上的统一，首都摩加迪沙之外的其他地区，特别是广大乡村地区，一直处于不同武装力量混战的状态，并逐步演变成为国际恐怖主义势力向非洲之角乃至整个非洲地区渗透的桥头堡。更为重要的是，1960年英属、意属索马里通过合并而超越的殖民统治者划定的边界，自20世纪90年代初至今，又重新以"事实存在"的形式回归非洲之角的地缘政治之中。加之厄立特里亚与埃塞俄比亚时常爆发的边界冲突，整个非洲之角的地缘政治实际上是在边界发生局部改变的情况下，进一步走向碎片化发展，与旨在加强非洲国家之间团结，利用集体合作有序超越殖民地边界的非洲一体化的发展愿景出现对撞。事实发展也证明，作为冷战后非洲发生两次边界变更的地区，非洲之角迄今也是整个非洲大陆上区域一体化程度最低，安全形势最为严峻，政治发展最为复杂化的地区，以实证案例的形式演绎了边界不可更改原则与非洲一体化之间呈现出的正相关性。

---

① Haggai Erlikh, *Islam and Christianity in the Horn of Africa: Somalia, Ethiopia, Sudan*, Lynne Rienner Publishers, 2010, p. 166.

② 其中北部地区于1991年宣布从索马里独立，建立"索马里兰共和国（Republic of Somaliland）"，但至今未获国际社会承认。

第四节 通过主权国家间合并超越边界的典型范例——坦桑联合关系

非洲国际社会出台边界不可更改原则，本质上并非默认欧洲殖民者通过各种"人造边界"机械瓜分非洲的合理性，而是在接受了非洲各国都面临着殖民统治造就的边界—国家—民族产生顺序倒挂的共同挑战的前提下，本着保障非洲主权国家和以主权国家为基础的非洲国际政治的稳定发展的目的，对试图借助质疑或否定既有边界格局来挑战非洲和平秩序的行为加以限制，防止无序的政治斗争破坏非洲政治解放带来的成果。但与此同时，非洲国际社会并没有否定非洲主权国家之间通过开展有序合作，而是号召通过有序合作，超越殖民地边界给两侧非洲土地、人民带来的隔阂，有效解决殖民统治遗留下的问题，增进非洲国家之间的务实合作。在尝试推动非洲联合、统一的过程中，除了建立以非统组织和各个次区域合作组织为代表的国家间合作组织之外，不同非洲主权国家之间的联合也是非洲自主探索有序超越殖民地边界分割的重要途径和成果。相较于意属索马里、英属索马里以及法属喀麦隆、英属喀麦隆分别在独立后合并，本章中所要讨论的模式是两个已经完全独立建国的非洲主权国家之间的自主联合或合并，两者之间既没有同时属于一块殖民地的历史，也没有在主体民族、宗教信仰上拥有典型的相似性，完全是从现实发展的角度着眼，通过联合或者合并的方式，共同应对殖民统治遗留的诸多发展挑战。与各类无序挑战既有边界格局的各类前殖民主义时代的既有身份认同相比，非洲主权国家间的联合或者合并，完全是从现实出发，在认可以殖民地为基础构建的主权国家身份认同的同时，探索构建起超越原有主权国家认同的全新国家认同。与此同时，相比于非统组织或者其他次区域组织框架下的主权国家合作，这种模式下的国家联合或者合并涉及全面而非部分的主权让渡，实现了拥有不同发展背景和发展成果的国家间深度融合，无论是合作深度和广度上都要更胜一筹，真正接近于泛非主义提出的任务与目标。

但在肯定这种模式的积极意义的同时，也需要指出由于这种模式涉及了主权的大规模让渡,以及新的联合体框架下不同合作部分之间的关系协调问题,因此不仅难以成为在非洲广泛推广的模式,而且即便开始了探索,一直维持下去也面临诸多的挑战。这就是为什么非洲国家普遍独立之后,曾经高呼非洲统一的政治领袖们所提出的政治纲领,往往止步于本国的正式独立,在国家间让渡主权问题上则较为保守。加纳、几内亚、马里等国曾探索建立超越主权国家的联盟,塞内加尔与冈比亚也曾建立过联邦,但最终都是不欢而散,各个相关的主权国家最终仍然是恢复到独立地位。相比之下,只有坦噶尼喀、桑给巴尔两个主权国家联合组成的坦桑尼亚,不仅长期稳定地维持两国组成的全新联合体坦桑尼亚的正常发展,而且先后在民族解放、非洲社会主义探索、区域开发与现代化建设等多重框架之下,成为撬动东部、南部非洲区域一体化的重要支点。可以说,坦桑尼亚是非洲在非殖民化结束后,在整个非洲大陆范围内唯一一个实现主权国家之间合并的案例,代表着20世纪中期非洲一体化的最高水平的成果[1]。具体来看,坦桑尼亚的成型方式与过程主要包括以下几个方面的特点。

第一,新生的非洲主权国家之间的自愿平等联合。在1964年之前,无论是殖民统治时期,还是非洲解放运动在东非取得胜利后,非洲大陆上并不存在一块叫作"坦桑尼亚"的土地,只有英国殖民统治下的坦噶尼喀、桑给巴尔两块不同的殖民地,以及20世纪60年代初期相继独立的继续沿用坦噶尼喀、桑给巴尔作为国名的两个主权国家。"坦桑尼亚"一词是两国领袖和人民在充分融合两地名称的基础上,为合并后的新国家创造的全新名称,是两国人民集体智慧的结晶。建构创造新名称的背后,是两个国家以1+1=1的方式携手缔造了一个全新的国家,双方之所以能够同时全部(以及部分)让渡出刚刚从殖民统治者手中争取来的主权,反映出两者在平等和自愿原则基础上建立的相互信任,因而创造出一条完全超越现实主义关于国家间关系理论的发展道路。这里需要强调的是,尽管坦噶尼喀、桑给巴尔两国的具体国情差异较大,

---

[1] 邓延庭:《坦噶尼喀与桑给巴尔联合关系研究——兼论坦桑联合关系对非洲一体化的意义》,《亚非纵横》2013年第2期。

但两者之间的合并并不是其中一方趁势对另一方的吞并或者占领，也不是域外大国导演或操作下的合并与拆分游戏，而是两国历史发展的必然结果。

第二，以创造性方案推进实质性融合。在前殖民主义时代，坦噶尼喀、桑给巴尔两者具有一定的交集，前者的印度洋沿岸地区，特别是沿海中心城镇以及航路，处于后者的掌控之下，而广大内陆地区与岛内的直接来往较少。桑岛内存在着赛义德家族的王权统治，且穆斯林居民占比较高；坦噶尼喀则是分散的各个部落或部落联盟的聚居区。这种差异也直接导致两者在殖民体系中，分别成为了殖民地、"保护国"。经过数十年殖民统治的奴役后，两者的社会形态、产业结构、民众心理也不尽相同。但这些差异因素却没有成为阻碍独立后两国走向合并的障碍，而且需要指出的是，这种合并是一种在确保统一和兼顾差异之间实现的平衡。一方面，双方确实将所有（以及部分）主权让渡给新成立的国家，并非貌合神离的松散联合，或者空有一腔政治热情做背书的"政治作秀"，真正实现了统一；另一方面，双方充分考虑在统一的框架下兼顾彼此的差异，特别是体量较大的坦噶尼喀允许桑给巴尔在统一框架下保留部分主权，享受高度自治地位，为后者民众的社会集体心理和政治身份认同逐步对接全新的国家叙事，预留了充分的时间和空间[①]。在此基础上，坦桑尼亚形成了以坦噶尼喀为主体的主权，同时为桑给巴尔的转型发展保留特殊赋权的特殊制度，让坦桑双方在非洲模式的"一国两制"下，实现了实质性的融合。

第三，联合关系的长期稳定发展。相较于不同族群、宗教群体、地区的身份认同与国家身份认同的对撞频繁在众多非洲国家上演，坦噶尼喀、桑给巴尔两国间尽管具有诸多差异，且在联合组建坦桑尼亚后，也会出现双方之间的利益分歧，但始终没有演变成为撕裂国家的政治危机。在"一国两制"的基础上，尼雷尔又通过构建横跨坦桑两地的统一执政党革命党（Chama cha Mapinduzi）的方式，为坦桑联合关系配置"党政

[①] The Constituent Assembly of the United Republic of Tanzania, *The Constitution Of the United Republic of Tanzania of 1977*, the United Republic of Tanzania, 1977.

统一"的双保险[1]，增强了坦桑联合关系抵御冲击和管控政治风险的能力。此后，无论是缔造坦桑尼亚的国父尼雷尔下野，还是曾经构筑双方意识形态根基的乌贾马（Ujamaa）社会主义步入低潮，抑或是在西方结构调整计划的冲击下改行多党制，坦桑尼亚始终没有发生过大规模政治动荡，联合关系没有受到根本性的威胁。不仅如此，革命党时至今日仍然是坦桑尼亚和桑给巴尔自治体内的执政党，是那些带领非洲国家实现民族解放的第一代政党中迄今仍然在执政的极少数代表之一。坦桑尼亚的长期稳定充分证明，坦桑联合关系的维系，并不是取决于某个领导人或者某种意识形态的特殊时期的产物，而是真正反映出双方在联合框架下与时俱进地为联合关系注入时代内涵的努力与成就。正因为如此，坦桑联合关系不仅是经得起时代检验的国家间合作成果，也是与时俱进的非洲国家政治发展探索的集中体现。

总体来看，作为在非洲国家普遍独立之后，殖民地边界格局在非洲现代主权国家发展语境下的磨合发展成就，坦桑尼亚的形成与发展给非洲其他国家展现出了通过有序合作，全面超越西方殖民者划定的"人造边界"给非洲政治发展带来的不利影响的可能性。坦桑尼亚的成型固然与泛非主义思想的指引有着不可分割的关系，但更关键的是独立后的坦噶尼喀、桑给巴尔两国及时准确地寻找到国家间的共同利益，从而为泛非主义的设想在坦桑尼亚转变为现实提供了全新历史背景下的内涵与发展动力。此外，坦桑尼亚在国内维持多族群、多教派融合发展的成就，也为其他非洲国家有效管控境内的非国家行为体无序挑战现有的边界领土格局，提供了相当程度上的示范价值，进而为维护非统组织提出的边界恒定原则，奠定了必要的基础。综上所述，坦噶尼喀、桑给巴尔两国抛弃殖民地边界，走向全面合并并组建坦桑尼亚，不仅并不违背边界不可更改原则的真正要义，反而是超越了该原则所处的特殊时代背景，实现了边界不可更改原则与非洲一体化两者相结合所设想的最理想结果。甚至时至今日，非洲仍然没有出现能够真正与之相提并论的第二个案例。

---

[1] 邓延庭：《坦噶尼喀与桑给巴尔联合关系研究——兼论坦桑联合关系对非洲一体化的意义》，《亚非纵横》2013年第2期。

第五章

冷战后非洲国家间边界发生局部变动的多重原因

尽管非洲现代主权国家从诞生之日起,就面临前文所述的各种类型边界更改欲求的挑战,但在冷战持续的将近半个世纪之中,非洲国家间边界格局却维持着总体上的稳定。有关重新划界的主张固然导致了外交口水战乃至战火,但除了英属、意属索马里,法属、英属喀麦隆分别在独立后合并,以及坦噶尼喀、桑给巴尔两个主权国家合并成为全新主权国家坦桑尼亚之外,没有任何一方打破了非洲主权国家与前殖民地一一对应的关系。由于摩洛哥对西撒哈拉的占领未获非洲国际社会的普遍承认[1],以殖民地边界格局为基础的非洲国家间边界格局总体上保持着长期的稳定。但随着冷战的结束以及国际局势发生剧变,非洲国家间的既有边界格局在部分地区被打破:1993年,厄立特里亚脱离埃塞俄比亚独立;2011年,南苏丹脱离苏丹独立。由于两者都是主张重新划界的代表性案例,其中蕴含的埃厄矛盾、苏丹南北矛盾都是长达数十年的矛盾,几乎与厄立特里亚、苏丹摆脱殖民统治的时间大体相当,并且是长期引发这些国家国内政治危机的导火索。但这些持续数十年的矛盾并没有在非殖民化后各种要求修改既有国家间边界格局的呼声中撕裂国家,反而在冷战结束后最终演变成为突破原有国家间边界的强劲力量。除了上述两个案例之外,索马里内战全面爆发后,远离首都摩加迪沙及其附近区域等

---

[1] John Damis, "The Impact of the Saharan Dispute on Moroccan Foreign and Domestic Policy." in William Zartman eds, *The Political Economy of Morocco*, New York: Prager, 1987, pp. 188 – 211.

内战高烈度地区的索马里北部地区,即殖民统治时期的英属索马里,于1991年单方面宣布独立,建立"索马里兰共和国"。该地区的片面"独立"虽然未获国际社会的认可,但其实质上已经长期维持事实上的"独立"状态,也在一定意义上突破了原有的边界格局。

原有的国家内部矛盾在冷战结束后集中爆发,充分证明了国际形势的剧变对于非洲的政治发展产生了深刻的影响。如前所述,非洲殖民地边界格局的划定与成型,是欧洲列强多极均势格局在非洲的延伸与拓展。非洲国家继承殖民地边界格局走向独立的历史,正好与美苏冷战争霸的时间大致重合,因此非洲国家独立后的政治发展,也不可避免地受到了美苏对抗的影响。随着原有殖民体系被新独立的非洲主权国家取代,英国、法国、葡萄牙等传统殖民列强在非洲的影响力被极大地削弱,而美苏两极主导下的东西方两大集团的介入,迅速填补了欧洲殖民列强撤出后留下的势力真空,成为自20世纪中期后影响非洲政治发展的重要外部力量。在这种局面下,非洲国家几乎都可按两分法被分别划分到两个集团中,欧洲多极均势格局逐步被美苏两极均势格局取代。此时,美苏两大集团判定非洲国家是敌是友的标准,表现为意识形态性的粗线条,即是否在对外政策上与对手彻底划清界限。凡是符合这项标准,便意味着可无条件地获得两大集团的庇护[①]。而这种支持实际上弥补了非洲国家作为新生政权的脆弱性,通过增强其生存能力的方式,有效遏制了试图挑战现有国家间边界格局的各种力量。从非洲国家国内层面来看,两大集团均会给予当事国政府足够的道义和物质援助,以打击地区分离主义力量,确保该国不会在内耗中被削弱。在非洲国家间层面上,美苏则竞相扮演非洲区域集体安全领导者的角色,以自身雄厚的实力为己方非洲国家提供安全保障,保证这些国家能够运用和平与战争手段成功应对对手的领土要求。从一定意义上看,非统组织代表的非洲国际社会在认可边界不可更改原则的同时,美苏两极均势格局的存在则为维持这种局面,提供了必要的外部支持,在一定程度上压制住了非洲国家内部或非洲国

[①] Thad Dunning, "Conditioning the Effects of Aid: Cold War Politics, Donor Credibility, and Democracy in Africa." *International Organization*, Vol. 58, No. 2, 2004, pp. 409–423.

家之间的矛盾升级。因此，当两极均势格局不复存在之后，既有矛盾则重新开始升级，并最终酿成了当事国难以有效管控的政治危机，进而导致原有的边界格局被最终打破。因此，全面分析导致冷战后非洲边界格局发生局部变化的多重因素，有利于理解非洲在这一历史阶段的发展特点以及面临的挑战。

第一节　冷战后西方大国重塑非洲秩序的产物

虽然在第二次世界大战结束后的非洲解放浪潮之中，西方殖民力量已经随着非洲殖民地的独立而撤出了非洲，但由于新生的非洲国家仍然在外交、金融、经济、军事、社会发展等方面与前宗主国保持着一定的联系。在这种局面下，英国、法国虽然在非洲的势力被极大地削弱，但仍然能够通过非洲国家因多方面对宗主国的依赖，在非洲地缘政治中维持一定的影响。特别是当美苏冷战爆发后，英国、法国等欧洲传统殖民大国加入以美国为主导的西方阵营，美欧同盟关系[①]的持续强化，为美国借助英法与非洲的联系，大肆影响甚至是插手非洲事务，提供了现成的便利条件。在这种局面之下，一个非洲国家能否维持自己的主权与领土完整，以及两个国家之间的边界是否会发生变动，都与西方大国的利益与意志存在着密切的关系。换言之，当这种变动符合西方大国的利益诉求之时，发生的可能性就相对较大，反之则相对较小。

一　美苏两极均势与边界稳定间的关系不复存在

以前文所述的坦噶尼喀、桑给巴尔两个主权国家联合组建坦桑尼亚为例，尽管以尼雷尔、卡鲁姆为代表的两国领袖的联合与探索在其中发挥了关键性的作用，并将这种联合的成因总结为对非洲一体化的信仰与承诺[②]，

[①] Christopher Coker, "NATO and Warsaw Pact Intervention, 1970–1978." in Christopher Coker eds., *NATO, the Warsaw Pact and Africa*, Springer, 1985, pp. 157–171.

[②] 邓延庭：《坦噶尼喀与桑给巴尔联合关系研究——兼论坦桑联合关系对非洲一体化的意义》，《亚非纵横》2013年第2期。

但在肯定非洲自身独立探索成就的同时，也需要注意到西方大国的推动，在幕后依然发挥了较为明显的作用。众所周知，坦噶尼喀原为德属东非殖民地，《凡尔赛和约》后划归英国"委任统治"，桑给巴尔则是英国吞并的"保护国"。因此，自第一次世界大战结束后，坦噶尼喀、桑给巴尔虽然是不同的殖民地，但两者拥有相同的殖民宗主国英国。在东非的民族解放浪潮中，两国都选择了按照英国划定的非殖民化模式走向独立。换言之，英国虽然在两地结束了殖民统治，但通过政治制度设计、人才培养、经济合作等多个方面，仍然对坦噶尼喀、桑给巴尔两个主权国家维持着相当程度的影响。非洲的民族解放大潮正逢美苏两大集团的竞争与对抗日趋激烈的时代，在美国、苏联纷纷向非洲民族解放运动伸出援手的过程中，非洲也成为两大集团竞争和博弈的焦点，新生的非洲主权国家纷纷被列为两大集团争相拉拢的对象。东非作为非洲大陆经济社会发展基础相对较好，地缘政治地位较为重要的地区，自然成为东西方两大阵营关注的焦点之一。

尼雷尔领导的坦噶尼喀虽然实行非洲社会主义制度，但并没有在意识形态上完全倒向以苏联为首的社会主义集团，而是倾向于在东西方两大阵营之间保持平衡，走独立发展道路。在这种模式之下，尼雷尔不仅强烈反对在非洲范围内开展苏东模式的激烈社会革命[1]，而且仍然与前殖民宗主国英国保持着密切的合作关系。1963年桑给巴尔爆发社会主义革命之后，岛内政局和社会经济发展都出现了剧烈动荡，革命政府采取激进的社会主义改革措施彻底颠覆了桑岛原有的发展逻辑，反革命势力反扑的威胁迫在眉睫。为保证革命政府的生存与岛内社会经济革命成果，迫切需要外部支持的介入。坦桑联合关系的成型，实质上就是坦噶尼喀用现成的发展成就，为桑给巴尔的局势维持现状提供支撑后的结果。

除了前文所述的尼雷尔的卓越贡献之外，坦桑尼亚的成立，也在很大程度上反映了西方大国对20世纪60年代中期东非地缘政治秩序的安排。特别是在古巴导弹危机爆发后，以及马列主义在非洲的传播速度加

---

[1] Philip Collins, William Duggan and John Civille, *Tanzania and Nyerere, A Study of Ujamaa and Nationhood*, Maryknoll: Orbis Books, 1976, p.29.

快,西方迫切需要在东非挡住苏联势力的渗入。具体而言,作为坦噶尼喀、桑给巴尔两国的共同前殖民宗主国,英国在推动两国接近,支持尼雷尔与卡鲁姆的联合等方面,发挥了重要的作用。坦桑尼亚的成立,完全符合西方对东非地缘政治秩序的安排。如果不是走温和中间道路的坦噶尼喀"收编"了桑给巴尔,则急需外援的桑岛政府很可能推动局势朝如下方向发展:其一,苏东方面有可能会打着支持反对封建君主专制的口号,借援助激进革命派夺权之机,将势力渗入桑岛,从而将桑岛变成东非的古巴。苏联、东德等国当时频繁向桑岛伸出的橄榄枝,证明这种担心并非多余;其二,当时极左势力的论调已经充分表现出,他们希望通过鼓吹阿拉伯民族主义来论证掌权的合法性。如果革命继续下去,桑岛有可能出现敢于挑战西方在当地利益诉求的另一个纳赛尔(G. Naser)[1]。主打民族主义牌的桑给巴尔也可能像纳赛尔统治下的埃及一样,被借鼓吹民族自决而对抗西方的苏东集团所拉拢。综上所述,西方支持坦桑联合关系的成型,以最低的成本和最保险的方式,阻塞了苏联向东非地缘政治圈内扩张的可能性。

进入20世纪70年代的勃列日涅夫(L. Brezhnev)执政时期,苏联在全球的势力快速膨胀,并且借助某些非洲国家出现反西方的政权更迭以及葡属殖民地的独立之际,不断加大在非洲的渗透力度,从而进一步巩固了两极均势在非洲的现实存在。这种格局之下,分别属于东西方两大集团的非洲国家,悉数被纳入了美苏全球争霸的战略利益链条之内。为了保持链条每个环节的牢固可靠,美苏两国在外交、资金、技术、人员、武器、情报方面,给予各自"关照"的非洲国家以援助。特别是在某个非洲国家陷入生存威胁时,这种援助在短时间内将集中供给。这种局面的形成,给旨在挑战既有非洲国家间边界格局的各种势力带来了两方面的影响:其一,在非洲国际层面,持有不同意识形态的相邻非洲国家,往往在美苏的分别武装下形成均势。这不仅加大了西方世界继续在这些地区按照自身利益诉求来重塑国界的难度,而且也在一定程度上有效遏

---

[1] Maha Othman, "The Union with Zanzibar, Mwalimu: the Influence of Nyerere," *Britain-Tanzanian Society*, 1995, p. 174.

制了本身就对邻国的领土怀有野心的非洲国家；其二，在非洲国内层面，中央政府能够轻松地将来自外部的援助充分转化为应对地区分离主义势力的有利资源，从而使两者间的力量对比朝向有利于前者的变化。而在不更改基本意识形态立场的前提下，中央政府无论是否采取了有悖于现代文明共识的手段去压制分离主义势力，都不会受到批评和指责。事实上，由于非洲某国内部的地区分离主义的猖獗，通常都与怀有野心的邻国具有密切的联系，因此美苏均势在非洲范围内的延伸，通常会在上述的两个层面上同时发挥着作用，客观上维护了既有边界格局的稳定。

除了相互威慑所构成的静态平衡之外，美苏均势还能在不同非洲国家间以动态的方式构成平衡。这种动态平衡通常可以分为以下两种形式。

第一，美苏均势在非洲国家内部和国家间两个层面上所发挥的作用，在同一时间和同一地点表现出来。这种情况主要按照以下逻辑来发展：首先，某国在某段时期内因为较多地获得了幕后大国的援助而实力暂时胜过邻国，并因为垂涎邻国的领土或削弱邻国的目的，而暗中支持邻国特定地区的分离主义运动，并导致邻国陷入危机；其次，邻国对分离主义势力不断加大打击力度，为某国的直接介入提供了契机。基于自己实力超出对手的判断，这种直接介入通常会以先发制人的战争形式实现；再次，邻国在交战中的颓势致使幕后的大国集团给予更多的支持，从而推动力量天平朝向不利于某国倾斜。某国的支持者也被迫继续跟进，防止因该国战败而带来不利的影响；而后，双方因势均力敌而在交战中两败俱伤。某国被迫放弃之前的企图，邻国在成功击退侵略的同时也一并扫除了分离主义势力。最终，因两国力量对比重新回到均衡状态，两国间国界仍旧维持在战前的状态。属于这种情况的典型案例，是索马里与埃塞俄比亚进行的欧加登战争。凭借大权独揽以及与美国保持的密切关系[1]，索马里总统西亚德自认为实力胜过革命后政权尚不稳固并且忙于应对厄立特里亚问题的埃塞俄比亚，遂在多年暗中支持西索人阵之后，直接占领欧加登地区，力图以迅雷不及掩耳之势逼迫埃塞俄比亚承认边界

---

[1] Michael Mastanduno, "Preserving the Unipolar Moment: Realist Theories and US Grand Strategy after the Cold War." *International security*, Vol. 21, No. 4, 1997, pp. 49–88.

变动的事实。措手不及的埃塞俄比亚则向苏联紧急求援,并在苏联武器和古巴士兵的帮助下展开绝地反击。战争最后以两败俱伤的结局收场,索马里被迫放弃对欧加登的主权,埃塞俄比亚则在付出了惨重代价的同时,成功地清剿了西索人阵。

第二,美苏均势在非洲国家内部和国家间两个层面所发挥的作用,在不同时间和不同地点表现出来。这种情况通常按照以下逻辑展开:首先,某国并无意吞并邻国的土地,而仅仅是在暗中支持邻国内部的分离主义,以期达到削弱邻国的目的,因此并不会以直接的武力方式公开介入。其次,邻国在清剿国内分离主义势力的同时,也会以支持某国内部的分离主义势力作为回应手段。再次,由于借此通常可以实现以较低的成本有效地削弱意识形态竞争对手在非洲的代理人的目的,因此美苏通常会成为两个相互倾轧国家的背后支持者,并最终将其变成二者竞争意志的产物。在这种情况下,美苏在援助两国打击各自境内的分离主义的同时,也会持续地援助两国继续暗中开展对对方境内的分离主义势力的支持。最后,由于各方势力的相互牵制所形成的均势,两国均无法完全实现通过分离主义势力肢解对手的目标。无论双方最终是否都公开宣布放弃这种政策,力量的大致均衡决定了当前的边界状况难以发生变化。扎伊尔与安哥拉两国便属于这种情况。

刚果危机(Congo Crisis)结束后,蒙博托(Mobutu)在美国的支持下独揽扎伊尔的大权,成为华盛顿在赤道非洲的可靠盟友[①]。安哥拉独立并投奔苏东阵营后,蒙博托开始利用卡宾达寻求独立的问题制约安哥拉。安政府军进驻卡宾达后,扎伊尔不仅同意"卡宾达临时政府"和卡宾达解放阵线暂居其领土之上,还为其发动分离主义武装叛乱提供人力和物力支持。在安哥拉独立后的相当长一段时间内,扎伊尔一直扮演着卡宾达分离主义势力大后方的角色。由于美国一直在安哥拉内战中利用各种手段削弱甚至是颠覆安人运(People's Movement for the Liberation of Ango-

---

[①] Pachter Elise Forbes, Our Man in Kinshasa: U. S. Relations with Mobuto, 1970 – 1983; Patron – Client Relations in the International Sphere, Ph. D. dissertation, The John Hopkins University, 1987.

la）政府①，蒙博托对卡宾达"独立"的暗中支持，自然可以被理解为美国在中南部非洲制约苏联势力膨胀的举措。在借助苏联武器装备以及古巴政府军清剿卡宾达分离主义的同时，安哥拉绕开与扎伊尔接壤的北部地区，转而从两国交界的西北地区入手，不仅同意将自己的领土作为训练和支持扎伊尔叛军刚果全国解放阵线（Front for the National Liberation of the Congo）的基地，而且先后于1975年和1977年两度武装入侵扎伊尔的加丹加地区，引发第一次（Shaba I）和第二次沙巴战争（Shaba II）②。扎伊尔叛军虽未明确表露分离主义立场，但考虑到其众多成员曾在刚果危机中为加丹加的"独立"而战③，如果该组织掌控沙巴省（加丹加地区）的局势的主动权，则寻求"独立"的闹剧有可能再现。扎伊尔则在美国、法国的人员和物资帮助之下，才击溃了入侵的安政府军，并肃清了当地叛军。其后，两国虽继续上述敌对行为，但都未能改变彼此间的边界格局。直至80年代中期正式签署了《边界安全协议》后，双方才正式承认两国间原有边界格局的合法性和不可更改性。

二 西方大国借机插手非洲国家内政

冷战结束后，苏东集团的全面崩溃导致美苏均势在非洲不复存在，西方大国成为这一时期影响非洲的最主要外部力量。这种变化给非洲的政治发展带来如下影响：一方面，从非洲国家间层面上来看，某个次区域范围内的处于竞争关系的非洲国家像之前那样通过依靠美苏两大集团而实现相互遏制的格局不复存在，仍旧出于各种原因而与西方集团保持着密切关系的竞争者，会有恃无恐地继续支持那些被苏东集团抛弃的非洲国家境内的分离主义势力，而基本不会受到来自这些国家的直接报复。另一方面，从东西方两个集团的更高层面上来看，苏东集团的崩溃使西

---

① Elaine Windrich, *The Cold War Guerrilla: Jonas Savimbi, the US Media, and the Angolan War*, Greenwood Press, 1992, p. 7.

② Gerald Bender, "Angola, the Cubans, and American Anxieties." *Foreign Policy*, 1978, pp. 3–30.

③ Crawford Y., "The politics of separatism: Katanga 1960–1963." *Politics in Africa*, 1966, pp. 167–208.

方势力在非洲一手遮天。而为了彻底巩固由自己在非洲独掌的冷战后秩序，他们在继续支持自己的非洲盟国暗中削弱那些因奉行不同的意识形态而被视作是"敌对势力"的非洲国家的同时，越来越多地走出幕后，亲自利用这些"敌对"国家内部的分离主义势力，推行党同伐异的政策。而作为这两个层面上变化的结果，那些曾经紧密追随苏东集团的非洲国家，如今已无法依靠外部力量的支持与援助，继续巩固自己在与境内分离主义势力博弈时所占据的优势地位。随着力量天平向着地区分离主义势力迅速倾斜，这些国家均在一定程度上面临陷入原有疆域可能被更改的危险。总而言之，非洲国家原有的内部矛盾不再成为西方国家为遏制苏东集团在非洲的势力而加以管控的元素，反而成为在政治制度、经济形态、社会文化、舆论价值观等多个方面重新"塑造"非洲的可利用切入点。面对"第三波"浪潮的冲击，一些没有主动接受华盛顿共识的非洲国家，往往成为西方强权政治直接砸向的对象，而原有的国内族群、教派、地区矛盾，则成为西方趁机插手非洲国家事务的现成工具。

　　首先在这种危险中倒下的是埃塞俄比亚。埃塞俄比亚是非洲之角地缘政治圈内的头号大国，不仅自古以来就是闻名于全非洲的文明古国，而且在建立非统组织和团结非洲现代国家过程中发挥着关键性领导作用，同时还因扼守红海通向印度洋的南咽喉而具有重要的战略地位，毫无疑问将成为美苏在非洲争夺的重中之重。但自从塞拉西王朝被推翻之后，新组建的革命政府偏向苏东集团[①]，并在欧加登战争中进一步巩固了这种合作关系。至门格斯图执政时期，埃塞俄比亚已经成为苏联在非洲最重要的盟友之一。在厄立特里亚问题上，门格斯图政府与海尔塞拉西一样，坚持打击提格雷分离主义势力，并最终导致厄立特里亚发动武装叛乱。苏联的支持与援助对于埃塞政府成功应对来自厄立特里亚的发难十分重要，尤其是大量的军事援助，对于维持政府军在内战中之于厄立特里亚军事力量的优势，具有不可替代的作用。但当苏联自身陷入政治危机而无暇他顾之后，埃塞政府因丧失了大量的军事援助而逐步在内战战场上

---

① Robert Patman, *The Soviet Union in the Horn of Africa: The Diplomacy of Intervention and Disengagement*, Cambridge University Press, 2009, p. 27.

走向颓势。相较之下,厄立特里亚的军事力量仍然可以从西方控制下的多重渠道,获得相应的军事物资。西方世界当时虽然并未像利用苏丹南北矛盾那样,刻意利用厄立特里亚的独立来削弱埃塞俄比亚,但在事实上却推动了这种局面的成型。当叛军攻入亚的斯亚贝巴,新政府同意厄立特里亚独立时,西方世界并没有作出过多评价,不仅没有提及危及埃塞俄比亚主权与领土完整的问题,而且宣称尊重有关各方的自主选择[1]。埃革阵、厄人阵联军推翻门格斯图政权,在客观上帮助西方世界颠覆了非洲之角的异己势力,而厄立特里亚在一定程度上可以被看作是西方利用长期以来就一直存在的埃厄矛盾削弱埃塞俄比亚带来的结果。从这个意义上讲,埃塞俄比亚与厄立特里亚的最终分家,是西方大国在非洲之角重塑冷战后地区秩序的间接产物。

但是进入21世纪后,随着西方大国在非洲大陆上的霸权进一步稳固,这种情况开始发生改变。西方大国特别是综合实力最强的美国,愈发明显地从幕后走向台前,开始成为影响非洲国家间既有边界格局的最主要力量。如果说冷战结束初期发生的非洲国家间变动仅仅是西方大国意志的副产品的话,那么这种情况在近些年的出现则已毫无疑问地成为了西方世界重塑冷战后非洲秩序的重要手段之一。西方大国此时主宰的非洲国家间边界格局变动有着一些全新的特点:首先,从其要实现的直接目的来看,已不再是通过增强盟友的实力,利用均势间接削弱异己势力,而是对异己势力实施直接的杀伤;其次,由于边界变动所涉及的对象已经由同盟变成异己,因此作为这种行为受动者一方的非洲国家,无法再如坦、桑两国从坦桑尼亚的成立中获取收益一样,而只可能是因此蒙受巨额损失;再次,从非洲整体的发展战略利益来看,坦桑尼亚的成立不仅有效地避免了当地陷入大规模社会动荡,而且与非洲一体化的基本宗旨保持一致,因此在客观上迎合了非洲在独立后建立自己发展秩序的利益诉求。而当前发生的这种行为则成为国家分裂与区域局势动荡的代名词,与非洲的长远利益相违背。2011年苏丹的南北分裂正是属于这

---

[1] Kidane Mengistead and Okbazghi Yohannes, *Anatomy of the African Tragedy*: *Political, Economic, and Foreign Policy Crisis in Post-Independence Eritrea*. Red Sea Press, 2005, p. 4.

种情况。

　　早在尼迈里统治时期，苏丹就与苏东集团保持着密切的合作关系。与此同时，苏丹人常以自己是非洲和阿拉伯世界大国自居，认为自己应当在当地国际秩序的建立中发挥主导作用，而丰富的石油资源带来的巨大收入更进一步巩固了这种自信。虽然历经数次政变，但苏丹在失去了苏联的支持后，仍然拒不接受西方大国特别是美国对非洲冷战后秩序的安排。在口头上多次挑战西方大国的同时，苏丹一方面努力推动阿拉伯伊斯兰势力不断向黑非洲腹地渗透，另一方面还在境内石油资源使用问题上形成了明显不利于西方世界的利益分配格局[1]。因此，尽快铲除这种作为次区域大国的异己势力，无疑将有助于西方大国特别是美国在非洲的重新洗牌。借助苏丹南方叛军削弱喀土穆政府，成为低成本的高效手段。如果其分离主义政治主张能够成功，苏丹将会因为丧失石油资源、大片国土和人口，而一劳永逸地被削弱。在第二次苏丹内战后期，西方世界在暗中支持南方叛军的同时，通过各种渠道以人权和良政为借口单方面指责苏丹政府[2]，并用全面制裁手段予以跟进，从而因为根本性地扭转了南北双方在战争中的力量对比，并最终如愿以偿地将南方肢解成为独立的国家。

　　与此同时，西方大国在非洲其他地区采取了包括直接武装介入的方法，以反对任何政治势力修改既有非洲国家间边界格局的事实，清晰地说明了当前非洲国家间边界的变动，并非非洲政治单纯演进的产物，而在很大程度上与西方大国的意志有关。与之相对应，西方大国在评价不同地区是否应该发生边界变动时，也往往采取双重标准，以证明自己在不同案例中始终占据道义和法理的制高点。2012 年，当马里北部的图阿雷格族与政府军激战，并宣布独立建国后，法国不仅没有像在苏丹案例中那样，主张支持弱势地区为争取生存权而脱离"失职"国家，反而强烈谴责图阿雷格族的地区分离主义行为，甚至不惜派兵直接介入，协助

---

[1] Daniel Volman, "The Bush Administration & African Oil: the Security Implications of US Energy Policy." *Review of African Political Economy*, 2003, pp. 573–584.

[2] Minister of Foreign Affairs of Canada, John Harker, Human Security in Sudan: The Report of a Canadian Assessment Mission, 2002.

马里政府军进攻图阿雷格族叛军。美国也一改在苏丹南北问题上大谈人权、良政、地区均衡发展、弱势族群生存权等问题的做法，反而认为当事双方应该在充分尊重马里主权与领土完整的前提下实现问题的解决，而且如果马里政府军击溃图阿雷格族叛军，则有利于防止北非地区的恐怖主义势力向黑非洲的渗透，能够巩固地区的和平与安全[①]。由此看来，基达尔自治区未能像同期的南苏丹一样走向独立，并不能说明当地与政府的矛盾一定弱于苏丹南北矛盾，而只是证明了相比当前的苏丹政府，马里政府的长期稳定存在以及拥有对全境局势的充分掌控能力，至少在当前是与西方大国在西非地区的战略利益完全吻合或者说是相适应的。

第二节　部分非洲国家内部治理失序的产物

如前所述，非洲现代政治发展是在前资本主义时代的非洲社会文化的基础上，强行嫁接了欧洲殖民统治所带来的西方政治、经济、文化制度的结果。因此，在主权国家层面，非洲国家面临着以现代民族国家构建为代表的诸多发展重任，而在主权国家层面之上，非洲还需要有效聚合不同的非洲国家的努力与贡献，持续加强非洲一体化的发展进程，使非洲通过集体自力更生的方式，来解决发展赤字问题，增强非洲作为一个有机整体在世界上发挥的作用。但正是由于殖民统治带来的诸多恶劣影响，非洲在上述两个层面的发展成绩整体上不甚理想，大多数国家不仅没有摆脱政治族群化的影响，经济发展也长期以来以单一或者某几种原材料出口为主，实质上并没有找到妥善解决殖民统治后遗症的有效应对方案。尤其是在20世纪70年代石油危机引发全球经济危机之后，本来就处于全球分工最底层的非洲遭受大规模波及，经济发展陷入严重困难。而自20世纪80年代初开始的以干旱、蝗灾为代表的自然灾害的频繁爆发，更是进一步加剧了非洲经济社会复苏的难度。非洲的发展困局进一步加剧了非洲各国内部的发展不平衡，日益稀缺的发展资源导致不同族

[①] Marin Sousa Galito, "Terrorism, Ethnicity and Islamic Extremism IN Sahel." *Journal of International Relations*, Vol. 3, No. 2, 2012.

群、地区、教派面临现实发展权益分配进一步失衡的问题。与此同时，经济发展受挫和国内社会矛盾加剧，也在对内削减非洲国家政府系统推进社会治理，保证各个族群、教派、地区享受社会公平与正义的能力，对外则弱化了与其他非洲国家开展国际合作，推动非洲集体治理深化发展的意愿。事实上，很多非洲国家的执政者面对持续增长的社会经济危机，不仅没有采取有效的应对措施，反而借助鼓吹族群、教派或地区身份认同来转移社会视线，巩固自身的执政权威，因而进一步激化了这些矛盾，导致矛盾的演进速度与政府的管控能力之间出现失衡。随着一系列国家纷纷在这一历史时期陷入较为严峻的内部危机，以主权国家作为基础和参与者的非统组织和各个次区域合作组织实质上没有能力继续边界不可更改原则的具体落实。因此，如果说冷战结束后西方大国的插手是导致非洲边界格局在部分地区发生变化的外因的话，那么非洲国家国内治理失序和非洲国家间合作业绩不佳，则是导致外因能够顺利介入非洲事务的内因。

如前所述，非洲国家并非西欧那样的通过历史自然演进而形成的民族国家，而是脱胎于西方殖民者在近现代人为拼凑的殖民地，是一个缺乏文化性内涵的单纯政治概念。因此，在获取政治独立之后，许多非洲国家都面临着一个基础性的任务，即尽快构建出能够有效支撑现代主权国家的现代民族基础。众所周知，支撑西欧和东亚现代国家的现代民族，都是在经历了数百年甚至是数千年的缓慢发展之后，才逐步走向稳定和成熟。但在非洲大陆上建构现代民族的实践之中，许多非洲国家都因为一系列不准确的定位，而陷入了日益激化的国内政治矛盾之中。最突出的问题在于，不少非洲国家的执政者往往希望在多族群、多宗教的非洲社会现实的基础上，建构出西欧模式的单一民族或单一宗教的国家，从而激化了不同族群与教派乃至地区之间的既有矛盾。不同族群、教派之间的融合，本来是与社会经济发展密切相关的缓慢过程，但不少非洲国家的执政者往往将其简化为使用行政手段、军事途径就能在短期内实现的目标，往往忽视了这些违背社会客观发展规律的举措可能带来的破坏性力量。

具体来说，部分非洲国家执政者企图在短时间内构建单一族群或者宗教国家的行为主要分为以下几类。其一，对于那些国内存在着一个较为强大的族群的国家来说，他们往往忽视其他族体在文化方面的特性，将能够定义自己文化身份认同的若干标志诸如宗教、语言作为全国性的标准。由于统一的国内经济生活尚未形成，这种标准向弱势地位的族群推广并不是逐渐地通过居民的交往融合而自发的实现的，而是利用国家行政权力在短时间内强行推行，并常常将是否接受这种标准与当地居民的发展权乃至是生存权相联系。比如，苏丹北方将阿拉伯人的社会组织形式以及伊斯兰沙里亚法强行推广到南方黑人地区。其二，对于不存在强势族群的国家来说，掌权的族群为保证自己执政权的稳固，通常会利用现有的文化认同，发动本族体成员并排斥其他族群成员参政，从而导致国家政治走向族体化[①]。在这种情况下，掌权的族体通常无意用自己的文化特征强行同化其他族群，而是通过完全排斥其他族群以实现将国家政权作为单独为自身谋利的工具，从而变相地实现了政权与单一文化相对应的关系，实质上在将国家变成了某个族群的政治工具的同时，也切断了境内其他族群参与国家治理的途径。卢旺达、布隆迪两国的胡图族、图西族的恩怨，就在于两国长期存在的以族群认同为基础的政治壁垒。其三，对于曾经作为独立殖民地存在的地区而言，当事国的失误并不突出地表现在建立单一文化之上，而是坚持要用单一政治制度巩固全国的统一。它们通常对当地既有的政治身份认同视而不见，未能一贯利用分享中央政府权力的方式作为对当地丧失独立地位的补偿。在实践中，这通常表现为中央政府顽固地废除这些地区曾经享有的高度自治权，或是从来就未能在这些地区建立相应的地区自治权，而是将其当作与境内其他地区完全相同的一级行政区加以对待，实行与其他行政区完全相同的政治制度。厄立特里亚与埃塞俄比亚的关系，就属于典型案例，前者的高度自治地位被废除，是导致两者分家的直接导火索。

在上述三种情况下，执政者无视现实的激进做法，通常会在实践中导致问题被进一步复杂化，甚至是向着相反的方向去发展。为了捍卫自

---

① Marina Ottaway, "Ethnic politics in Africa: Change and Continuity." in Richard Joseph eds, *State, Conflict, and Democracy in Africa*, Lynne Rienner Publishers, 1998, p.131.

己应有的权力，这些处于弱势地位的居民群体通常会组建相应的政治团体予以必要的抗争。其结果只可能是先前只是作为文化性共同体而存在的居民群体开始走向政治化，而先前就已经存在的以某块地区曾经拥有的独立身份为基础的政治身份认同则被进一步巩固。随着地方与中央的矛盾不断被激化，这种政治化的身份认同开始从上层政治精英向下层民众快速扩散，并最终沿着文化群体间的无形边界以及上述拥有特殊历史的地区与母国其余地区之间的地理边界，被牢固地建立起来。一旦这种局面出现后，这些已经实现政治觉醒的居民群体，会以族群或地域为基础团结起来，有意识地抵制掌权者的同化或压制政策，从而使民族融合设想在政治经济已陷入族体化、地域化争斗的局面下变得无从谈起。

事实上，大多数非洲国家在独立后不久，其现代国家的建构事业便陷入了这种困境。但在整个20世纪后半期，无论是这种困境只是导致了不同族群或地区居民之间的紧张关系，还是直接激化为高烈度的内战，但其恶劣影响始终局限在一个国家的内部，斗争的主题也主要集中在推动国家尽快实现权力的再分配。这种局面之所以会形成，与前文所述的冷战两极均势密切相关。双方为了最大限度地在非洲争取盟友，只将意识形态作为开展对非合作与援助的标准。且不论历来主张建立强大中央集权政府的苏东集团，单就始终将"民主""自由""民族自决""人权"等概念挂在嘴边的西方大国来说，它们关注的唯一焦点也是究竟哪些国家站在自己这边，以及亲西方的政府是否能继续掌控各自的国内局势，绝不是非洲盟友的政权是否拥有足够的合法基础①。当美国暗中支持南非参与安哥拉内战时，它并未顾及到该国因为实施种族主义政策和非法吞并西南非洲而受到全世界的强烈谴责和制裁。同样，当法国支持扎伊尔的蒙博托、中非的博卡萨（J. Bokassa）时，也从未考虑过这些"非洲暴君"② 如何登堂入室，以及如何实施与西方民主价值观根本冲突的残暴统治。在实践中，美苏竞相将非洲国家纳入自己的战略轨道的做法，在很

---

① Karen Feste, *Expanding the Frontiers: Superpower Intervention in the Cold War*, Praeger Publishers, 1992, p. 91.

② 扎伊尔的蒙博托、中非的博卡萨与乌干达的阿明（I. Amin）三人，被外界并称为非洲的"三大暴君"。

大程度上帮助许多非洲国家掩盖了这些内在问题。

在两极均势格局下，美苏会分别帮助非洲国家打击境内包括分离主义势力在内的一切反对力量，巩固当事国政权的稳固性。在勃列日涅夫主义（Brezhnev Doctrine）、里根主义（Reagan Doctrine）盛行的年代里，非洲国家内部的分离主义势力常常被美苏的斗争所利用。美苏竞相暗中支持对手盟友国内的分离主义势力，并非源于对这些弱势群体的同情，而是看重它们能够削弱竞争对手的价值。对于非洲国家自身而言，其统治权的来源以及判定其是否合法的标准均已经从国内转向了国外。执政者统治国家的权力理应是全体民众通过达成契约的方式集体授予，但这样的原则通常只是以文字的形式机械地存在于当事国的宪法条文之中。在实践中，这些政府往往不具备广泛的社会代表性，而其所拥有的各种权力也通常是背后大国力量给予的物资支持通过国家政权机关展示出来的强制性力量。简言之，这些执政者能够夺权或继续存在，本身就是背后大国势力而非境内全体居民的意志。由于执政权力来源于境外，那么评价这些权力是否合法的标准自然也就与境内民众对统治的满意程度完全无关。对于这些执政者而言，只要迎合了背后的支持者反对竞争性意识形态的要求，它们就能在获得"科学社会主义践行者"或者"民主与人权卫士"的称号的同时[1]，继续依靠支持者的强大实力持续维系统治。在这个特殊的历史阶段，许多非洲国家执政者并未清晰地认识到自己政策错误的严重性。在他们看来，包括分离主义势力在内的境内反对势力根本不足为惧，只能依靠强行压制手段予以削弱和打击。而只要继续与背后的支持者维持密切的关系，这种目的就可以轻而易举地实现。有鉴于这种错误的认识根深蒂固，许多国家的执政者从未为有关双方之间的分权事宜而举行和平谈判作出任何必要的准备，以至于到了冷战结束后，有些非洲国家的执政者与反对方的矛盾已经恶化到了无以复加的程度。

此外，由于美苏在非洲的争夺因为冷战的终结而不复存在，以美国为代表的西方大国不再需要以意识形态的两分法来划分敌友。苏联支持

---

[1] Karen Feste, *Expanding the Frontiers: Superpower Intervention in the Cold War*, Praeger Publishers, 1992, p. 91.

部分非洲社会主义国家局面的不复存在，西方大国也逐步停止了对诸如蒙博托的扎伊尔之类的被认为是典型独裁政权的近似于无条件的支持与庇护，转而强调在非洲建立民主政治制度的重要性与必要性。随着第三波民主化浪潮席卷非洲大陆，许多非洲国内长期被冷战均势掩盖的矛盾也开始浮出水面。在把是否以西方标准接受民主化理念并开展相应民主化改革作为对非关系的基础的情况下，西方大国开始更为深入地介入"不合作者"的内政，并提出族体间关系、人权等多个议题作为具体考察标准。

先来看埃塞俄比亚的统治政策与厄立特里亚独立间的关系。在与厄立特里亚结成联邦之初，海尔塞拉西皇帝尚能够遵守与国际社会达成的相关协议，给予厄立特里亚享受"半主权国家"的特权。而厄立特里亚在当初之所以同意以加入埃塞俄比亚的形式实现民族自决，在一定程度上也是出于对塞拉西皇帝在反法西斯运动、非洲解放运动，以及推动非洲独立国家的团结等方面形成的较高威望的一种尊重与认可。但事实证明，塞拉西皇帝并没能突破自身的历史局限性。尽管他认可不同非洲地区都有着不同的历史和现实状况，并主张在充分尊重这些差异的基础上，以渐进的方式推动非洲一体化，但却未能将这种宽容与理解有效地贯彻到埃塞俄比亚与厄立特里亚的联合关系之中。联邦建立后不久，塞拉西皇帝突然单方面宣布废除厄立特里亚所享受的一切高度自治权，并将其降级为一个省份。这种变化表明，塞拉西皇帝仍狭隘地认为，单一制仍然是最合适的制度[1]。其行动的本意是充分削弱厄立特里亚人以自己享有的相对独立地位为基础而形成的政治身份认同，在尽可能短的时间内推动境内所有居民以埃塞俄比亚作为唯一的政治身份认同对象，以加强中央对地方控制的方式提高国家的统治效率，巩固国家的统一，但结果却适得其反。由于塞拉西皇帝在非洲和国际社会都有着较高威望，因此他在废除埃厄联邦关系的问题上并没有遇到外部世界的强烈反对，从而使他未能及时认识到问题的严重性。塞拉西王朝被革命政变推翻后，革命

---

[1] Basil Davidson, Lionel Cliffe and Bereket Selassie, *Behind the war in Eritrea*. Spokesman, 1980, p. 117.

政府在表明与塞拉西王朝的封建制度势不两立的时候，却没有及时扭转在厄立特里亚问题上的失误政策。导致这种局面的重要原因，在于冷战的持续和苏东集团的支持，同样影响了执政者对厄立特里亚问题的严重程度做出正确的判断。到冷战结束时，原有的矛盾已经恶化到无法被挽回的地步。厄立特里亚的独立，是埃塞俄比亚现代国家建构政策局部失误的产物。

南苏丹走向独立的逻辑与之类似。由于喀土穆政府从独立建国伊始，就确定以使用阿拉伯语、信仰伊斯兰教、遵从沙里亚法律为主要特征的北方统治传统作为全国标准统治模板，并利用国家行政力量，在并非阿拉伯人和穆斯林势力传统活动范围的南方各州强行推广这种制度，以确保在尽可能短的时间内把苏丹建成一个具有内部同质性的阿拉伯国家。按照这种新的标准，不仅南方的许多政治精英将被无情地排斥在政府的统治体系之外，而且广大民众也被迫面临全盘放弃自己原有生活方式的问题。当南方叛军发动第一次南北内战并攻陷喀土穆时，苏丹执政者理应认识到原有政策的错误之处。遗憾的是，苏丹领导人不仅没有及时吸取教训，反而在经过短暂休整后故伎重演，再度对南方推行强制同化政策，进而引发第二次内战。从当时喀土穆方面的态度来看，他们并没有详细分析第一次内战爆发的深层根源，而只是一厢情愿地认为南方能够发动叛乱的原因，在于北方未能及时出台恰当的打击政策[1]。为了避免再签署1972年的"城下之盟"，苏丹执政者不仅没有表现出实质性解决南北矛盾的诚意，反而凭借苏东集团的支持，变本加厉地投身于内战之中，并成功地将战线推进至南方腹地。在加朗（J. Garang）的领导下，南方叛军发动第二次南北内战的目的原本是希望能够迫使苏丹政府签署类似1972年《亚的斯亚贝巴协议》，在国家内推动南方重新享有高度自治权[2]，但由于在国家领导集体更换多次的同时，北方始终没有放弃武力镇压南方的企图，南方民众对苏丹这个国家概念的认同逐步下降。冷战的

---

[1] Madut Jok and Sharon Elaine Hutchinson, "Sudan's Prolonged Second Civil War and the Militarization of Nuer and Dinka Ethnic Identities." *African Studies Review*, 1999, pp. 125–145.

[2] Douglas Johnson, *The Root Causes of Sudan's Civil Wars*, Boydell & Brewer, 2016, p. 115.

结束改变了南北双方的力量对比：苏丹政府在失去苏东集团支持的同时，南方叛军却向外部世界展示苏丹政府的政策失误与失职，表明自己的反抗源于遭受的不公正待遇。《奈瓦沙和平协议》纳入了"南方的自决"条款，表明南方的政治倾向已经变为争取全面的独立。加朗死后，南方要求独立的呼声进一步高涨。2011年，南苏丹如愿以偿的走向独立，为持续半个多世纪的苏丹南北矛盾暂时性地画上了句号。如果说南苏丹的独立是西方大国特别是美国插手苏丹内政的产物的话，那么喀土穆政府失败的南方政策，则为西方势力的介入提供了绝佳的契机。

但埃塞俄比亚、苏丹的教训却没有引起其他相关非洲国家的足够重视。以安哥拉为例，其境内的卡宾达因为历史和现实原因而与厄立特里亚、南苏丹具有一定的相似性，因此在某种程度上可以被看作是二者矛盾的结合体。一方面，卡宾达在非殖民化过程中仍然具有相对的独立地位，但却由于种种原因，最终以并入安哥拉的方式走向了政治解放，因此和厄立特里亚具有一定的相似性；另一方面，卡宾达长期以来一直是安哥拉境内最大的石油资源出产地，在该国的国民经济与社会发展中占有极其重要的地位，因此与分裂之前的苏丹南部地区具有一定的相似性。但从安哥拉独立建国以来的发展历史来看，始终秉承中央集权原则的罗安达政府，并未通过相应的灵活政策手段予以补偿，从而使卡宾达"飞地省"与安哥拉本土之间的矛盾长期得不到根本性的解决。从与所属的母国合并的方式来看，埃塞俄比亚与厄立特里亚的合并仍在国际社会的监督下，以厄立特里亚自愿公投的方式进行，而卡宾达与安哥拉的合并则是完全在尚未经过前者同意的情况下，由安哥拉和葡萄牙在暗中达成协议，并且以安哥拉派兵强行占领前者实现的。而从国家的发展历程来看，厄立特里亚、南苏丹均在一定的时期内，享受了高度自治的地位，而卡宾达却直到目前也没有享受过这种待遇[1]。不仅当地民众未能在全国的立法机关中享有代表权，而且在支配石油资源收入上也未能享有中央的特殊照顾，至今仍然是全国最为贫困的普通省级行政区。安哥拉虽然

---

[1] 邓延庭：《卡宾达危机：下一个南苏丹？——浅析安哥拉的卡宾达问题》，《亚非纵横》2012年第3期。

目前仍然牢牢地掌控局势的主导权，暂时没有让卡宾达"追随"厄立特里亚、南苏丹而去，但这更多的是依赖于在现有的力量对比环境之下，安哥拉凭借绝对优势的地位对当地的压制，而非当地对安哥拉的主动认同和依赖。倘若因世界局势继续发生变动，当前的安哥拉不能继续在西方大国的非洲利益链条上占据一定的位置，那么难保这种内部矛盾不会为西方大国所利用，成为修改非洲秩序的有力工具。

第三节　非洲集体安全建设依然滞后的表现

以非统组织为代表的非洲国际社会提出边界恒定原则，本意是防止非洲人的无序争斗破坏非洲的正常发展秩序。边界恒定原则兼顾了《联合国宪章》中有关国家间关系的基本国际法准则以及非洲的发展现实，从诞生之初就受到非洲国际社会的广泛认同与接受。但作为一个产生于20世纪60年代的行为准则，边界恒定原则长期只是以国家间共识的形式存在，因而在冷战结束后的背景下，其局限性正在愈发明显地消解本有的进步意义。这种问题主要表现在，它只是较为模糊地指出有关各方应该一起努力维护原有的边界格局，而没能进一步详细阐述非洲国家和相关非洲一体化组织为此应享有的权力和承担的义务，特别是有关各方究竟应该采取何种措施来预防、遏制和惩罚挑战既有边界格局的行为。在实际执行中，原则的存在与否将主要依赖于具体非洲国家所具有的"良知"的多少，而非某种固定的制度，因此遵守该原则实际上成为了非洲国家可选择性接受的一种权力，而非必须承担的一种义务。正因为如此，某些非洲国家对此原则常持功利主义态度，即一方面高喊反对别国窃夺自己领土或支持境内分离主义的同时，另一方面却用同样手段对付邻国。由于原则同样没有回答究竟是应该由非洲主权国家，还是由以非统组织为代表的非洲一体化组织具体负责实施这种惩罚，这同样给实际执行带来了难度。如果选择前者，则随之而来的问题是究竟应该由一个国家还是多个国家抑或是所有非洲国家来集体执行，以及对惩罚执行到何种程度才是合理的。而以后者作为答案则更是无从谈起，因为这些组织在相当长的一段时间里甚至都没有处理这类问题的专业常设机构。

非洲几十年的发展历史表明，非洲国际体系在维护该原则不可侵犯性的问题上发挥的作用十分有限，真正最直接发挥功效的仍然只是受到侵害的国家实施的自卫反击。在整个冷战时期，由于东西方两大集团在非洲各个角落快速渗透，许多挑战既有边界格局的力量因为美苏均势的存在而未能得逞。而非洲国家间既有边界格局能够成功应对各种挑战，在几十年间长期维持稳定的事实往往给人带来了一种误解，即非洲国家对边界恒定原则的认可成功的转化为了它们对此原则的事实上的维护，而非洲国际社会也能够在自我演化过程中成功地化解这方面的危机。但事实证明，这种局面不过是冷战时代带来的一种特殊巧合。随着厄立特里亚、南苏丹相继在冷战后成功走向独立，边界恒定原则已被证明不过仍是一种理想化的设想。为了避免支撑和平与一体化秩序设想的支柱走向进一步的崩塌，非洲国际社会有必要重新考虑如何才能够在未来有效地维护边界恒定原则。

无论是非统组织在1993年厄立特里亚独立时，还是作为其继任者的非洲联盟在2011年南苏丹独立时，都再三强调边界恒定原则作为基础性原则仍然在非洲政治发展中扮演着重要的角色，尤其是非盟在南苏丹独立之后还反复地补充强调道，边界恒定原则不能因为南苏丹案例的特殊性，而受到其他非洲国家的置疑。这些话语表示了非洲国际社会仍然将边界恒定原则视作为避免非洲大陆陷入全面混乱的重要保障之一，而由非洲联盟专门敲定的"非洲边界日"，也再度表明边界恒定原则在非洲事务中占据的重要地位。如果说20世纪90年代的非统组织在承认厄立特里亚独立的同时，又拒绝承认索马里兰的独立，已经逐步陷入了对边界恒定原则的模糊态度的话，那么这种问题实质性也继续延续到非统组织的继任者非洲联盟之中。面对苏丹南北分裂，非盟将南苏丹突破边界恒定原则的原因归结为此案例具有一定"特殊性"的做法，充分表现出非盟一方面接受苏丹政治博弈的最终结果，另一方面又不希望南苏丹引发多米诺骨牌效应的诉求。从非洲国际社会围绕苏丹南北博弈而发出的一系列观点不难看出，南苏丹的"特殊性"大体包含以下几个立论要点：其一，苏丹政府在建构现代国家时所犯下的失误，尤其是长期对南方执行的压制性政策，是激化南北矛盾的最主要原因，因此理应为此付出代价；

其二，在苏丹独立后的历史中，南方民众的基本人权在大多时间内都无法得到有效保障，因此最终选择公投自决理应得到同情和理解；其三，长期支撑苏丹南北冲突的基础是宗教、种族之间的明显差异，实施南北分家有利于充分释放这些矛盾导致的内部压力，推动当地重新实现和平与稳定；其四，南北分家是双方在《奈瓦沙全面和平协议》中自愿达成的谈判成果，并且以双方分别举行公投的方式得到了双方全体民众的认可[1]，完全属于该国内政，因此外部力量没有必要多言。

事实上，这些结论也反映出一些认识上的误区。其一，喀土穆政府顽固坚持在南方各州推行伊斯兰化政策，固然是导致南北矛盾走向激化的原初导火索，但因此而同意让苏丹蒙受主权和领土方面的损失是完全错误的观点。主权是一个国家所拥有的对内最高、对外独立的政治权力，本身只是一个较为抽象化的中性政治概念，并无正义与邪恶之分。因此，出现问题的不可能是主权本身，而只会是主权所有者行使主权的具体方式。单从内战中苏丹政府的行为来看，依靠战争手段打击已经开始发动武装叛乱并且逐步开始表现出分离主义倾向的反政府武装，实属一个国家正当地行使自卫权[2]，是任何一个职能健全的主权国家在这种情况下都会做出的选择。如果说一定要对在此过程中的苏丹政府提出批评，那么也应是针对它为追求国家主权完整而对战争具体手段不加限制的使用以及对和平谈判可能性的忽视。而真正出现严重错误的是在内战爆发之前，苏丹中央政府利用各级政权统治机构，强行向南方居民兜售伊斯兰文化，并且将对伊斯兰文化是否接受与当地民众的发展权甚至是在极端情况下与其生存权直接挂钩，实属是在国内对主权的一种歪曲的应用。因此，如果要因为战争造成的巨大灾难而对相关"肇事者"施加必要的惩罚的话，这个对象也绝不应该是中性的苏丹国家主权，而应是作为主权实际行使者的苏丹政府。惩罚的方式也绝不应该是牺牲苏丹的国家主权，而应是迫使掌权者通过改革修正或放弃这种行为。

---

[1] John Lango and Eric Patterson, "South Sudan Independence." *International Journal of Applied Philosophy*, Vol. 24, No. 2, 2010, pp. 117–134.

[2] Hugo Grotius, *the Law of War and Peace*, London: Sweet and Maxwell, 1922, p. 55.

其二，任何一个国家的主权最重要的目的之一，是保障境内所有民众的生存权与发展权，是全体国民集体人权的代表和重要体现。同理，作为苏丹国家的重要组成部分，南方居民的生存权与发展权也寓于苏丹的国家主权之中。诚然，两次南北内战占据了苏丹独立后的大部分时间，但这并不能说明南北双方居民的生存与发展权必然是处于矛盾冲突的零和关系之中[①]。20世纪70年代近十年的和平时期证明，南方各州位于苏丹的国家主权之下根本不是南北爆发武装冲突的充要条件，双方居民完全可以在一定的条件下实现相互尊重、和平共处。此外，从法理角度来看，早在苏丹宣告独立时，南北方民众根据《联合国宪章》《非殖民化宣言》等国际法条约的规定，集体行使了民族自决权。但针对独立后的主权国家内部的区域独立问题，目前国际的主流观点是拒绝承认区域或民族分离主义的合法性，而是主张这些居民以寻求自治的方式向所在国索取分享国家主权，而无须另外专门建立主权。南苏丹的案例理应同样以这种方式予以解决，但实际却再次以"民族自决"的形式告终，实属在无民族自决之实的地方行民族自决之名。

其三，前文已多次提到，非洲国家的特殊成型方式决定了任何一个非洲国家都面临着境内同时存在多个族体、教派的问题。对于那些族体、教派间关系不佳的国家，南苏丹的独立有可能会感召某些群体迅速复制这条道路。因此，在现有的情况下，很难让人相信南苏丹将会是非洲最后一个突破现有国家间边界格局的案例。此外，通过国家拆分释放内部矛盾的想法被证明并不成立。早在埃塞俄比亚、厄立特里亚分家后不久，两国就陷入了持续的边界战争，使本已恶化的非洲之角安全局势雪上加霜。南苏丹的独立同样未能让南北关系摆脱这种厄运，不仅两国迅速因为边界划分问题而大打出手，而且还带来了诸如阿卜耶伊（Abyei）地区归属[②]、石油收入的跨国分配、苏丹人民解放运动北方局（SPLM-N）何

[①] 邓延庭：《对非洲联盟在苏丹和平进程中作用的再认识》，《亚非纵横》2013年第4期。

[②] Douglas Johnson, "Why Abyei Matters The Breaking Point of Sudan's Comprehensive Peace Agreement?" *African Affairs*, Vol. 107, No. 426, 2008, pp. 1–19.

去何从①等一系列之前并不存在的问题，如果其中的任何一个得不到有效解决，都有可能导致战火的爆发。另外，随着南方的独立，南北矛盾开始成为次要矛盾，而南方各族体对国家权力的争夺开始升级，部分地区频繁地出现叛乱。因此，该国仍面临在未来陷入大规模动乱的可能，而新的地区分离主义势力也有可能随之应运而生。

其四，第二次苏丹南北内战的发展历程表明，南方起初只想在国内争取自治权，到后期才转而寻求独立；北方的最初目的是剿灭南方叛军，直到最后才同意南方独立。西方大国介入导致的交战双方力量对比的变化，是导致二者特别是苏丹政府立场发生变化的根源。因此，如若认为喀土穆政府"自愿"同意南方独立，而忽视了西方大国特别是美国在其中扮演的重要角色，实为基于表象而做出的错误判断。

总而言之，非洲国家间边界格局出现的局部变动表明，以非统组织、非盟为基础的非洲集体安全建设并未真正达到预想的效果。特别是在所有成员国主权让渡有限的情况下，作为国家间合作组织的一体化推动机构，实质上无法有效着手处理涉及成员国主权与领土完整的议题。特别是当非盟列出将暂停发生政权非法更迭的非洲国家的成员国资格，并同时在达尔富尔、索马里等地开展独立维和行动，以此作为利用非洲集体力量维护非洲单个国家合法权益的手段时。但涉及如何坚守边界不可更改原则的领土主权问题，迟迟未能进入非洲国际社会的集体议事主题，仍然被当作当事国自身的权利范畴。也正是由于这种羁绊，非洲国家的领土主权安全与完整，迟迟未被纳入非洲集体安全体系建设的内容，给未来再度出现突破边界不可更改原则的案例，留下了相当程度上的制度空白。此外，在苏丹南北矛盾的议题上，非盟框架下也暴露出不同成员国之间地缘政治博弈的色彩。与苏丹关系密切的北非阿拉伯国家主张苏丹南北双方继续以加强和巩固南方的高度自治地位而进行政治对话，撒哈拉以南非洲国家则主张南方独立，尤其是处于东非、非洲之角地缘政治圈子内的地区大国，或者将南方独立看作是削弱竞争对手苏丹

---

① 苏丹人民解放运动（北方局）原为苏丹人民解放运动在苏丹北方各州的重要组成部分。南苏丹独立后，被留在苏丹境内的北方局深感自己的权益被出卖，因此继续坚持武装斗争。

的手段，比如长期与苏丹关系紧张的埃塞俄比亚，或者是看作拓展自身影响力的途径，比如肯尼亚谋划通过建设以拉穆港为支点的经济走廊，将南苏丹拓展为自身的经济辐射范围，并通过打造南苏丹石油出口通道，巩固肯尼亚在东非的竞争优势。但与此同时，与苏丹南北局势变化并没有直接关系的许多非洲国家，则在该议题上的表态较为谨慎，其中的重要原因之一是担心南苏丹突破边界不可更改原则，可能给境内的部分群体传递错误的信号，进而导致苏丹南北双方间的危机被复制。结合各种因素来看，在冷战结束后的将近二十年中，由于各种因素的制约，非洲集体安全建设与探索并未能够将非洲的集体协作成就，系统转化为支撑非洲维护领土主权稳定的强大动力，从而让部分国家内部的部分地区以走向独立的形式，最终释放了多重要素激化之下的国内发展矛盾。

第 六 章

管控非洲国家间边界面临的传统威胁：
相应的制度探索与成效

  非洲联盟当前对边界恒定原则的充分肯定，至少表明了其绝大多数成员国在理论层面仍然对这项原则所蕴含的积极意义具有共识性的认识，但集体失声的局面表明非洲国际社会当前在单独应对这个问题时的能力仍然有待加强。在西方大国未来仍然可能继续在非洲实施秩序输出的背景下，非洲有必要尽快克服这个短板，避免类似厄立特里亚、南苏丹的案例再次出现。首先，作为由非洲国家按照平等自愿原则集体组建的一体化组织，非盟和其他非洲次区域组织能够更为公正和全面地代表非洲国际社会的利益。因此，当由类似埃塞俄比亚、苏丹国内的矛盾极端恶化而形成的武装冲突未来在其他非洲国家重现，并表现出拥有突破现有非洲国家间边界格局的趋势之时，以非盟为代表的非洲国际组织应该切实扮演起非洲大陆上的集体安全的角色，确保非洲人始终掌握局势的主动权。在当前非洲的经济社会发展总体局面相对落后的情况下，要求非洲组织完全独立地处理这些矛盾显然已脱离现实，因此这种核心领导作用更多地是强调它们在与外部世界进行安全合作时，能够基于自己的价值观形成的是非观，监督和指导外部世界和平的各种努力，避免西方大国以解决非洲政治危机之名行党同伐异之实。

  其次，非洲主权国家也应该充分认识到自己是由多种文化群体共同构成的政治实体，应该着力探索如何在这种无可回避的特殊现实的基础上有效地推进现代国家的建构事业，从而为由近代西欧开创的传统民族国家概念带来新的丰富内涵。具体而言，这就要求非洲国家在尊重国内居民文化多样性的基础上，确保行政权力不会强制性同化或压迫处于弱势地位或者拥有特殊利益诉求的居民群体，而是尽可能地确保境内所有居民群体都能够公平的享有暗含于国家主权中的生存权与发展权。再次，拥有领土争端的非洲国家，应该在和平解决争端以及殖民地遗留边界不可更改的双重原则的指导下，避免武装冲突的爆发，或者及时终止两国之间的全面敌对状态，从而维护地区和平局势。

从一定角度来看，三个方面的要求依照上述顺序，互相能够成为对方得以成立的前提条件和基础。如若要在未来确保非洲既有秩序不会因为边界的变动而走向崩溃，三个条件缺一不可。而实现这三个方面的努力并非"挟泰山以超北海"的不可完成的任务。事实上，非洲国际社会在相关问题上作出的有益尝试，为在上述三个领域实现变革奠定了基础。

第一节 贯彻"非漠视原则"与维护边界稳定

自冷战结束以后，非洲大陆上日益恶化的安全局势，开始迫使非洲国际社会反思如何在非洲国际组织的框架下进一步有效地管理各类武装冲突。非洲各国同意在2002年新建非盟，以取代运行了将近半个世纪的非统组织。为了克服非统组织此前在应对各类非洲冲突时所表现出来的低效率，非洲联盟在行动纲领中引入了"非漠视原则"。根据《非洲联盟宪法性文件》(the Constitutive Act of the African Union) 的规定，当某个成员国内部发生诸如种族清洗、战争罪等会导致大规模人道主义危机的恶性事件之时，联盟将不会坐视不管，而是以非洲集体力量的形式尽可能快地予以直接介入防止地区安全局势的进一步恶化[1]；当某个成员国因内战、政变等原因而发生不符合宪法规定的政权更迭之时，联盟将会以暂时中止该国所享有的非盟成员国资格以作为惩罚，从而推动该国在尽可

---

[1] Heads of State and Government of the Member States of the Organization of African Unity, *Constitutive Act of the African Union*, 2000, African Unity, Article 23.

能短的时间内恢复宪法统治秩序①。此外,《宪法性文件》还批准设立全新的和平与安全委员会(Peace and Security Council),作为联盟直属的常设机构,全权负责处理非洲大陆上的和平与安全事务。"非漠视原则"的出台,标志着非洲在集体安全建设方面跨出了重要的一步,使安全方面的合作成为未来推动非洲一体化朝向纵深发展的重要支柱之一。非盟针对人道主义危机而出台的"非漠视原则",实际上是将时下在国际学术界和政界都较为流行的"保护的责任(Responsibility to Protect)"的理念②付诸于实践操作层面,或是为了修正那些正在错误地行使国家行政权力的政府行为,制止它们针对国内处于弱势地位的民众而蓄意发动或者刻意支持的诸多暴行,或是旨在帮助那些因为大规模动乱而已丧失了健全统治功能的国家政府,在其境内行使正常的政府统治职能。作为落实"保护的责任"的代表性行动,非盟实践这项理念的最典型案例是在达尔富尔地区的维和行动。通过部署非洲维和部队,非盟不仅有效地遏制了达尔富尔地区局势的进一步恶化,而且为日后联合国维和任务的全面介入提供了必要的前期准备。

针对非法政权更迭而出台的"非漠视原则",则主要是把矛头指向作为非洲政治发展中老大难问题的各类政变。它改变过去非统组织在成员国发生政变时只保持缄默的做法,力图通过成员国资格丧失所带来的成本与收益权衡问题,推动当事国执政者遵从宪政制度的权威,转而通过和平与合法的手段寻求权力的获得。非盟自成立以来,已经多次使用了这种积极的反应行动。从2007年以来,先后有贝宁、马达加斯加、毛里塔尼亚、马里、中非等多个国家因发生非法政权更迭,而被暂时中止非盟成员国的资格。其中,身为2009年夏季非盟领导人峰会承办国的马达加斯加,还因为发生了非法政权更迭,而受到了被剥夺当年继续享有这种举办权的惩罚。从这项政策的实际执行效果来看,大部分的被制裁国家都能够正确地接受非盟的制裁决议,并且在一定的时间内重新恢复宪

---

① Heads of State and Government of the Member States of the Organization of African Unity, Constitutive Act of the African Union, 2000, African Unity, Article 30.
② Garech Evans, "The responsibility to protect: ending mass atrocity crimes once and for all." *Irish Studies in International Affairs*, Vol. 20, No. 1, 2009, pp. 7 – 13.

法统治秩序。从这个意义上讲，非盟积极引入的"非漠视原则"，一方面表明非洲国际社会已经开始认识到了究竟哪些内容是非洲集体利益，以及切实维护这种集体利益的重要性，因此不再局限于仅仅把国家间合作组织当一个完全受限于主权国家权力的消极组织机制，而是赋予其一定的主观能动性，以便使这种集体利益在先前主权国家双边合作的基础上，通过一体化组织多边机制推动加以实现；另一方面也同时说明非洲国际社会已经清醒地认识到，维护非洲长远的集体利益的需求，很可能与某些主权国家的现实利益产生暂时性的冲突与矛盾，但是为了确保这种集体利益的更好实现，有必要在特殊的时间段内对这些成员国的主权作出一定的限制。这种限制从根本上说并不损害当事国的主权，而只是类似于一种休克疗法，目的是在尽可能短的时间里为当事国更好地行使国家主权提供充分的外部保障。

但在认可非盟所采取的"非漠视原则"正在实践中发挥初步功效的同时，也必须承认它所涵盖的范围仍然相对有限，并不能完全适应非洲当前面临的由国家主权和居民人权关系所带来的诸多问题。为了避免厄立特里亚、南苏丹案例的发酵，在非洲范围内引起多米诺骨牌现象，有必要考虑将维护现有非洲国家间边界的完整性同样纳入"非漠视原则"的涵盖范围。这就要求非盟应该带领非洲国家社会，及时采取包括暂时性中止成员国资格、经济制裁、外交孤立等和平手段，或者在必要的时候通过直接向当地派遣非洲常备军（African Standby Force），以便对企图挑战现有非洲国家间边界的主权国家或者次国家行为体，实施必要的惩罚，同时对其他潜在拥有类似欲求的其他行为体起到了一定的威慑与遏制作用，从而将边界恒定原则在非洲范围内完全充实为一条具有广泛现实约束力的国际法原则。但要实现这种变革，以非盟为代表的非洲国际社会必须从两方面实现理念上的突破。

就产生于保护责任理念基础上的"非漠视原则"而言，它本身是西方社会的产物，因此不可避免地带有西方社会认识观的特点。众所周知，西方国家普遍都是发育较为成熟的现代民族国家，对作为文化群体的特定民族的文化认同与建立在该民族之上的主权国家的政治身份认同，在地域上基本重合。这些国家内部的社会分野并非社会文化性的，即并非沿着民族或宗教信众间文化性边界而形成①，而是社会经济性的，即按照不同收入层次而形成的社会阶级而存在。从这种特点出发，西方世界在鼓吹人道主义干涉的时候，往往只是强调干涉的权利，而没有相应的提及义务。因为在这种情况下，当这些国家被外部世界施以人道主义干涉之时，受到影响的只可能是不同阶级之间的力量对比。而当外部力量结束干涉任务，并将暂时剥夺的部分主权归还当事国之后，因外部介入而发生变化的只可能是作为国家主权行使者的执政者，而主权本身受到消极影响的可能性较小。

但从科索沃片面"独立"的整个逻辑来看，只强调干涉当事国的权利而不明晰应对当事国承担的义务的做法，并不适用于尚未完成现代民族国家建构历程的主权国家，因为其结果很可能是将原本讨论居民人权与国家主权在短期内谁更具优先性的问题，彻底演变为二者在逻辑上的相互对立，而其结果往往是让西方大国借高呼"人权高于主权"而推行新干涉主义政策。如果说南斯拉夫这样的国家尚不适应的话，那么将这些纯粹的西方标准施用于拥有特殊成型方式的非洲国家，则更是无从谈起。苏丹达尔富尔的局势发展状况也清晰地证明了这种担忧并非多余。达尔富尔反政府武装提出在当地举行公投等过分要求②，均是在非盟维和部队开进当地之后，而这些要求无疑在一定程度上暗示着，类似之前苏丹南方寻求独立的整套发展逻辑，有可能在该地再次重现。毫无疑问，如果非盟为保障成员国部分居民的生存权而暂时剥夺成员国部分主权的同时，又不对这种主权在未来的完整性做出明确的承诺，而仅仅是在趋势趋缓后将其悉数奉还当事国政府，那么其主权很可能因为内部居民群体权力对比结构发生变化而受到威胁。假设未来达尔富尔地区也踏上了南苏丹独立的道路，那么被类似问题困扰的国家未来是否还会接受来自非盟的人道主义干涉是值得质疑的，而"非漠视原则"在这个领域的实际操作层面上，也很可能会陷入重重困难之中。

---

① 张宏明：《论黑非洲国家部族问题和部族主义的历史渊源——黑非洲国家政治发展中的部族主义因素之一》，《西亚非洲》1995 年第 5 期。

② Richard Cockett, *Sudan：Darfur, Islamism and the World*, Yale University Press, 2010, p. 29.

从非盟使用"非漠视原则"的另一个领域来看,通过暂时中止联盟成员国身份来制裁发生非法政权更迭的国家的举措,在经过一定的改革后,同样可以被应用在维护既有非洲国家间边界的完整性之上。众所周知,作为由主权国家合作成立的国家间合作组织,非盟在成立的时间和逻辑上均位于成员国之后,其所有政策创制全部都来源于所有成员国的主权让渡。非盟目前只将制裁措施针对出现非法政权更迭的国家,也充分表明当前的非洲国际社会,在究竟应该于何种程度上介入主权国家的内政问题上,仍然存在相当程度的疑虑。诚然,这种政策虽然可被视为通过在一定程度上介入成员国内政而维护非洲集体利益的举措,但其作用对象通常只是作为国家主权所有者和执行者的当事国政府,核心关注点是他们掌控国家主权的具体方式,而非顾及当事国国家主权的具体变动状况。通过暂时性的剥夺当事国的成员国资格来迫使它们作出相应的让步,非盟确实在一定意义上剥夺了暗含于当事国主权之中的独立作出决定的权力,但由于一方面这只是暂时性地剥夺当事国政府在特定问题上的选择权,另一方面并不涉及领土、资源重新分配等涉及主权的核心敏感议题,而且当他们作出了相应的改革之后,非盟会及时悉数奉还暂时保管的权力。正是由于在整个过程中,不仅非盟没有替代当事国政府决定涉及主权的核心敏感议题,而且当事国主权的权力总量并没有发生任何变化,因此更加容易受到所有非洲国家的普遍接受。

反观非盟在成员国领土变动问题上的沉默态度,这充分说明了成员国在领土问题上,对非盟仍然是一个有待继续探索和加强的领域。历史的事实表明,在两国通过交战争夺领土的情况下,可能因领土变动而受益的国家普遍不愿意非盟予以干预,因为这样会阻碍它们通过投机行为而获利的机会,而可能因领土变动而蒙受损失的一方国家,则通常希望非盟能够予以迅速的介入,通过主持正义而及时的制止对方的侵略行为。对于与境内反政府武装交战的非洲国家政府来说,当战局有利于自己之时,它们通常拒绝接受非盟的和平调解,因为这将被视作是阻碍该国实现政令统一乃至"民族融合"的巨大障碍。只有当政府力量已经无法占据战事的主导权,特别是当这些反对势力已经发展成为政府无法驾驭的强大分离主义势力时,当事国政府通常希望非盟能够予以调解,尤其是帮助它维持自身的主权与领土完整。这种功利主义态度的存在，使非洲国家通常更愿意将这种处理领土划分的权力留在自己的主权范围之内，而非让渡给一个国家间合作组织。当这些国家因陷入绝望而向非盟求救之时，非盟却因没有接受到在相应问题上实施政策创制的权力，而无能为力。非洲国际社会借非盟之口表达南苏丹独立案例的特殊性，也清楚地表明了其他非洲国家并不愿意因为一个不太可能于近期发生在自己身上的潜在威胁，而立即决定将自己主权中的核心部分让渡给非盟。

综上所述，非盟当前在制止成员国境内的大规模人道主义危机和非法政权更迭两方面所采取的"非漠视原则"，已经成为非洲利用集体力量解决挑战非洲共同利益的重要尝试，并为非盟在未来利用"非漠视原则"维护边界恒定原则提供了颇有意义的借鉴。在对现有制度实施必要改革以及开展全新的政策创制的前提下，非盟在部署其安全部队前往某个成员国执行人道主义干涉任务的同时，也可尝试令其在接管地区承担部分替代当事国维护主权与领土完整的职责，严防分离主义势力借机从事破坏当事国国家统一的活动，而已被其熟练运用的终止会员国资格中所包含的政治孤立乃至经济制裁措施，不仅可以被用作监督终止交战的当事国政府方面与反政府势力是否有效执行和平协议的威慑性举措，也可以扼杀分离主义势力通过建立政权获得国际生存空间的可能性，从而起到将反政府势力的政治主张和行动严格地限制在当事国的主权范围之内。在这些现成的制度雏形已经存在的前提之下，将维护非洲国家间既有边界格局稳定的议题按照"非漠视原则"，纳入现有和安会或者全新设立的专职机构的管理范围之内，仍主要取决于非盟能否从非洲国家成型特点出发，充分论证非洲利用集体力量维护边界恒定原则的必要性与可行性，从而使非洲国家在确信此举符合非洲集体利益的同时，也不会伤害本国的国家利益，以便集体授权非盟进一步地开展相关的改革。

决定非盟是否具有成功维持成员国间现有边界格局完整性能力，还将与另一项要素密切相关，即非盟自身的硬实力发展状况。如前所述，冷战后先后发生的厄立特里亚、南苏丹的独立，都在一定程度上与西方大国修改冷战后非洲秩序存在着密切联系，尤其是后者则更直接地表现为美国意志的直接产物。除了直接对非洲国家采取党同伐异的政策之外，西方世界对非洲国家间边界变动的影响，还通过非盟建立和完善当前集体安全体系表现出来。暂且不论分别作为非盟涉及集体安全事务的决策机构和执行工具的和安会、非洲常备军、早期安全预警体系（Early Warning System）的组建，无一例外的都是与西方世界合作的产物，在西方组织或西方世界占据优势地位的国际组织中分别拥有对应的原型，不仅在名称上十分相似，而且在组织架构、人员构成、运行原则、职能划分等方面，都具有高度的相似性，单就非盟如果在现有条件下完全按照这些制度安排来处理非洲集体安全事务的话，它仍然完全不具备独立彻底解决问题和有效保护成员国的能力。

首先，从作为重要工具直接执行和安会决议的非洲常备军的组建来看，其本身就需要巨额的财力与物力的投入。由于非盟本身并没有军队，常备军的人员和武器装备必然是全部来自不同的成员国。而且为了保证各国贡献的人员和武装能够协同执行任务，并始终处于高度戒备状态，因此必须频繁地举行囊括这些多个作战单位的操练与演习[1]。其次，按照《布拉希米报告》（Brahimi Report）的要求，非洲常备军应该在和安会做出部署决议的两周之内，被快速全面地部署到预定地区，以便更为高效地执行指定的安全任务[2]。而非洲的现实是，爆发危机的地区通常是远离统治中心的边远地区，即便是出动部署在当事国所在次区域组织的常备军，仍然需要强大的远程战略军力投送能力予以支持。再次，当常备军抵达预定地区并开始执行任务之后，仍然需要巨额的财力与物力资源的持续投入，以便尽可能长时间地维持任务执行者的自持能力。但事实是，无论是非盟本身，还是各个成员国，都普遍面临着较为严峻的财政困难，因此在实际操作层面上，以上三个层面的要求都难以得到有效满足。

这种窘境在实践中为西方势力从两个方面渗透和影响非盟的行动能

---

[1] 邓延庭：《安全合作助推下的非洲一体化》，《亚非纵横》2011年第2期。

[2] William Durch, Victoria Holt, Caroline R. Earle and Moira K. Shanahan, *The Brahimi Report and the Future of UN Peace Operations*, Washington, DC: Henry L. Stimson Center, 2003.

力提供了便利条件：一方面，以非盟单独在苏丹执行的安全任务为例，它仅仅是解决了非洲有无自己的维和行动的问题，而并没有从根本上解决当地所面临的安全问题。由于缺少足够的人力和物力支持行动的继续开展，非盟最终因无奈而将维和行动的领导权全盘交给联合国。由于西方大国在联合国的决策机构中占有优势地位，加之其行动理念与非洲国家的实际情况具有差异，因此将行动的主导权交给联合国，无异给予西方大国借联合国维和机制插手当事国内政的机会。或许正是由于认识到自己实力的严重不足，非盟目前也仅将自己的安全任务行动定位为迎接联合国任务的先遣。但正是由于意识到这种问题中暗藏的潜在威胁，当非盟将维和主导权移交给联合国时，苏丹政府予以强烈的反对。而另一方面，为了尽快克服自己的安全部队无法长期掌控局势主导权的弱点，确保自己进一步提高在事发当地执行安全任务的质量的同时，不再像在苏丹维和中那样因缺乏自持力而全面向联合国移交行动主导权，进而引起成员国的强烈反对，非盟必须分别在安全部队的组建、训练、部署方面进一步加大建设力度，同时积极从外部世界寻找能够稳定支撑其田野任务的可靠的资金和物资来源，而这无疑又将带来巨额投入的需求。作为长期与非盟及其众多成员国保持安全合作关系的西方世界，这种需求无疑又为它们借提供资金、物资、人员训练之机，影响非盟的实际运作。事实证明，参与非洲常备军建设的成员国的武器装备基本来自美国和法国，其联合训练也常常是在西方大国的教员和资金的监督与参与之下进行的。至于远程战略投送能力，非盟的设想是依靠北约或部分欧盟成员国的强大运输能力予以实现。事实证明，在实际操作层面非盟仍然离不开西方世界，欧盟不仅向其在苏丹、索马里的维和任务提供巨额的资金支持，而且直接派出专业观察团一起参与在苏丹的维和任务。在西方国家普遍向非洲自己的维和能力建设提供援助的同时，还附加了诸多源于自身利益诉求和意识形态的政治条件。非盟最终仍将因为支撑作出独立判断和行动的必要物质基础的匮乏，而难免继续被西方大国牵着鼻子走。

第二节　实施区域自治与维护边界稳定

如前所述，厄立特里亚、南苏丹曾经和平地作为埃塞俄比亚、苏丹两国领土重要组成部分而存在的事实，表明两地居民的生存发展权与所在国家的主权之间不存在任何根本性的矛盾。而造成矛盾爆发的拐点无一例外的都是当事国政府错误地使用国家权力，在打破原有中央与地方权力分配格局的同时，又强行向当地民众推行不利于他们自身利益的全新权力分配模式。正是由于两国政府长期未能扭转这种错误做法，造成了国家主权与当地居民人权处于不可调和的矛盾之中的假象，以至于令很多人认可两地突破非洲边界恒定原则的合理性。事实上，如果两国政府当初能够继续坚持与上述两地分享权力，毫不动摇地在当地贯彻区域自治制度，或许结局并不会像后来那样走向不可挽回的境地。在非洲的环境下，得出坚持实施区域自治制度对于维护国家统一具有积极意义的结论，不仅源自基于对埃塞俄比亚、苏丹两国政府曾经分别于厄立特里亚、南苏丹地区关系变化的考察，而且还被非洲范围内能够充分坚持这种制度的非洲国家政府的实证经验所充分验证。

如前所述，作为非殖民化之后非洲一体化的最典型成果和非洲国家间有序突破殖民地间边界格局的代表性成就，坦噶尼喀与桑给巴尔的联合关系从成型、稳定，到维持和发展，再到后来全面适应冷战后的多党制时代，其成功的秘诀就在于坚定不移地在联合的框架之下，为桑给巴尔保留高度自治地位。享有这种特权的桑给巴尔一直以坦桑尼亚框架下的"半主权国家"的形式存在，成为非洲现代发展历史中享受区域自治制度时间最长、区域自治制度发展最稳定的地区。正是由于区域自治制度的加持，当冷战终结后，无论是曾经于幕后撮合坦桑联合关系成型的西方大国，还是作为亲自实践联合关系的坦桑双方，都已经不再需要意识形态斗争的大背景之下，坦桑尼亚却没有因为外部力量的变化而像埃塞俄比亚、苏丹那样先后走向分裂，足以证明两地的联合关系并没有始终依赖，或者说早已摆脱了西方世界在幕后的支持，而是在自我演进的过程中形成了维系联合关系的特有方式。尤其是桑给巴尔享受的区域自治制度为岛内的政治诉求和民众的社会集体心理提供了一定的稳定生存与发展空间，从而为坦桑双方长期维持联合关系，提供了必要的保障。

前文在依照坦桑联合框架下《联合法令》赋予桑给巴尔的自治地位和所享受的高度自治权，对坦桑联合关系的成就进行系统梳理的同时，也分析了冷战结束之后坦桑联合关系面临的潜在风险与挑战，特别是在经济社会发展成绩不理想，桑岛内部的主体意识逐步抬头的背景下，桑给巴尔继续与坦噶尼喀保持联合关系的必要性开始受到质疑。尤其是自20世纪90年代以来，坦桑尼亚中央政府所采取的一系列以私有化、自由化为基本内容的改革措施，并没有真正给全国带来切实的经济发展红利。体量小、产业结构单一、抗风险能力差的桑给巴尔在配合坦桑尼亚中央政府的相关改革措施后，经济社会发展长期以来并没有太大的起色。1991—2015年，当地的产业一直停留在丁香出口和旅游，工业发展成就乏善可陈，年均经济增速仅为4%左右，而失业率却从4%增长到12%[1]，民众的怒火更甚于国内其他地区，随着岛内民粹主义、伊斯兰保守派、分离主义等右翼势力的崛起，民众要求与大陆划清界限的呼声愈发高涨，成为国家主权与领土完整的最直接威胁[2]。主权背后蕴含的实质实际上是所有民众的集体发展权，尽管坦桑尼亚并没有在后尼雷尔时代破坏《联合方案》对坦桑联合关系的制度安排，仅仅是在某些具体内容上作了增减，但基于20世纪60年代制度安排的法案本身的内容，已经无法有效支撑桑岛在后冷战时期，特别是进入新千年后的现实发展需求。现实发展权益的相对缩水，实质上减少了桑岛在坦桑尼亚框架下所享有的主权地位的实质，因此在坚持坦桑联合关系的框架下，继续丰富和扩大桑岛所享有的现实发展权，成为缓解坦桑危机中出现的裂痕的主要着眼点。

---

[1] Moza Omar, "Unemployment rate and Population Growth in Zanzibar from 1990 – 2020," ResearchGate, July 2021, https：//www.researchgate.net/figure/Unemployment – rate – and – Population – Growth – in – Zanzibar – from – 1990 – 2020_fig1_353378247.

[2] 邓延庭：《尼雷尔非洲社会主义理论引领下的马古富力改革》，《世界社会主义研究》2021年第12期。

自 20 世纪 90 年代中后期，坦桑尼亚也在逐步探索如何在政治与经济层面强化桑岛对国家治理的参与度和自身发展规划的掌控程度。但由于社会经济发展挑战较多，加之政治改革方向不明确，因此桑岛的权益问题曾一度长期搁置。"2025 年倡议"制定之后，坦桑尼亚开始重新重视桑岛的权益问题。特别是马古富力总统当政之后，将加大对桑岛发展权益的支持与保护，避免大陆与桑岛之间出现严重的发展失衡，确保桑岛不会在国家现代化建设中被边缘化，作为支持和维护尼雷尔政治功绩的主要着眼点之一，写入《2020—2025 竞选宣言》中[①]。根据政府的深化改革措施，桑给巴尔除了跟全国其他地区一起参加压缩政府非必要开支，发展民生，实施"二五"计划之外，还将进一步承接中央政府让渡的部分权力，在自身发展规划与管理方面享受更多的高度自治权益。2020 年 10 月，中央政府与桑给巴尔政府签订《坦桑联合问题备忘录》，聚焦桑给巴尔在参与国际合作、本地项目开发等多个问题。根据双方协定，桑给巴尔可以直接申请国际优惠贷款、向东非共同体递交经济发展项目申请，同时在油气资源开发、经大陆转口的贸易收费等方面，享受中央政府的优惠政策[②]。作为近二十年来首个涉及联合关系的重要协议，经济自主权的扩大有效缓解了岛内市场狭小、资源匮乏带来的发展困局，受到当地各界的欢迎[③]。以马古富力为代表的坦桑尼亚当前政治家推动的坦桑关系改革，实质上仍然是以维护与强化桑岛所享有的高度自治地位及其蕴含的诸多现实发展权益为根本遵循，通过对桑岛社会经济发展集体赋权的方式，增强桑岛社会对坦桑联合关系必要性的认知，巩固了民众对于坦桑尼亚国家身份认同的接受。

另一个重要的例子是在冷战结束后实施了全面政治改革后的埃塞俄比亚。在整个冷战期间，厄立特里亚、欧加登地区的武装叛乱以及分离

---

① 邓延庭：《尼雷尔非洲社会主义理论引领下的马古富力改革》，《世界社会主义研究》2021 年第 12 期。

② 中华人民共和国商务部：《坦政府签署大陆和桑给巴尔岛联合问题备忘录》，2020 年 10 月 22 日，http://www.mofcom.gov.cn/article/i/jyjl/k/202010/20201003010013.shtml。

③ 邓延庭：《尼雷尔非洲社会主义理论引领下的马古富力改革》，《世界社会主义研究》2021 年第 12 期。

主义运动曾长期困扰着埃塞俄比亚统治者。尽管前者属于政治身份认同之争,而后者则更明显地表现为不同文化群体间的冲突,但导致两者与亚的斯亚贝巴之间的矛盾走向激化的原因却在一定程度上存在着相似之处。在第二次世界大战后的历任埃塞中央统治者都片面强调进一步巩固中央集权的背景之下,无论是享有高度自治权的厄立特里亚,还是远离该国统治中心且拥有不同文化传统的索马里族居民,都认为自己的生存和发展权难以得到保障,因此倾向于寻求独立。在经历了厄立特里亚独立后,埃塞俄比亚新政府开始变更治国理念。随着1995年《正式宪法》的出台,境内各族体获得了更多的参与国家管理的权力。第一,从中央与地方之间的权力分配格局来看,地方的自主权获得显著提升。宪法对国家的政体进行了重新定义,废除之前的单一制,改行联邦制。联邦政府除了负责管理涉及主权和重大国计民生的事务之外,其他事务均由作为一级行政区划的各联邦区直接负责(Article 50 – 51)。各族体的语言一律平等,各联邦区有权选择使用自己的族体语言,阿姆哈拉语只作为国家的工作语言使用①。第二,从一级行政区划的变迁上来看,境内各族体开始处于平等的地位,摆脱了会被阿姆哈拉族强制同化的担忧。1995年,埃塞俄比亚废除了自第二次世界大战结束以来一直实行的行省制度,在撤销阿尔西(Arsi)、巴莱(Bale)、贝盖姆德(Begemder)、加姆—格法(Gamu – Gofa)、格贾姆(Gojjam)、哈拉赫(Hararghe)、伊鲁巴博(Illubabor)、卡法(Kaffa)、绍阿(Shoa)、希达莫(Sidamo)、提格雷(Tigray)、维莱加(Welega)、沃洛(Wollo)十三个省并且全面推倒其边界格局的基础上,按照族体分布范围重新划界命名,将全国分为阿法尔族(Afar)、阿姆哈拉族(Amhara)、本尚古勒—古马兹族(Benishangul – Gumuz)、甘贝拉(Gambela)(努尔族、阿努阿克族)、哈拉里族(Harari)、奥罗莫族(Oromia)、索马里族(Somali)、南方各族(Southern Nations, Nationalities and Peoples)、提格雷族(Tigray)九个族体联邦区,以及亚的斯亚贝巴、迪雷达瓦两个特别市。民族联邦区边界由各方

---

① The Nations, Nationalities and Peoples of Ethiopia, *Constitution of The Federal Democratic Republic of Ethiopia*, 1992, Languages.

商定达成,并最后交由联邦政府批准①。第三,从党禁解除后的多党制实施状况来看,境内各民族共同治理国家居民的出现,保证了各主要民族的利益诉求都能够正常传达至决策者面前。各族体、政治团体、族体联邦区均有权组建自己的政党,并参选作为国家最高立法机构的人民代表会议。从新宪法颁布以来所举行的历次人民代表会议大选中,所获席位数量前四位的政党联盟,即埃革阵(EPRDF)、统一民主联盟(Coalition for Unity and Democracy)、埃塞俄比亚联合民主力量(United Ethiopian Democratic Force)、索马里人民民主党(Somali People's Democratic Party),已经覆盖了境内九个联邦区内的所有主要族体。

综上所述,埃塞俄比亚的政治改革,充分承认了自身是由多元文化群体共同构成的政治实体的事实,从而避免了针对某个地区或某个民族的压制性同化政策的再次出现。而其取得的效果也十分明显,以曾经具有强烈分离主义情绪的欧加登(索马里族)地区来看,索马里人民民主党拥有超过 9 万党员,在当地具有较广泛代表性,是当地第一大政党。目前,该党掌控索马里民族联邦区的权力,并且在人民代表院拥有较大代表权,认可埃革阵的政治主张,赞同留在埃塞俄比亚境内。欧加登民族解放阵线(Ogaden National Liberation Front)虽然继续从事分离主义活动,但由于其成员主要来自欧加登部落②,因此无论是其规模和代表权都要弱于前者。总体来看,联邦制度的建立让索马里族从被排斥和压迫的境地,逐步走向了权力的核心,从而在很大程度上化解了支撑分离主义的不满情绪。事实也确实证明了埃革阵以缓和族群间关系为主要特征的政治改革之于国家和平与稳定的重要意义。除了与厄立特里亚爆发边界武装冲突,东部与索马里交界地区遭受恐怖主义的袭击之外,自冷战结束到 21 世纪第二个十年中后期,埃塞俄比亚国内没有爆发大规模的族群间的对抗与冲突。而埃革阵丧失执政地位之后,正是由于继任的新政府在政策方向上重新触动和威胁到了族群之间的平衡,才会引发提格雷

---

① The Nations, Nationalities and Peoples of Ethiopia, *Constitution of The Federal Democratic Republic of Ethiopia*, 1992, Delamination of Boundaries.

② Ken Opalo, "The Ogaden Region: A Fragile Path to Peace." *Africa Portal*, 2010.

族与中央政府的冲突，重新引爆内战的火药桶。

第三节 和平解决争端与维护边界稳定

与涉嫌领土主权争议地区相关的不同非洲国家之间举行和平商议，是维护既有非洲国家间边界格局稳定的另一个不可或缺的手段。相比本章第二节中为解决国内存在的不同政治身份认同或文化性身份认同而讨论和设想的诸多举措相比，以和平协商方式解决领土争端的重要性同样是不言而喻的。这是因为非洲大陆因其地域面积广阔，国家数量众多，且国家的成型方式较为特别，两个或多个非洲国家之间就某一地区的现实归属问题产生分歧，是司空见惯的状况。这种边界争端存在于两个或多个原有的非洲主权国家之间，不仅可以指两国在总体上认可共有边界格局的前提下，就边界上的某一块具体地区的主权归属产生争议，如1963年摩洛哥、阿尔及利亚曾就位于两国交界处的特尼埃萨地区的所属权而发生过争执；也可以是一方将原属邻国的大片土地列为领土争议地区，从而大规模或者全面否认两国之间现有边界格局的行为，如索马里独立后，曾将埃塞俄比亚东部索马里族分布区域全部列为有争议地区；同时也可以是新近分离出去的主权国家与原母国之间，就部分交界地区的归属问题发生争议，如独立后的厄立特里亚、南苏丹分别与埃塞俄比亚、苏丹发生的边界纠纷。因此，在本文所讨论的边界变动情况中，除了某国内部的分离主义势力能否成功，将直接决定着该国的疆界是否会发生大规模的变动之外，其余涉及边界变动的事宜无一例外地都与主权国家存在着直接的联系，而无论其过程是否涉及了武装冲突的发生，最终的结局仍要由已经充分博弈后的有关各方，以和平协商的方式予以正式的肯定。

进入20世纪之后，战争所造成的愈发惊人的破坏力，使国际社会开始反思国家继续无条件地将战争作为争取自身权益手段的必要性与合理性。1928年在巴黎签署生效的《非战公约》，被视作是国际社会力图实现放弃以战争作为解决国家间争端目标的一次里程碑式的努力①。尽管它未能有效遏制第二次世界大战的爆发，但已经清晰地表明国际社会已经在此问题上形成了一定的共识。联合国的成立为国家间和平解决争端的原则的发展，注入了一针强心剂。《联合国宪章》将这种原则作为其七项基础原则之一②，并明确要求各成员国禁止以武力手段威胁他国的领土完整和政治独立。其后成立的非统组织也在其宪章中，将和平解决争端作为指导处理非洲国家间关系的重要原则，并贯彻至历届首脑会议上有关成员国争端的各项决议之中。因此，自第二次世界大战结束之后，无论是在世界普遍的范围之内，还是在非洲大陆这个特殊的环境之中，以战争方式解决国家间争端已经为国际法所禁止。综上所述，遍布非洲大陆上的各种历史遗留的边界问题，结合世界范围内的主流认知对"非战原则"的充分肯定，决定了以和平方式解决非洲国家之间的领土争端，应该在未来成为非洲国际社会努力维护现有国家间边界格局稳定的基础性手段之一。

翻开非洲在20世纪下半期的发展史，不难看出存在于非洲国家间发生的领土争端，最终是以相关各方直接进行政治对话，或者在非统组织调解委员会的斡旋之下举行外交谈判的和平方式得以彻底解决。1963—1970年，摩洛哥与阿尔及利亚在解决有关特尼埃萨西南部地区争端所作出的一系列努力，属于这类的典型案例之一。两国在该地区的领土争端正式爆发于1963年10月，后来在阿拉伯联盟、非统组织的调解之下，双方举行多次双边的高端会晤，确定坚持按照和平原则解决争端。经过一系列的谈判和磋商，双方最终于1967年11月在伊夫拉恩达成最终解决方案，决定将争议地区的重新勘界事宜，交由双方共同派出人员组成的联合边界委员会全权负责。1970年5月，联合边界委员会正式成立，在总体上坚持两国在争议地区的原有边界格局的前提下，对个别地区的归属作出了重新安排，从而以和平方式解决了该地的边界争端。1961—1974

---

① Markus Kornprobst, "The management of border disputes in African regional sub-systems: comparing West Africa and the Horn of Africa." *The Journal of Modern African Studies*, Vol. 40, No. 3, 2002, pp. 369 – 393.

② Bardo Fassbender, "United Nations Charter As Constitution of the International Community," *Columbia Journal of Transnational Law*, Vol. 36, No. 3, 1998, p. 529.

年，马里与布基纳法索两国以和平协商方式，彻底解决有关边界地区 0.3 万平方公里归属的争端，是在非洲范围内成功利用"非战原则"的另一项典型案例。自争端出现以后，两国决策者始终保持着冷静克制的态度，决定先后通过双方派出人员共同组成的边界委员会、永久双边委员会、专业技术委员会等机构，商讨在争议地区重新划分边界的事宜。而在两国关系最为紧张的时候，塞内加尔、贝宁等周边法语国家领导人以及非统组织代表分别在两国之间进行了政治斡旋，使两国进一步强化了在双方联合成立的边界委员会的框架内部寻求问题解决的共识，并有效推动了两者分别作出了放弃在争端中使用武力手段的承诺。1979 年，两国在历经一系列直接对话之后，开始就争议地区的边界重新划分事宜达成了一系列共识，为该问题在 80 年代得到彻底的解决，奠定了坚实基础。

但是，需要认清的事实是，这些被人们高度赞颂的以和平方式解决争端的案例，本身仍然具有一定的局限性。首先，尽管和平解决边界争端原则在上述两个案例中最终发挥了重要的作用，是推动共赢结局得以产生的不可或缺的关键性条件，但这些原则本身在争端发展的全过程之中，却并没有能够始终占据着主导地位。这种状况突出的表现在，和平解决争端并非这些国家的逻辑起点，而只是作为一种附属性的产物，即一方面，和平解决争端并不被相关国家一开始就视为理应采取的唯一合法手段，例如，当 1963 年在特尼埃萨出现领土主权争端伊始，摩洛哥与阿尔及利亚便立即兵戎相见，爆发边界战争，而和平外交谈判只是两者在军事上难分胜负之后，在博弈中作出的相互让步；另一方面，和平解决争端也同样没有被相关国家视作是有效手段，例如，马里和布基纳法索虽然在边界争端伊始尚能冷静克制，但在多次谈判无果的情况下，最终还是于 1974 年下半年爆发边界武装冲突，而新一轮和平谈判则是在此武装较量之后的事情。"非战原则"的本意是要求主权国家寻求国家利益的过程中，自始至终完全摒弃战争手段的使用，并非机械地追求在两国博弈的最后阶段才使用和平对话的方式，而忽略双方博弈的整个或部分过程究竟是以何种方式进行的。诚然，与奥祖战争、欧加登战争相比，上述两对博弈关系的双方已经显得更为克制，其造成的恶劣影响也更为有限，但不可否认的是，"非战原则"在其中发挥的作用仍然十分有限。

其次，从这些国家以及所争议地区的特点来看，整个争端发展过程中的战争在时间上不占据优势地位，并最终能够得以通过外交对话的方式解决，是依赖于一系列的巧合因素的存在。其一，领土争端本质上是国家主权争端的延伸，而主权自身的特性是要求对外独立和不可转让。领土的稀缺性决定了，若通过组建双边委员会而开始就特定领土的归属问题举行和平谈判，则谈判双方都不可能成为完全的成功者或失败者。彼此缺乏能够直接制约对手的有效手段，势必决定了最终的结局就是任何一方都无法独占当事地区，而上述两个案例就是以有关各方分别获取争议地区的部分土地而终结的。但在上述案例中，双方争议的领土面积较小，是不具备任何资源和战略地位的无足轻重地区，而正是由于继续在争夺这些地区的战争上所花费的成本，要大于完全占有这些地区所获得的收益，才可能使得双方愿意在博弈中以相互让步的方式作出妥协。但如果争议地区不符合这些特点，那么双方很可能因为不愿作出丝毫让步，而使得和平解决争端的谈判难以为继。这也在很大程度上解释了，为什么欧加登、奥祖地带的领土争端，最后会引发如此高烈度的武装冲突。其二，国家间关系的自助状态，决定了和平谈判的成型，必须以双方均采取克制冷静的态度为基础，任何一方率先以武力手段介入，都必然会导致另一方无条件的跟进，从而致使战争的爆发。在实践中，挑战原有领土所有状况的国家，通常会在一系列内外因素的误导之下误判局势，从而做出动武的错误决策。从欧加登战争、奥祖战争的发起方来看，索马里、利比亚认为有利于自己的条件无非有三：1. 自己的国力相对更强，而当时的对手则因为一系列国内外问题的缠绕，国力被相对的削弱；2. 争议地区远离对手的统治中心，从而使其难以通过进行快速反应予以救援；3. 争议地区的居民因为宗教或民族的原因，而对自己表现出一定的倾向性，从而为取得战争胜利增添了又一份筹码。但事实证明，这种判断并不符合事实，因此也只能保证当挑战的一方开始诉诸武力手段之后，却只能在初期占据局势的主动权。随着邻国的快速跟进，战局便很快陷入无解的僵持状态之中，从而使部分问题拖延到现在仍然没有获得彻底地解决。

在非洲集体安全组织的斡旋与监督之下，非洲国家通过组成双边委员会解决争端的方式,为其他的部分非洲国家和平解决边界争端,维护既有边界格局稳定,进行了必要的探索。但需要注意的是,这种模式在自身就如何进一步确保争议各方完全杜绝使用战争手段的问题上,需要继续进行优化,尤其在涉及如何解决有关敏感地区的领土主权争端之上。因此,有必要继续加强以非盟为代表的非洲国际社会的监督作用;继续积极贯彻"非战原则",以便对上述国家间和平解决争端模式作出必要的支持和补充。

第四节 威胁边界的传统挑战逐步钝化

经过非洲在上述领域的努力,冷战结束以及国际秩序变化所带来的冲击逐步钝化。至21世纪的第二个十年,非洲逐步走出阵痛发展期,大多数非洲主权国家的政权趋于稳固,武装冲突的烈度与数量显著下降,和平与发展成为非洲各国共同追求的目标。从非洲国家间边界格局与非洲政治发展关系的角度来看,尽管以非盟为代表的国际社会仍然没有从政策创制的层面完全堵住部分次国家行为体继续挑战边界不可更改原则的漏洞,但从实践层面来看,自2011年南苏丹独立之后,非洲既有的国家间边界格局维持着相对的稳定,一方面,没有再出现新的区域分离主义挑战所在国的主权与领土完整的情况,即便是卡宾达、卡普里维、加丹加等传统的"独立"欲求高涨的地区,军事冲突和谋"独"的政治活跃度也在快速下降,基本没有再成为非洲发展中的热点;另一方面,将前殖民主义时代的民族、宗教等社会身份性认同凌驾于国家认同的呼声也在逐步弱化,无论是按照某个民族的分布范围"建国"的观点,还是某个非洲国家属于某个民族的言论,都难以成为主流的政治观点。

造成这种局面的原因,主要来源于两个方面的因素:其一,非洲主权国家的地位成为不争的事实。尽管非洲主权国家的存在时间没有前殖民主义时代的古代国家或者部落联盟的存在时间长久,但经过半个多世纪的发展,主权国家的存在已经成为一个不争的事实,且各国政府分别在推动国家治理的过程中,在一定程度上也在缓慢建立起与国家认同相关的社会集体心理。尽管这种国家认同尚不能完全取代具有强大发展惯性的前殖民主义时代的社会文化性身份认同，但确实在成为逐步影响后者的一项重要因素。其二，和平与发展成为各界的共识。主权的本质是社会所有成员的集体生存与发展权，非洲长期处于发展和治理赤字的根源，在于尚未从根本上摆脱欧洲殖民者遗留的政治与经济制度的束缚，而国家认同与民族认同的错位并非首先需要解决的问题。在此形势下，即便是某个民族或地区脱离了原有的国家"单飞"，还是无法解决现实的发展困局。厄立特里亚、南苏丹两国独立后，不仅成为了非洲最不发达的国家，而且还与前母国长期处于关系交恶的事实，已成为了较有说服力的例证。特别是厄立特里亚独立后，很快就陷入了与埃塞俄比亚的划界争端，并且在1998—2000年引发了被称之为"最贫穷国家之间的战争"的埃厄边界武装冲突；南苏丹的独立不仅带来了与苏丹重新明确划分边界的需求，进而引发了阿卜耶伊地区的主权归属争端，而且加剧了南方政治力量的进一步碎片化进程，导致努尔族、丁卡族为争夺国家权力而陷入内战。因此，在主权国家内部尽可能争取更多的政治权益和发展资源，正在成为比谋求"独立"更具现实价值的途径。

受此影响，随着厄立特里亚、南苏丹等地最终独立，非洲范围内存在典型身份认同"断层"和冲突的重点地区暂时宣泄了长期矛盾积攒的内部压力，非洲国家间的边界格局暂时处于整体稳定的状态。随着国家间边界格局的现实合法性逐步得到各个民族、教派、政党等次国家行为体的认可，挑战国家间边界格局的原有力量开始被弱化。这并不是说这些力量不复存在，而是在国家认同与前殖民主义时代社会文化认同交织的背景下，这些行为体的活动场域不再是以殖民地边界划定某个群体的分布范围为标准，而是以主权国家边界范围内的领土作为立足点，活动的宗旨与目标也不再是追求民族跨境实现统一，而是尽可能利用所在国的政治制度，最大限度地为本民族或教派争取发展权益。换言之，并非这些力量不复存在，只是其活动范围和政治主张开始受到国家间边界格局的影响和约束，不再将国家间边界格局作为攻击和否认的对象，即从关注主权国家涉及超越主权国家主权范畴议题的"外向化"，逐步转变为只关注主权国家内部发展议题的"内向化"。但在国家内部，这种强大的惯性对政治发展的干扰作用依然十分明显，民族、教派等认同与地域边界划分交织在一起，仍然是不定期引发政治危机的导火索。作为非洲国家间边界格局面临的传统威胁逐步退缩至非洲国家内部的典型反映，族群政治的发展变化最具代表性。

作为英国在非洲殖民统治的"样板"以及非洲解放后东非地缘政治圈的大国，肯尼亚境内的族群政治发展情况具有较为清晰的脉络。以2007年大选和2010年《新宪法》的颁布作为历史发展上的分界点，之前的族群政治呈现出对外要求与邻国的相关族群实现有效政治联动，对内相互竞争的局面，而之后的发展态势重点则逐步转移到国内，形成族群—地域复合体。在这种发展过程中，肯尼亚与周边国家的边界特别是与东北部索马里的边界，不再是各个族群传统政治诉求的挑战对象，基于各族划界的民众政治参与问题，成为了各民族博弈的新焦点[①]。

另一个较为典型的案例是刚果（金）东部地区的局势，长期盘踞在当地的以3月23日运动（M23）为代表的叛军主要以该国东部的图西族为主体，在族群构成上与邻国卢旺达、布隆迪具有高度的相似性。在20世纪90年代大湖地区大规模人道主义危机中，刚果（金）东部的图西族深度参与卢旺达、布隆迪等国的族群间冲突，民族认同高于国家认同。但在当前的刚果（金）东部的政治危机中，尽管M23一直被指责从卢旺达政府军接收援助，配合卢旺达政府打击长期盘踞在刚东地区的胡图族叛军卢旺达解放民主力量（Democratic Forces for the Liberation of Rwanda），可以被视为90年代大湖地区跨境族群博弈的继续，但是其主要目标与活动方向仍然是"对抗"刚果（金）政府军的清剿，由其所代表的图西族的政治主张也从90年代与邻国图西族的"深度联合"，转变成为"借助"邻国图西族的力量，在刚果（金）的政治发展中谋求更大的权益。因此，尽管从90年代至今，刚果（金）东部地区的安全形势始终处于持续动荡的局面，但其中参与者的行为逻辑与活动方向已经发生了相应的变化，族群认同和族群政治凌驾于国家认同的"外向化"模式，已

---

① 邓延庭：《族群政治视野下的肯尼亚政治发展》，《非洲发展报告 No.22（2019—2020）》，社会科学文献出版社2020年版，第230页。

经被国家认同下的"内向化"族群政治逐步取代,尽管违反国际法的非法跨境活动仍然存在,但突破边界管束下的跨境族群政治,已经从边界两侧的相关行为体的言论中淡化或者消失,刚果(金)与邻国之间的既有边界已经成为一项基本前提。

第七章

挑战边界稳定传统威胁的异化

——极端势力蔓延侵蚀边界的稳定性

非洲在21世纪第二个十年的发展进程中,在大部分族群、教派认同的发展重点逐步转向各个非洲主权国家内部,不再成为挑战国家间边界格局威胁的同时,仍然有少部分不认可国家间边界格局的地区或居民在此过程中走向了异化,成为接受和推动恐怖主义势力在非洲快速泛滥的社会基础。恐怖主义在非洲的大肆泛滥并非偶然,而是冷战后全球形势发生深刻变化后带来的影响。从非洲恐怖主义的源头来看,当前呈现出大肆泛滥的非洲各支恐怖主义力量均与国际恐怖主义势力保持着密切的联系,而国际恐怖主义势力则主要源于西亚地区。冷战后两极均势格局的崩塌以及西方的新干涉主义在当地的大肆横行,加速了宗教极端主义势力的滋生与蔓延。而随着中东国家近年来对恐怖主义的打击力度持续增强,恐怖主义力量的中心逐步向第三世界的其他地区转移。与此同时,西方国家插手非洲之角、北非、萨赫勒等地的事务,也导致原有的地缘政治格局被打破,各方力量之间的平衡崩溃,进一步激化了当地原有的矛盾。西方在破坏当地原有秩序的同时,却未能建立起新的秩序,本就长期处于治理赤字的地区进一步成为权力空白,为国际恐怖主义从西亚地区大规模渗透进非洲提供了便利条件。特别是在西方的干涉下,索马里内战久拖不决,卡扎菲被颠覆后的利比亚内战不止,两国成为伊斯兰国等国际恐怖主义势力向非洲之角地区、萨赫勒地带快速渗透的两大通道。从非洲本身来看,一些国家的边远地区的发展以及当地族群的生计问题长期得不到有效的保障。在非洲大陆上的战争与冲突总体呈持续降温趋势，在越来越多的族群与教派愿意且能够参与国家治理的形势下，这些"被遗忘"地带仍然徘徊于发生动荡的边缘，民众无法享受国家发展红利，前殖民时代的身份认同依然强大，地区分离主义势力猖獗。国际恐怖主义的渗透及其宣扬的宗教极端思想，恰好迎合了这些族群中的激进分子的现实利益诉求，因而两者迅速交织在一起，形成相互促进的发展态势，国际恐怖主义为边缘化族群的武装反抗提供了理论基础和财物支持，而边缘化族群又为国际恐怖主义在非洲的落地生根提供了广袤的土壤[1]。

虽然恐怖主义的本质是发展问题，与具体的民族和宗教无关，但就其现阶段在非洲泛滥与蔓延的实际态势来看，却是主要依托某些边缘化社会群体的民族身份认同或宗教认同来生存和发展。而这些民族或宗教团体的跨多国交界区域的属性，往往导致以此为社会根基的恐怖主义势力也表现出典型的跨国界的特征。从萨赫勒地带到非洲之角再到德尔加多角，任何一支恐怖主义势力都活跃在两国甚至是多国的交界地区，分布在边界两侧的居民实质上在恐怖组织的欺骗或强迫下，被联系在一起。而对于相关的当事国而言，恐怖主义组织频繁进行的非法跨国活动及其当地部分民众对恐怖主义组织的支持，实际上将脱胎于殖民地边界的国家间边界渗透的千疮百孔，而对于诸如马里、布基纳法索等无法从恐怖主义组织手中夺回部分地区实际控制权的非洲国家，这些边界实际上处于名存实亡的状态。因此，从非洲主权国家的层面来看，恐怖主义在非洲的滋生与蔓延，实质上是在大面积侵袭和吞噬相关国家的领土主权安全。尽管非洲各国官方认可的国家间边界并未发生改变，但恐怖主义势力的蔓延不仅没有按照既有的国界来展开，而且实际上完全否定了边界的现实存在，成为当前在事实上已经在局部改变非洲国家间边界的一股强劲力量。近几年来，受全球能源和大宗商品价格波动以及西方主要国家在非洲的部署调整，非洲国家经济发展和安全治理能力受到一定程度

---

[1] 邓延庭：《非洲反恐形势与地区安全》，《中国非洲研究年鉴2020》，中国社会科学出版社2020年版，第118页。

的影响,从而导致恐怖主义势力大规模反弹。新冠疫情给全球以及非洲发展的冲击,进一步加剧了恐怖主义的滋生与蔓延。2019 年以来,非洲恐怖主义活动呈现出快速反弹的态势,加剧了非洲国家在边界地区的治理难度。

第一节 传统社会文化性身份认同异化的多重因素

不论恐怖主义的表现形式如何,参与的社会群体是哪些,造成了什么结果,归根结底都是一种发展问题,是社会经济发展失衡以及政府治理失序导致的产物。2016 年后,随着非洲经济发展速度开始下滑,许多非洲国家内部的社会矛盾开始激化,为恐怖主义势力的趁机泛滥提供了温床。新冠疫情暴发和蔓延带来的公共卫生危机、交通运输梗阻、供应链紊乱、大规模失业潮、通货膨胀等问题,在进一步加剧社会矛盾的同时,也在大规模侵蚀非洲国家继续稳步推进社会治理及有效管控社会矛盾和危机的能力。此外,自然灾害的频发与俄乌冲突的爆发,又进一步冲击了非洲的粮食安全,威胁着众多非洲中低收入群体的正常生活,导致非洲出现大规模返贫问题。总体来看,从 2019 年年末至今的四年里,非洲因为连续遭受多重危机的冲击,过去十年的经济社会发展成果面临被吞噬的风险。恐怖主义在此期间的反弹与肆虐,是非洲安全形势恶化的集中反映,给非洲谋求可持续发展的努力蒙上了一层阴影。

一 粮食危机日趋严峻

非洲的农业生产长期处于欠发达状态,不能支持非洲实现粮食自给自足,粮食安全始终是悬在头上的一把利剑。在非洲每年所消耗的粮食总量中,85% 以上需要依赖从国际市场的进口,本土的粮食产量仅能维持剩下 10% 左右的需求[1],且品质相对较低,无法满足广大非洲民众的基本需求。除遭受新冠疫情的大幅冲击之外,受全球气候变化影响,2020

---

[1] UNCTAD, "COVID – 19: A Threat to Food Security in Africa." 11th August 2020, https://unctad.org/news/covid – 19 – threat – food – security – africa.

年内非洲多地遭受近年来罕见的自然灾害的袭击,给本就十分羸弱的本地农业生产以致命一击。

从2月起,索马里、埃塞俄比亚、肯尼亚、坦桑尼亚等国分别在不同程度上遭遇了数十年未遇的沙漠蝗灾。据联合国粮农组织估算,由大约1.5亿只蝗虫组成的面积最大可达2400平方公里的蝗虫带,沿大湖地区东部—非洲之角—阿拉伯半岛南部的方向,自西南向东北缓慢移动,平均每天要吃掉3.5万非洲居民的口粮。埃塞俄比亚、肯尼亚、坦桑尼亚、乌干达等国位列非洲主要粮食生产国,但受蝗灾影响,大湖地区周边以及埃塞俄比亚高原南部的粮食主产区几近绝收,由此已直接导致3500万当地居民面临饥荒问题[①]。进入4—5月份以来,肯尼亚中西部地区普降暴雨,多地出现河流泛滥决堤,数万居民无家可归,无米下锅。洪水在大量吞噬农田的同时,也为蝗虫的繁殖提供了温暖湿润的环境。进入6月以来,不定期的小规模蝗虫袭击与洪灾开始交替出现,正常农业生产秩序始终没有得到有效恢复。根据相关国际机构的预测,受环境恶化影响,东非地区不排除在2021年年初有再度遭受大规模蝗灾的可能性。除东非农业遭受双重打击之外,萨赫勒地区也遭受持续干旱和局势不稳定的影响,农牧民争抢水资源和土地,农民弃耕等问题日益突出,令本就效率低下的农业生产继续呈现衰减态势。受上述因素影响,非盟估计非洲全年的本地粮食产量将大幅下降,其中埃塞俄比亚、肯尼亚两国的粮食产量降幅将最为明显,短期内难以恢复到蝗灾之前的水平。

除非洲自身的农业生产受到自然灾害的重创之外,新冠疫情对世界主要经济体和国际运输网络的冲击,也将直接拉高国际市场粮食的销售价格。联合国粮农组织发布的世界食品价格指数显示,受疫情全球蔓延的影响,自2月以来,全球主要食品价格开始快速增长,其中谷物、小麦、肉类的价格涨幅最为明显。截至11月底,全球食品价格的价格指数平均达到105点,环比上升4%,同比上升6.4%,不仅创下了2012年7

---

① Nita Bhalla and Mohammed Omer, "Kenya, Somalia and Ethiopia Brace for Locusts after Rains Boost Breeding Grounds," Thomas Reuters Foundation News, 16th December 2020, https://news.trust.org/item/20201216154923-4k67b/.

月以来的最大环比涨幅,也使该指数上涨到了2014年12月以来的最高水平①。结合全球并不明朗的疫情形势,全球食品价格短期内将难以恢复到年初水平。受国际食品价格飙升影响,非洲依靠国际市场维持粮食供给的发展模式将受到大幅度冲击。换言之,进口粮食价格的大幅上涨,将完全颠覆非洲既有的食品供求关系,使越来越多的中低收入群体因无力支付每日餐食,而逐步滑向粮食安全得不到基本保障的深渊。

二 公共卫生体系面临崩溃

非洲一直是全世界公共卫生体系最为脆弱、挑战最为严峻的地区。根据世界卫生组织的统计,截至2019年年底,非洲几乎囊括了世界范围内所有的主要烈性传染病或流行病,诸如埃博拉、麻疹、肺结核、猩红热、黄热、疟疾等疾病,绝大多数的非洲居民都面临随时感染疾病但却无法有效就诊的危险。受制于有限的经济和科技发展水平,除南非、尼日利亚、肯尼亚、埃及等国外,绝大多数非洲国家不仅无法生产相应的药物和个人防护设施,而且对公共卫生体系建设的投入严重不足,公共卫生支出在GDP中的平均占比只有5%,远低于近10%的全球同期水平。总体来看,在新冠疫情暴发之前,非洲已独占全球22%的疾病暴发,但却只拥有全世界3%的医疗卫生从业者以及全球1%的公共卫生资金投入②,公共卫生需求与供给之间存在严重的失衡。大湖地区蔓延的埃博拉、麻疹等疫情,已经在大幅度透支相关国家本已捉襟见肘的公共卫生资源。

但不同于其他疾病在非洲的局部爆发,新冠疫情成为现代历史上非洲各国首次集体同时受到冲击的公共卫生危机。自2月份出现首例域外输入型感染病例后,非洲本地的社区传染链迅速形成且不断扩大,仅一个多月时间,不仅所有的非洲国家均出现确诊病例,而且尼日利亚、南非、加纳、肯尼亚、埃塞俄比亚等国的疫情迅速呈现出爆发的态势。据

---

① Food and Agricultural Organization of the United Nations, "FAO Food Price Index Registered a Sharp Rise in November to its Highest Level in Nearly Six Years," 3rd December 2020, http://www.fao.org/worldfoodsituation/foodpricesindex/en/.

② World Health Organization, "Global Health Expenditure Database," 2014, https://apps.who.int/nha/database.

非洲疾控中心的估算，仅应对第一季度的疫情波峰，就会给非洲各国的公共卫生投入带来增长至少两倍以上的重压。与此同时，疫情给非洲主要贸易伙伴以及国际市场的冲击，连同非洲各国防疫所采取的严格管制措施，导致非洲无法继续依靠外资和外贸维持原有经济增速和增量，债务负担不断上升，进而不断销蚀支撑抗疫的公共财政基础。为缓解经济压力，多数非洲国家在6—8月放松了防疫管制，但旋即带来了部分国家第四季度初的大反弹。自10月初，南非、肯尼亚等国多次出现单日新增确诊超过1000例的情况。疫情的反弹大幅度加速了非洲居民的感染速度，从2月初的首例确诊到8月初的100万例，非洲大陆用了半年时间，而从8月初的100万到12月初的200万例，只用了4个月时间。受疫情影响，非洲多个大城市开始出现确诊病例大规模挤兑公共医疗资源的情况，令原本就失衡的医疗供给与需求进一步恶化，即便医疗资源相对禀赋的国家也面临公共卫生体系崩溃的危险。

虽然目前非洲公布的确诊总数和死亡率仍然远低于世界其他地区，但考虑到大多数非洲国家检测样本和收治体系的覆盖率问题，实际上的疫情状况应更为严峻。由于非洲脆弱的公共卫生体系已不堪重压，即便就按照当前公布数字的增速，非洲不仅有可能沦为世界疫情另一个震中的危险，也极有可能成为全球疫情最后结束的地区。在这种形势下，疫情给非洲带来的恶劣影响，要超过同期对世界其他地区的冲击，为非洲安全形势的复杂化埋下了相应的隐患。

三 非洲国家内部治理赤字

公共卫生以及粮食危机的加剧，大幅度抵消了非洲近年来包容性发展的成果，直接激化了多重社会矛盾。按照世界银行估算，2020年非洲-3.3%的经济增速，将导致5800万人重新跌回绝对贫困线下，使非洲减贫成就倒退至少五年[①]。南非上半年已经有超过180万人失业，受两轮

---

① Montes Jose, Silwal Ani, Newhouse David, Chen Frances, Swindle Rachel and Tian, Siwei, "How Much Will Poverty Rise in Sub-Saharan Africa in 2020?" World Bank, Washington, DC, 2020.

疫情叠加的影响，近期失业率有可能上涨至50%①，创近年来新高。肯尼亚在上半年疫情中就损失了170万个就业岗位，失业率飙升至10.7%②，目前形势仍在恶化。尼日利亚第二季度末的失业率已飙升至历史新高27.1%③。受大幅失业潮的影响，非洲贫富差距扩大，平均基尼系数反弹至42.7%④，倒退至大概十年前的水平。在此环境下，用发展解决社会矛盾的逻辑开始逆向呈现，许多国家重新开始凸显阶层、民族、教派矛盾激化带来的社会裂痕。

社会矛盾加剧了社会的撕裂。在持续走高的失业率中，南非的社会治安进一步走向恶化，越来越多的失业群体开始走向暴力犯罪的道路，杀人、抢劫、性侵等恶性刑事案件的发案率呈逐月快速上涨态势。特别是在民粹主义的裹挟下，包括华人在内的当地外国居民亦开始频繁沦为受害者。进入下半年，南非更是出现暴徒有组织、有计划地杀戮诸如卡车司机、店铺业主等外国从业者。外界由此担忧，这种比新冠疫情更可怕的"经济恐怖主义"⑤似乎在证明，社会裂痕正在大幅抵消南非政府的社会治理与掌控能力。同样，在肯尼亚"封城"抗疫期间，在蒙巴萨老城区、内罗毕伊斯特利区等中低收入群体的聚居地，也频繁出现民众大规模集会抗议政府的情况。参与者刻意违反管制法令，以集会和不戴口罩的方式抗议"封城"带来的失业，指责政府决策"践踏民生"。反对势力大肆借机捞取政治资源，煽动民众与政府间的对立。一时间，肯尼亚

---

① iAfrica. com, "Treasury Now Estimates 1. 8 million Job Losses," 1st June 2020, https：//iafrica. com/treasury - now - estimates - 1 - 8 - million - job - losses/.

② Kepha Muiruri, "Kenya's unemployment rate doubles as 1.7M lose jobs between April and June, Citizen Digital." https：//citizentv. co. ke/business/kenyas - unemployment - rate - doubles - 1 - 7 - million - lose - jobs - april - june - knbs - 343843/.

③ Trading Economics, "Nigeria Unemployment Rate," 2023, https：//tradingeconomics. com/nigeria/unemployment - rate.

④ International Monetary Fund Blog, "How COVID - 19 Will Increase Inequality in Emerging Markets and Developing Economies," 29th October 2020, https：//blogs. imf. org/2020/10/29/how - covid - 19 - will - increase - inequality - in - emerging - markets - and - developing - economies/.

⑤ Free West Media, "Economic Terrorism：Attacks on Foreign Truck Drivers Intensify in South Africa," 12th December 2020, https：//freewestmedia. com/2020/12/12/economic - terrorism - attacks - on - foreign - truck - drivers - intensify - in - south - africa/.

全社会都在主流媒体和社交平台上掀起有关抗疫和民生关系的激烈争论，而由此派生出的政治倾向二元分化，亦成为当地社会裂痕持续加深的真实写照。

社会裂痕转化为政治安全挑战。在西非地区，疫情下的民生问题直接转化为政府与民众之间的流血冲突。进入10月以来，"大选舞弊""警察暴力执法"等热炒议题瞬间点燃了民众在疫情期间积蓄的不满情绪，并相继在几内亚、科特迪瓦、尼日利亚等国引发了以民主抗争、教派冲突、民族对抗为主要表现形式的政治危机。导致执法者与抗议者之间出现暴力冲突和流血伤亡事件，成为西非近年来少有的多国集体陷入政治危机的局面。非洲之角的政治安全形势更加严峻。随着提格雷族与奥罗莫族近年来政治裂痕不断加深，提格雷人民阵线趁埃塞俄比亚政府忙于疫情无暇他顾之际，于11月初发动内战。据联合国难民署统计，在持续近一个月的战火中，将近5万提格雷族居民逃往邻国苏丹沦为难民，创近二十年来非洲之角难民潮的新纪录①。目前战火虽已结束，但在疫情和自然灾害的双重打击下，埃塞政府是否有能力及时有效接收和安置被遣返的难民，避免饥荒、疾病、刑事犯罪等人道主义危机的出现，依然存在较大的不确定性。

四　国际社会难以提供有效的安全产品

疫情在以上三个方面给非洲带来的巨大冲击，作为近年来掣肘非洲发展的顽疾和难题，恐怖主义在年内给非洲带来的威胁依然十分严峻。与2020年的纵向对比来看，2021年的非洲恐怖主义发展仍然呈现出明显的加剧态势，不少地区爆发的与恐怖主义密切相关的恶性暴力事件或者人员伤亡数字攀升到了新的高度。在恐怖主义盘踞的传统大本营，反恐力量仍然与恐怖主义势力艰难地进行着拉锯战，取得决定性胜利的曙光依旧十分渺茫；在恐怖主义势力新近蔓延或传播到的地区，比如南部非

---

① Babar Baloch, "Pace of Ethiopian refugee arrivals in Sudan unseen in the last two decades," UNHCR, 17th November 2020, https://www.unhcr.org/asia/news/briefing/2020/11/5fb391214/pace-ethiopian-refugee-arrivals-sudan-unseen-decades.html.

洲，恐怖主义所涉及的范围和具体表现形式也分别呈现出加速扩大的态势，不仅增大了相关国家的社会治理难度，而且持续释放出恶劣的示范效应。

疫情给非洲经济社会发展带来的严重冲击，扩大了恐怖主义泛滥的社会温床。首先，在经济下行压力增大，医疗、粮食等资源开始走向稀缺的形势下，越来越多的非洲人开始直接面临现实的生计问题。鉴于恐怖主义出现的根源是现实发展权益的不合理、不均衡分配，疫情下贫困、疾病、饥饿等问题的大规模反弹，为极端思想在民众中的传播提供了充足的空间，这推动越来越多的民众最终走向通过暴力手段谋生的道路，客观上夯实了恐怖主义增殖与泛滥的"民众基础"。其次，面对突然被疫情裹挟而来的各类社会治理难题，非洲各国政府普遍难以在短时间内集中有效的力量应对恐怖主义。由于各国一方面在短期内需要在支持公共卫生发展、抗击自然灾害、稳定居民就业和生活等多个方面投入大量资金，另一方面又遭受财政收入大幅度下降的困扰，因此实际上在反恐的问题上分身乏术，很难在支持抗疫的同时，也为打击恐怖主义的军事行动分配足够的人力物力支持。根据瑞典斯德哥尔摩国际和平研究所的统计，在恐怖主义近年来大肆席卷非洲的同时，非洲的总体军事投入却连续多年维持在5%以上的降幅。除了因为南北苏丹两国局势逐渐降温导致的军事投入下降之外，非洲近年来经济增长后劲不足客观上也导致了对军费支持的力度有所下降。以东非反恐大国肯尼亚为例，在青年党攻势未减的情况下，2019年全国军费开支较2018年下降19亿美元。受新冠疫情的影响，2020年该国军费的实际缩水幅度很有可能会超过10%[1]。再次，承担非洲反恐的国际参与者也受到了疫情的波及。目前在东非、西非与非洲开展反恐合作的国家和国际组织主要包括美国、英国、法国、欧盟。自2020年第二季度以来，上述各方分别开始遭受疫情的重创，其中英国、法国取代意大利成为欧洲疫情最严重的国家，美国则是成为全世界疫情的震中。在此形势下，各方继续扩大支持非洲反恐的力量实际

---

[1] Macro Trends, "Kenya Defense Budget (1963 – 2019)," 2023, https：//www.macrotrends.net/countries/KEN/kenya/military – spending – defense – budget.

上已被透支，加之美国与法国在西非反恐的诸多问题上仍然没有达成有效共识，因此发挥的作用较为有限。

受上述多重因素影响，非洲大陆实质上成为全球社会经济发展与治理体系中最为薄弱的环节，在外部因素与域内各类传统因素的共同叠加之下，现实发展困境在快速助推非洲内部政治发展与社会演进的极化趋势。但由于受制于有限的社会经济发展成就，非洲前资本主义时代形成的族群基础并未得到有效的认同，因此族群认同支撑起来的族群政治发展，也就自然成为政治发展与社会演进极化的底层逻辑。换言之，国家发展内部的矛盾激化，依然是以彼此处于竞争关系中的各个族群组建的政治力量之间的对抗与竞争作为表现形式。而如果把视野拉到非洲大陆内部，特别是不同非洲主权国家内部的话，治理与和平赤字与社会经济发展赤字之间的对应关系更加显著。如果说非洲是全球治理与发展链条上的薄弱环节的话，那么非洲各个国家内部的偏远落后地区，特别是远离传统政治、经济、文化、交通运输中心的多国交界地区，则无疑是最薄弱环节上的明显"短点"。从当地的族群与文化基础来看，在前述的殖民统治者的野蛮划界肢解下，当地生活的族群普遍与所在国发达地区的族群存在较大差异，而与邻国接壤地区的族群具有相似性，相互认同程度较高。从独立后的发展状况来看，当地至今仍然处于严重欠发达程度，中央和地方政府始终难以有效满足居民的需求，居民对现状不满程度较高，对国家治理权的感知较弱，进而对国家叙事的认同相对有限，渴望变革的呼声日益明显。在民众因为不满而滋生非理性情绪的形势之下，部分政治力量就开始打着族群认同或者其他社会文化性身份认同的旗号，在上述地区以非理性的形式表达政治利益诉求。由于上述特征的存在，多重发展困境在多国交界地区滋生的安全挑战主要呈现以下基本特征：其一，非殖民化后挑战非洲既有边界格局的力量，在打着新旗号下的一次集体回流，唯一的变化是将其叙事从否定殖民统治的划界安排，转变为利用某种极端或者歪曲的理论来"保护"当地居民；其二，这些力量借助交界地区的各个国家的"权力真空"，快速实现跨境蔓延，在实践上已经大规模冲破了原有的边界格局，相关各国在法理上强调的空间疆域，实质上仅存在于纸面文件上；其三，各支极端势力普遍采取通过暴力手段对抗各国治理力量的模式，因此其快速膨胀在部分地区动摇边界格局的同时，实际上也在向各个方向快速蔓延，进一步压缩各国的实际有效治理范围。总而言之，作为传统族群认同在某种程度上的异化，极端主义势力的跨境泛滥，正在成为以暴力冲突形式在局部地区挑战非洲现有边界格局的活跃力量。

第二节 交界地区的"权力真空"与"边界模糊化"问题：非洲极端势力的跨境泛滥

总体来看，萨赫勒地带、非洲之角两大区域是国际恐怖主义与非洲本土的极端势力合流的重灾区。这些地区不仅在地缘上更接近于西亚和北非地区，从地理空间的角度而言，便于成为国际恐怖主义势力向非洲渗透的主要通道。与此同时，无论是索马里长期处于的内战状态，还是萨赫勒地带几国交界地区的长期动荡，有效的宪法统治秩序的缺失，为恐怖主义的落地生根提供了绝佳的机遇。此外，南部非洲部分国家的边缘化族群和偏远的边疆地区，目前表现出了通过主动迎合恐怖主义势力，来表达政治诉求的趋势，成为国际恐怖主义势力渗透进入新的非洲次区域的代表。这种新形势也给周边的其他国家的类似地区或族群，乃至诸如大湖地区可能沦为恐怖主义泛滥所染指的新对象，敲响了必要的警钟。

一 东非地区：青年党突破索马里疆界从事渗透活动

索马里青年党是非洲之角地区最主要的恐怖主义力量，同时也是向整个东非次区域进行大规模渗透的元凶。非盟及西方主要国家长期在此进行对青年党的打击活动，支持索马里民选政府在首都及其附近区域实施宪法统治秩序，但在索马里完成事实上的统一和开启行之有效的经济社会发展之前，这些措施并没有从根本上起到对青年党的遏制作用，反而处于"越反越多"的尴尬处境。在索马里之外，青年党的势力也沿着索马里族的民族身份认同和伊斯兰教的宗教身份认同，越过索马里与周边国家的边界，大肆在其他国家境内招募极端主义群体，妄图建立起以宗教极端思想为基础的"国家"。近年来非洲之角形势的变化，为青年党势力的反弹提供了可乘之机。

（一）索马里发展与和平赤字是传统矛盾异化的关键

2019 年成为自穆罕默德于 2017 年正式就任索马里总理以来，索马里本土受恐怖主义袭击最为严重的一年。从恐袭爆发的频次来看，自 1 月 4 日青年党在哈马尔（Hamar）地区杀害当地居民算起，到 12 月 28 日青年党在首都摩加迪沙发动自杀式汽车炸弹爆炸为止，索马里在 2019 年内共发生了近 70 起规模不同的恐袭，平均每个月要发生至少 5 起以上的恐怖袭击，频次较 2018 年的平均每月 3—4 次出现了较为明显的上升，其中首都摩加迪沙及其邻近区域的受袭频次上升趋势更为明显。

从恐袭爆发的烈度来看，在 2019 年全年发生的近 70 次规模不等的恐袭之中，约一半左右都造成了不同程度的人员伤亡，索马里政府、外国维和力量以及本国普通居民依然沦为"无差别"恐袭的对象，其中 12 月 28 日发生在首都摩加迪沙的恐袭共造成 90 人死亡，149 人受伤，无论是造成的破坏程度还是恶劣影响，都刷新了 2017 年 10 月在摩加迪沙发生的卡车炸弹爆炸案，被国际社会一致认为是近年来青年党发动的最为致命性的恐袭。

进入 2021 年后，索马里位于东非恐怖主义震中的地位没有发生根本性的变化。从整体形势来看，逐步从非盟索马里维和团手中接管各个重要基地和主要城镇掌控权的索马里安全部队，并没有全面应对青年党挑战的能力。为了阻碍索马里 2021 年总统大选，青年党在 2020 年下半年内明显增加了恐袭的力度，重点袭击宾馆、体育馆等民用设施，意图给索马里政府施压。2020 年 8 月，外国顾客频繁光顾的摩加迪沙精英酒店（Elite Hotel）遭受汽车炸弹袭击，造成 17 人死亡，成为自 2019 年 12 月以来，青年党在索马里首都酿成的又一桩大型惨案。12 月，青年党在中部的穆杜格州（Mudug）的加尔卡约（Galkayo）发动了针对总理穆罕默德·罗布尔（Mohamed Roble）的恐袭，总理本人幸运躲过，但他原计划发表演讲的会场却出现多人伤亡。青年党的攻势也加剧了索马里国内各界在和平进程和国家治理等问题上的分歧，受中央政府与五个联邦州无法达成共识的影响，索马里原定在 2021 年 2 月举行的总统大选被推迟。在严峻的安全形势加剧政治碎片化的大背景下，索马里未来的政治发展走向依然存在诸多的不确定性。

索马里恐怖主义势力的抬头也充分表明，国际社会近年来不断在索马里开展的反恐行动虽然取得了一定的进展，在一定时间段内遏制了恐袭的爆发，但并没有真正对青年党起到伤筋动骨的杀伤作用。青年党仍然在用频繁制造血案的方式向外界证明，自己依然具有挑战和破坏既有秩序的能力。当前，在中东国家特别是海湾国家日益成为介入非洲之角事务的重要域外力量，且索马里国内部落冲突与经济社会发展在短时间内难以摆脱乱局的背景下，国际恐怖主义势力的渗透以及索马里国内的既有矛盾，仍然将为青年党势力的滋生和蔓延提供广阔的温床，索马里安全局势在短期内难以出现根本性好转。

(二) 肯尼亚—索马里边界无法提供有效的安全治理屏障

因为族源关系的缘故，肯尼亚东北部地区在历史上与索马里存在千丝万缕的联系，民族归属与领土划分等议题在 20 世纪导致两国长期交恶。自 2012 年出兵参与索马里维和以来，肯尼亚成为除索马里本土之外，遭受索马里恐怖主义势力袭击最为严重的国家。但是除 2013 年首都内罗毕西门购物中心等少数几次恐袭之外，绝大多数袭击事件都发生在东北部索马里族聚居区，特别是靠近肯尼亚与索马里边境地区的城镇和乡村。然而，2019 年索马里本土恐怖主义势力的抬头导致肯尼亚亦沦为直接受害者，受恐袭波及的范围开始扩大。

一方面，肯尼亚东北部各郡继续遭受恐怖主义肆虐。参与恐怖主义组织的本土索马里族成员以及来自索马里南部的实施跨境犯罪的恐怖主义人员交织在一起，使曼德拉（Mandera）、加里萨（Garisa）、瓦吉尔（Wajir）等郡的受袭频次远高于全国其他地区。从 1 月 15 日加里萨郡受袭开始，一年来东北三郡受到不同程度的恐袭 30 余次，受害范围不仅包括肯尼亚在当地的驻军、警察局、当地居民，还包括中国企业等外国公司在当地实施的国际合作项目，诸如 2020 年 1 月 22 日江西中煤在加里萨的项目营地遭武装袭击。

另一方面，首都内罗毕再度成为青年党报复的对象。1月15日，位于内罗毕市区的高档酒店都喜酒店遭受青年党恐怖分子持枪和炸弹袭击，导致包括美国、英国公民在内的15人死亡，数十人受伤。由于近年来内罗毕并非青年党恐袭高发地区，因此安全防护严密的内罗毕高档商业和居住区通常被认为是肯尼亚全境发生恐袭概率最低的地区之一。但此次超出外界想象的突发事件的出现，一方面表明青年党在肯尼亚的活动范围和力度正在扩大，内罗毕继东北地区之后，再度沦为恐袭攻击的重点，另一方面也暴露出肯尼亚当前在国内的安全保卫工作，特别是中心城市的安保工作仍然存在诸多漏洞，在面对日后有可能进一步升级的恐袭压力时，存在着力不从心的危险。

从2020年1月青年党武装分子从索马里境内渗透进肯尼亚，对美军在曼达湾（Manda Bay）附近的空军基地发动袭击，并造成三名美军士兵伤亡开始算起，肯尼亚东北部各郡遭受恐袭的频次和力度均较2019年上涨。据肯尼亚的人权与政策研究中心（CHRIPS）统计显示，2019年肯尼亚境内共发生34起恐袭，造成83人死亡，而到了2020年恐袭次数激增至69起，死亡人数也飙升至122人，增幅都在50%以上[1]。肯尼亚东北部与索马里交界处的各郡成为恐袭爆发重灾区，其中曼德拉（Mandera）、加里萨（Garisa）、拉穆（Lamu）、瓦吉尔（Wajir）几地已成为青年党势力最为猖獗的地区。随着肯尼亚2022年总统大选日益临近，执政党朱比利党内部的分裂以及政坛上各大政治力量的分化重组，正在导致国家的政治经济资源重新向班图语各民族之间的博弈倾斜，客观上将为青年党势力在索马里族中的蔓延提供了一定的空间。

从中长期来看，肯尼亚境内的索马里族的建制派政治精英虽然已经成为肯尼亚当前多党政治的重要参与者，但政治竞技的主动权仍然掌握在中部基库尤、卡伦金等族群的手中，索马里族的实际政治地位与快速增长的人口和要求发展改革的呼声严重失衡。虽然在当前青年党大肆越境渗透肯尼亚的形势下，参与者主要是本民族内的社会弱势群体和低收

---

[1] Rahman Ramadhan and Lynda Ouma, "Trends of Violent Extremist Attack and Arrests in Kenya: January – December 2020," *CHRIPS Observatory Report*, No. 4, February 2021.

入群体，但考虑到在恐怖主义政治主张下也一定程度上含有索马里族的民族主义主张，因此不排除两者会在可预见时期内基于索马里族的民族身份认同和索马里族在肯尼亚政治发展进程中的地位和作用等议题，会与极端分子的政治主张走向趋同化的趋势。如果这种局面出现，不仅恐怖主义与索马里族的复杂联系无法走向终结，索马里族建制派的政治主张也会出现倒退，恐怖主义将成为侵蚀肯尼亚对东北部地区领土主权的重要威胁。

（三）乌干达、布隆迪"隔空"受到威胁

乌干达、布隆迪与肯尼亚类似，也都是参与非洲联盟主导下的索马里国际维和力量的东非共同体成员国。因此，索马里青年党也将两国列为恐袭的对象，企图迫使两国尽快中止在索马里执行的维和任务，进而使非盟的维和任务破产。因此，虽然两国在地理空间上并不与索马里接壤，且国内并没有索马里族，但仍然"隔空"成为恐怖主义跨境泛滥的受害者。2010年7月，青年党在乌干达首都坎帕拉制造两起酒吧爆炸，导致正在观看南非世界杯足球比赛的共76名人员死亡，致使乌干达沦为东共体第一个首都遭受恐袭的成员国。此后，随着国际反恐力量在索马里本土持续加大打击力度，青年党势力在东非持收缩态势，乌干达连续多年没有受到恐袭波及。

但随着恐怖主义势力在2019年出现反弹，青年党在肯尼亚大规模提升恐袭的烈度和频度，尤其是1月份在内罗毕制造的酒店爆炸案，给作为邻国的乌干达带来巨大的安全压力。内罗毕恐袭发生之后，乌干达立刻提升了全国的安全防控工作，全面加大对全国主要城镇、交通设施以及肯乌两国边界过境人员的防控和检查力度。面对青年党在网络上叫嚣要实施的报复，乌干达将年内举行的所有涉及人员大规模聚集的活动都列为防范恐袭的重点，其中5月份乌干达安全部门数次发布恐袭预警，指出恐怖分子已大规模渗透进国内，有可能对参加乌干达烈士节庆祝以及观看欧洲冠军联赛直播的观众发动恐袭。虽然最终国内全年没有发生恐袭，但高度戒备的防恐态势在短期内将继续维持下去。

布隆迪也多次受到青年党在网络上的威胁恐吓，最近的一次恶性恐袭为2018年5月该国一处乡村遭受不明身份的武装袭击，造成26人死亡。在当前布隆迪国内政治危机持续发酵的背景下，2019年防恐态势的变化也给布隆迪政府带来巨大的压力。该国政府在年内也多次发布可能受到青年党袭击的预警通告，对包括首都布琼布拉在内的国内主要城市的游行集会，特别是对反对派掀起的政治抗议活动不断加强安保工作。布隆迪在年内同样没有遭受实质性恐袭的波及，但高戒备的防恐工作将成为未来一段时期政府施政的重点。

二　西非地区：殖民者遗留边界被渗透的千疮百孔

西部非洲的恐怖主义依然主要集中于萨赫勒地带上的马里北部以及乍得湖流域，是目前整个非洲大陆上恐怖主义问题最为严峻的地区。2019年，西非的恐怖主义继续沿袭近十年来的态势，攻势继续增强，波及范围持续扩大，已经逐步形成"抹杀"了萨赫勒国家原有边界的恐怖主义组织的大片"实际控制区"，构成了完整的萨赫勒恐怖主义链条。

（一）马里：北部沦为恐怖组织在非洲大本营

由于交通闭塞以及政府治理失序等原因，马里北部自2012年陷入混乱以来，一直成为来自西亚、北非地区的恐怖主义向撒哈拉以南非洲渗透的最主要窗口之一，特别是利比亚的连年战乱为基地组织、伊斯兰国从非洲域外进入马里北部并建立相应的西非分部，提供了绝佳的地理通道，因此被称作非洲的"恐怖主义训练营"。在联合国、法国、西非国家经济共同体等多方力量协助下，马里政府从2015年至今曾两度宣布全国进入"紧急状态"，全面反击北方的恐怖主义。但从实际效果来看，马里的实际情况仍然是"南北分化"，即政府主要控制南部农耕居民生活区，北部游牧民族聚居区依然是恐怖主义势力的主要盘踞地带。

目前在整个西非萨赫勒的恐怖主义组织"实际控制区"内，马里北部仍旧是整个西非地区恐怖主义组织数量最多，构成最为繁杂，恐袭波及范围最广，安全形势最为严峻的地区。伊斯兰国在大撒哈拉组织（ISIS-GS）、伊斯兰马格里布基地组织（AQIM）、支持伊斯兰教和穆斯林组织（JNIM）依然是标榜与国际恐怖主义势力密切联系的本地主要恐怖主义组织，三者之间在势力范围、反政府武装领导权等多个方面存在着广泛的竞争关系。此外，萨拉菲宣教中心（GSPS）、伊斯兰后卫（Ansar Dine）、穆拉比通（Murabitoun）、马西纳解放阵线（Macina Liberation Front）等恐怖主义组织在前三者的竞争关系中，一方面不断变换着效忠对象或合作伙伴，另一方面内部也在逐步产生着新的派别，使马里的恐怖主义势力呈现出愈发碎片化和无序化的趋势。目前，美国、法国、联合国等国家和国际机构均在马里驻扎有安全力量，协助马里国防军打击恐怖主义势力。但受制于多方面因素，实际效果依然有限，马里政府依然不能有效控制整个北部地区，恐怖主义势力不仅大肆反弹，而且加速向南部农耕区和布基纳法索、尼日尔等西非邻国快速渗透。

在恐怖主义的侵扰下，自2019年起，马里南北族群矛盾又开始大规模激化与升级，以巴拉族、多贡族、富拉尼族为代表的族群间的直接流血冲突事件数量开始激增。1月1日当天，武装分子在马里中部地区的富拉尼村庄枪杀37人；3月24日，中部的莫普提地区发生武装分子针对富拉尼族被集体屠村事件，导致134人死亡；6月9日，莫普提地区再爆屠村惨剧，武装分子血洗了一个多贡族村庄，导致95人死亡。事后，多贡族、富拉尼族分别指责是伊斯兰恐怖主义组织、马里政府派出的武装分子实施的带有种族清洗性质的恐怖主义活动。这实质上是民众在对恐怖主义的恐惧和愤怒中，进一步走向分裂和对立的标志。此外，马里政府军依然是恐袭的最主要受害者，2019年内几乎每月都有士兵遇袭伤亡的事件，其中仅11月1日和11月18日，就分别有54名和24名士兵遇袭身亡，成为全年伤亡最为惨重的阶段。

2020年6月，在美国非洲司令部提供的情报支持下，法国武装力量在马里北部靠近阿尔及利亚边界处击毙伊斯兰马格里布基地组织首领阿卜代尔马勒克·德鲁克代尔（Abdelmalek Droukdel），成为马里近年来反恐取得的代表性成就。但此举并没有从根本上改变马里的安全局势，反而成为各支恐怖主义组织继续撕毁2015年签署的《阿尔及尔和平协议》，大肆向马里政府、国际反恐力量发动报复的借口。进入下半年以来，恐怖主义势力不仅明显提升了恐袭的频次和力度，而且把战线不断向南压缩。从 2 月份莫普提区（Région de Mopti）发生屠村事件以来，年内马里中部地区发生的平民伤亡和政府军、国际反恐力量被偷袭的事件均创历史新高。

（二）乍得湖流域：安全困境令尼日利亚—乍得—尼日尔三国交界区模糊化

盘踞在乍得湖流域的恐怖主义势力主要是博科圣地，起初以尼日利亚东北部博尔努州和当地的卡努里族为活动区域和民族基础，后势力范围逐步拓展到以乍得湖为核心，涵盖尼日利亚北部、尼日尔南部、乍得西南部、喀麦隆北部等地区。该组织与基地组织等国际恐怖主义组织存在直接联系，在马里北部局势失控之前，其活动的范围一直是西非恐怖主义肆虐的最核心地带，目前已经成为在四国交界区建立大片"实际控制区"的恐怖主义"王国"。沦陷于恐怖主义组织之手的四国交界地区远离四国核心统治地区，因此四国虽然纷纷采取了一定的军事清剿行动，但即便是投入军事力量最大的尼日利亚，也没有完全夺回对当地所有村镇的实际掌控权。其他国家更是在清剿的军事行动中频繁遭受惨重损失，无力长期维持行之有效的军事行动。

以西非域内第一大经济体和第一大军事强国尼日利亚为例，该国近年来持续增加对打击博科圣地军事行动的资金与物资的支持力度。其中，前总统乔纳森在任期内三次表示，要彻底清缴完毕博科圣地，夺回对东北部地区安全局势的绝对掌控权。布哈里继任总统之后，也多次向博科圣地发动猛攻，在东北部的军事清剿中取得了一定的成就。为配合政府的反恐行动，尼日利亚 2018—2019 年度军费开支超过 20 亿美元，较上一个年度增长 26.02%，经费主要用于以打击恐怖主义组织为目标的武器装备进口和人员培训方面。2019—2020 年度的军费虽然有小幅下降，但依然维持在 18.6 亿美元，是整个西非反恐前线军费开支最高的国家。2020 年上半年，面对新冠疫情的冲击，中国仍然积极履约中尼军事合作承诺，按时向尼日利亚交付包括 VT4 主战坦克、SH5 车载榴弹炮等武器装备，有力支持了尼日利亚国防军在东北部开展的一系列反恐军事行动。

但正如非洲其他地区的反恐行动一样，尼日利亚虽然持续加大对东北部地区的军事行动，但博科圣地并没有受到毁灭性打击。2018 年年底以来，博科圣地利用尼日利亚即将于 2019 年年中举行大选的权力过渡时期，北部、东北部地区掀起一连串的攻势，大有"收复失地"的态势。仅 2019 年年初在尼日利亚东北部与喀麦隆交界处的一连串纵火、爆炸、绑架等恐怖活动，已经导致 3 万多尼日利亚难民逃往喀麦隆、乍得、尼日尔等邻国。加之在其他各地每月都发生的各类暴恐案件，尼日利亚军民伤亡人数过千，其中仅"异教徒"基督徒就死亡超过 1000 人。即便在年中的大选时，尼日利亚依然是国内枪声不断，多地因为恐袭无法正常投票，即便在联邦政府三度推迟大选的情况下，仍然只有 1/3 的选民正常参加投票。除尼日利亚之外，乍得湖流域其他国家也深受博科圣战"反攻"之害：4 月，喀麦隆极北大区一村庄受袭，导致 11 人死亡；3 月和 6 月，乍得边境哨所两度受到大规模袭击，数十名士兵死亡；10 月和 12 月，尼日尔的军营两次被血洗，近百名士兵丧生。其他规模相对较小的恐袭频发则是三国交界地区每月的常态。

进入 2020 年后，在新冠疫情的冲击下，西非各国经济社会发展纷纷陷入困境，博科圣地趁机在四国交界"实际控制"的"地盘"进一步扩大。其中，仅在尼日利亚境内，博科圣地就以博尔诺州为核心，势力蔓延到北方 20 个州，并且发动针对国防军和普通居民的无差别恐袭，以及不定期地对妇女、学生实施的集体绑架，严重威胁了北方各州的社会经济发展，给当地居民带来了严重的恐慌情绪。博科圣地在年内实施的最为恶劣的暴行是 12 月中旬在卡齐纳州绑架超过 300 名男校学生，自称为该组织领袖的阿布巴卡尔·谢考（Abubakar Shekau）宣称对此次事件负责，并威胁会发动对政府的更大规模的报复。此外，联合国在年内也加强了对博科圣地等恐怖主义组织可能会在公共场所或交通干线上绑架联合国工作人员的风险预警。2021 年 1 月初，联合国难民署工作人员阿布巴卡尔·加尔巴·伊德里斯（Abubakar Garba Idris）在迈杜古里通往达马图鲁（Damaturu）的国道上被绑架失联。为了全面打击博科圣地的反弹与泛滥，尼日利亚于 2021 年 1 月初宣布在博尔努（Borno）、约贝（Yobe）、阿达马瓦（Adamawa）等州发动代号为图拉·塔凯邦戈（Tura Takaibango）的军事行动。本次反恐战役是尼日利亚近年来发动的规模最大的集中反恐行动之一，旨在逐步清除恐怖组织在近两年特别是 2020 年疫情期间蔓延与渗透的网络。但考虑到当前尼日利亚北部的社会经济发展状况，本次行动取得决定性胜利的可能性相对较低，恐怖主义势力加速向尼日尔河、贝努埃河下游蔓延态势在短期内不会出现根本性的改变。

（三）各支极端势力"实控区"事实勾画出新的"地盘版图"

作为西非两大恐怖主义集团，马里北部的基地组织西非分部和乍得湖沿岸的博科圣地在先前的扩张方向上没有联动性，前者主要向塞内加尔、毛里塔尼亚、几内亚方向渗透，后者更倾向于向乍得湖沿岸各国的腹地扩张。但近年来，随着基地组织、伊斯兰国等国际恐怖组织的联动性加强以及西非各国反恐合作的不断加强，萨赫勒东西两大恐怖主义集团开始逐步改变各自为战甚至是相互竞争的局面，协作与合流愈发成为明显的趋势。为了实现构建贯穿整个萨赫勒地区的恐怖主义链条，共同在西非发动"圣战"的目的，两者迫切需要打通地理上的连接通道，而布基纳法索就是位于其计划建设的闭合链条上的关键位置，因而成为新一轮恐怖主义大肆渗透的高危地区。

布基纳法索在近两年已经开始出现恐怖主义滋生和蔓延的苗头，但进入 2019 年以来，形势开始急转直下，高频度、高烈度恐袭的出现使布基纳法索政府面临的压力倍增。2019 年 1 月以来，首都瓦加杜古以及北部的苏姆省已经沦为恐袭爆发的重灾区，各类暴恐事件正在以平均每月至少三起的速度迅速吞噬全国各地的和平稳定。根据联合国统计，受安全形势恶化的影响，仅从 2019 年 1 月到 10 月，恐怖主义造成的难民就从 8.7 万激增到 48.6 万，预计在 2020 年年内，需要人道主义援助的总人数会达到 220 万左右，人道主义危机达到了前所未有的程度。虽然恐袭的发动者尚未表明自己的确切身份，但各界普遍认为其与马里、尼日利亚的恐怖势力存在密切的关联。如果布基纳法索的安全形势继续失控，则有可能迅速沦为另一个马里，给整个萨赫勒地区的国际反恐阵线撕开裂口，在增强基地组织西非分部、博科圣地等恐怖主义势力的合流后，进一步南下威胁科特迪瓦、加纳等国的风险。时至今日，在整个萨赫勒地区的西部，由于几大恐怖主义集团的实际占领区逐步实现首尾相连，马里、布基纳法索、尼日尔、尼日利亚、乍得、毛里塔尼亚等国之间原有的边界线或者已经"不复存在",或者已经日渐模糊化,恐怖主义链条的形成,成为对萨赫勒国家领土主权的共同威胁。

另外,恐怖主义势力南下渗透,不仅在拉拢穆斯林群体的族群,也在与其他类型的违法活动的组织者和实施者取得联系。近年来,几内亚湾地区的海盗日益猖獗,从事海盗活动的不是萨赫勒地带的伊斯兰宗教极端主义者,而主要是尼日尔河三角洲地区,包括目前在喀麦隆境内的巴卡西半岛上的社会边缘化群体。通过在几内亚湾上抢劫过往船只,绑架船员索要赎金,这些在海面上铤而走险的当地居民使几内亚湾近海海域成为世界上发生犯罪案件最多的水域。除了绑架和抢劫等暴力犯罪之外,几内亚湾沿岸居民非法游走于尼日利亚、贝宁、喀麦隆、赤道几内亚等多个国家的水域,也带来了更广义层面的海洋安全挑战,让执法和打击困难的几内亚湾,成为国际中小型武器非法交易、毒品走私、洗钱、人口拐卖等其他违法犯罪活动通往西非乃至赤道非洲地区的海上"不设防"通道。也正是看准了这种巨大的"优势",博科圣地等恐怖主义组织与几内亚湾的海盗联动的态势逐步显现,希望借此南下打通通往海外的联络通道,拓展其在萨赫勒以南地区的辐射力。

三 南部非洲:莫桑比克北部沦为极端主义跨境泛滥的新据点

南部非洲是非洲所有次区域中,在地理空间上距离长期盘踞在中东地区的国际恐怖主义势力最远的非洲区域,长期以来并没有被当作非洲滋生恐怖主义的高危地区。但近年来,莫桑比克北部穆斯林群体中却开始出现大批激进分子,并最终组成南部非洲首个恐怖主义组织,以坦桑尼亚南部和莫桑比克北部交界处为主要活动范围。2019 年以后,莫桑比克北部恐怖主义组织的活动明显加剧,与东非、西非的恐怖主义势力泛滥显现出同频共振的态势。莫桑比克北部恐怖主义的产生逻辑与发展脉络与东非、西非的恐怖主义势力大体相似,但由于非洲国际社会并未对其予以足够关注并采取相关应对措施,因而其恶劣影响可能会进一步迅速发酵。

(一)极端主义产生的根源：发展边缘化引发群体意识的异化

莫桑比克的恐怖主义势力主要存在于北方地区，特别是在莫桑比克与坦桑尼亚交界处的穆斯林聚居区，其中以德尔加多角省最为典型。自2015年以来，该国北部地区就开始零星出现伊斯兰宗教极端势力煽动下的违法暴力活动，近两年开始呈现出愈演愈烈之势，已经逐步演变成为极端主义者有组织、有预谋地袭击、绑架、杀害本地非穆斯林居民、政府人员、军警，甚至是外国企业的员工，成为除萨赫勒地带、非洲之角等恐怖主义肆虐的传统范围之外，非洲全新的次区域内产生的全新的恐怖主义势力。虽然这些伊斯兰极端分子被当地人称作莫桑比克的"青年党"，而且伊斯兰国也表示对这些暴恐活动予以支持，但目前尚没有直接证据表明索马里青年党以及国际恐怖组织与之存在着直接的关联性。

莫桑比克北部沦为恐怖主义的滋生地，绝非一种偶然的现象。从地理位置来看，北部边境地带距离以首都马普托、重要港口贝拉为核心的南部经济圈的距离近1000公里，交通闭塞，经济落后，中央政府因为鞭长莫及，在当地的统治力相对薄弱；从资源和财富分配来看，由于德尔加多角省的帕尔马地区近海发现180亿立方英尺天然气储备，美国阿纳达科、加拿大温特沃斯等公司相继在此投资，但外资公司和中央政府对资源开发权的垄断使当地民众难以从资源经济中获益；从居民的构成来看，北部地区特别是沿海地带毗邻坦桑尼亚境内的斯瓦希里海岸，是莫桑比克境内穆斯林分布最为集中的地区。上述这些特点使境外传入的伊斯兰宗教极端思想与本土的族群政治迅速融合，成为导致本地恐怖主义大肆泛滥的重要推手。

(二)"治理真空"是极端势力膨胀和泛滥的催化剂

从2017年下半年开始，以德尔加多角省为代表的北部地区的伊斯兰极端势力开始演变为典型的恐怖主义势力，他们自称为"圣训捍卫者"，在当地的村庄、城镇、交通干线上频繁制造各类暴恐事件。由于缺乏相应的武器装备，恐怖分子通常采取大刀砍杀和斩首的原始方式袭击非穆斯林村民和政府军警，给当地社会造成了极端恐慌的情绪。其中仅2018

年，德尔加多角省因恐袭丧生的居民数量就过百，这也使得当年的莫桑比克成为和尼日利亚、马里并列的非洲恐怖主义指数最高的国家之一。

随着2019年非洲恐怖主义势力整体出现反弹态势，莫桑比克的安全形势继续恶化。除北部地区的原有矛盾之外，2019年内莫桑比克先是在3月份遭受飓风"伊代"（Idai）重创，大风、洪水以及随之而来的霍乱、饥荒让贝拉城区及其邻近地区全面陷入瘫痪，而后是为了应对年底举行的总统大选，忙于处理中部地区反对派政治力量与政府支持者对抗而引起的武装冲突，因而中央政府根本没有过多精力去顾及北部地区的安全局势问题。基于这种不利的国内环境，从1月6日发生第一起村民被砍杀事件算起，莫桑比克北部全年共发生大小各类的暴恐案件近50件，爆发的月均与年均频次均可以与萨赫勒地带以及非洲之角的恐袭相提并论。俄罗斯年内在德尔加多角省共驻扎了200多名瓦格纳雇佣兵，负责向莫桑比克政府军提供反恐军事支援，但实际收效甚微，仅10月份两次被恐怖分子伏击后，就阵亡了1/10的人员。恐怖主义的肆虐不仅让德尔加多角地区的天然气产业开发被大量推迟，而且进一步增加了莫桑比克国内政治的复杂性。

（三）莫桑比克与坦桑尼亚、马拉维等国边界面临被虚化的风险

莫桑比克北部的安全形势愈发失控表明，非洲恐怖主义的蔓延范围已经突破了非洲之角、萨赫勒地带等传统认知中的非洲本土文化或基督教文化与伊斯兰文化之间的所谓"文明断层"，开始在全新的次区域内滋生和蔓延。德尔加多角省的安全问题的产生根源表明，恐怖主义并不必然产生于宗教和民族差异，而是在某种程度上表现为部分穆斯林居民对抗政府治理失序的极端手段。莫桑比克北部的恐怖主义对地区安全形势产生了极为不利的影响：一方面，周边多个国家都可能直接或间接地受到波及，其中2019年内坦桑尼亚南部数次出现不明身份武装的袭扰，有可能是莫桑比克的恐怖分子跨境实施的暴行，而邻国马拉维境内的穆斯林群体也有可能在此"示范"的影响下而走上极端化道路，另一方面，来自非洲域外以及东非、西非的恐怖主义势力有可能借此作为大规模登陆南部非洲的平台，并与当地的原有恐怖主义势力合流，而后全面加速

向南以及向内陆地区的渗透速度，使恐怖主义逐步成为南部非洲国家共同面临的挑战。

在莫桑比克北部局势恶化的同时，非洲国际社会并没有从反恐的角度给予当地太多关注。在 2019 年召开的非盟首脑会议上，非洲各国关注的恐怖主义议题仍然只是聚焦于马里、尼日利亚、索马里等国，并非过多关注莫桑比克。南部非洲发展共同体在 2019 年内的重要决策会议也没有直接涉及莫桑比克的反恐问题。在 2019 年的非洲国际反恐合作中，莫桑比克也处于边缘化地位，目前仅靠本国有限的军事力量和部分俄罗斯雇佣兵在北部执行反恐任务，实际作用十分有限。因此，无论是从次区域还是全非洲层面来看，非洲国际社会相对迟滞的关注和行动，将成为导致德尔加多角省等地恐怖主义继续泛滥的推手。尽管从近期来看，德尔加多角恐怖主义势力的主要目标是扰乱当地的油气资源开发，借势提升自身的影响力，加大对莫桑比克北部社会经济发展的影响力和话语权，但由于莫桑比克北部与坦桑尼亚南部交界处两国统治力量薄弱，且德尔加多角的主要族群马夸族（Makua）同样是坦桑尼亚南部姆特瓦拉等地的主要族群，因此恐怖主义势力有可能借助民族认同或宗教认同，大面积扩散到坦桑尼亚南部地区，导致两国交界地区沦为西非萨赫勒大片的恐怖主义组织"实际控制区"的可能性增加，加剧地区安全治理的难度。

四　一体化安全治理：非洲强化集体打击跨境极端势力的合作与探索

面对恐怖主义在非洲三大次区域内的滋生与蔓延，深陷恐怖主义漩涡的非洲当事国、非盟以及以联合国为代表的国际社会急需以多边、双边等方式加强合作，在萨赫勒、非洲之角两大阵地持续推进以打击恐怖主义为主要内容的和平安全建设，并取得一定的成效。但面对恐怖主义在非洲进一步泛滥和升级的趋势，反恐行动面临的资金短缺以及非洲国家治理体系和治理能力欠佳的问题，也成为非洲可持续推进对恐怖主义的打击所面临的现实障碍。

恐怖主义在非洲的反弹，特别是萨赫勒、非洲之角两大次区域的安全形势的恶化，成为非洲国际社会在 2019 年度的重要关注点。在 2019 年

2月召开的第32届非盟首脑会议,对非洲整体的安全形势,特别是恐怖主义形势予以了关注,以寻求解决难民以及人口流离失所的挑战。时任非盟轮值主席国埃及总统塞西表示,恐怖主义威胁及其带来的难民等社会问题,正在对非洲国家全面落实非盟《2063议程》以及推动非洲大陆自由贸易区建设构成现实的挑战,通力合作是非洲化解这一难题的必由之路。非盟委员会主席法基也指出,在包括恐怖主义在内的各类安全挑战的重压下,非洲的难民和人民流离失所的问题正变得越来越严峻,已经成为非洲发展迫切需要应对的重大难题。此外,在非盟和平与安全委员会年内召开的会议中,西非与东非的恐怖主义发展形势也构成了最主要的讨论议题之一。在此背景下,对恐怖主义的打击已经被列为事关非洲在21世纪第三个十年发展前景的重大现实问题。

具体而言,非盟主要在两个层面上推动非洲对恐怖主义的打击。其一,继续呼吁国际社会加强对非洲反恐的支持力度,特别是在资金、物资、人员训练等方面继续深化与非洲反恐力量的合作。非盟委员会在举行或参加多个重要国际多边会议时,都将呼吁国际社会加强与非洲反恐合作列为第一要务。在2019年7月10日于肯尼亚内罗毕举行的非洲地区高级别反恐会议上,联合国秘书长古特雷斯、非盟委员会主席法基、肯尼亚总统肯雅塔呼吁国际社会共同应对非洲恐怖主义挑战;在8月24日参与于法国比亚里茨召开的西方七国峰会上,法基与布基纳法索总统卡博雷联合呼吁发达国家应进一步强化支持非洲反恐的政治意愿,给予非洲特别是萨赫勒反恐以更为充足的资金支持力度。其二,继续深化与国际社会的实质性反恐合作。除继续巩固与联合国、欧洲联盟以及西方国家的既有合作成果之外,非盟与国际社会的实质性合作成果不断扩大。在2019年2月举行的中非实施和平安全行动对话会上,非盟与中国达成共识,将从中国对非盟的1.8亿美元军事援助中划拨出部分资金,用于专门支持萨赫勒地区反恐行动和萨赫勒五国联合部队的建设。除军事合作之外,2019年1月,非盟与国际刑警签订合作协议,双方将在打击恐怖主义以及有组织的犯罪等议题上开展信息共享、人员交流、联合行动等合作,为从军事层面之外探索反恐的途径,提供了有益的探索。

在非洲之角地区,非盟维和团(AMISOM)依然是推动索马里和平进程的中坚力量。2019年2月，非索团正式颁布新的目标概念，将按照移交首都摩加迪沙、其他重要城镇和主要设施、全境的顺序，把索马里的维稳任务逐步移交给索马里安全部队。联合国、非盟于5月同意将非索团的任期继续延长一年到2020年中期，并计划于2020年10月至年底前撤出所有人员。但受制于青年党恐怖势力的反弹，非索团年内在摩加迪沙及其邻近区域加大了对恐怖分子据点的打击力度，全面撤出索马里的进度恐将继续推迟甚至是搁置。此外，美国等域外国家也持续加强对青年党的打击力度。以美国为例，2019年对青年党的恐袭频次基本上达到了平均每周一次，数量上几乎超过了2016—2018年美国在索马里恐袭次数的总和。欧盟也根据非索团任期的延长，继续相应延长对索马里维和行动的资金支持力度。

在西非地区，由马里、尼日尔、布基纳法索、乍得、毛里塔尼亚组成的萨赫勒五国联合部队是奋战在萨赫勒反恐一线的最前沿力量。2019年6月，联合部队与法国在西非执行"新月沙丘行动"（Operation Markhane）的驻军联合发起"乌头行动（Operation Aconit）"，在尼日尔北部成功对恐怖分子发动大规模打击；10月，双方再度发起"和平行动2"（Operation Amane 2），在尼日尔境内缴获恐怖分子的大量武器装备。联合部队还与联合国驻马里稳定团（MINUSMA）加强合作，在维持马里秩序，调查屠村事件以及防止类似危机再现的过程中，发挥了重要作用。此外，尼日利亚安全部队持续在北部地区维持满负荷运行，竭尽全力为尼日利亚大选和民众安全维持稳定的环境。2019年9月，西非经济共同体在布基纳法索首都瓦加杜古召开特别首脑会议，就西非恐怖主义举行专题讨论，充分肯定西非各国在打击萨赫勒地带上的反恐成就，并将进一步提升反恐工作的专业化程度和加强国际合作以及防控恐怖主义势力继续扩散，作为推进西非安全建设的重要指导原则。

目前东非、西非两大反恐战场的主要反恐模式是军事打击，但即便是依靠单一的军事行动来推动反恐，仍然面临着因资金匮乏而难以长期维持的风险。以尼日利亚为例，仅2019年1月至5月期间，政府安全部队在打击博科圣地的过程中就耗费了45亿奈拉的武器装备，较2018年同期几乎翻了一倍。这种趋势也导致当地的反恐成为越来越昂贵的军事行动。萨赫勒五国组建的联合部队也面临同样的问题，自2017年成立以来，无论是5个参与国，还是作为召集人的法国，都无力承担巨额的行动支出，严重制约了反恐行动的有效性。因此，加强国际多边援助以及探讨将五国联合部队纳入联合国框架下的萨赫勒反恐行动，成为2019年内法国和萨赫勒五国在国际事务中发声的重点。欧盟不愿继续维持既有模式下对非盟在索马里长期维和的巨额资金支持，目前仅维持2019—2020年度行动拨款，也成为导致非索团被迫计划在2020年撤出索马里的最主要原因。

此外，根据非盟、西共体等组织在2019年内举行的相应首脑会议的精神，非洲各国应在促进社会经济发展和确保公平正义等方面更多着力，以更好地巩固军事反恐的成果，确保和平建设能够可持续进行。除了巨额的资金需求之外，非洲各国特别是深受恐怖主义袭扰国家的社会治理体系孱弱和治理能力不足，也成为横亘在反恐道路上的一个巨大障碍。失序的治理依然是导致恐怖主义的火苗难以被有效扑灭的重要成因之一。此外，跨境打击必然涉及各国的主权，尤其是军事安全是各国主权中最为敏感的部分，如何在各国实际治理能力严重不平衡的基本形势之下，妥善推进跨境军事安全合作，在实现军事安全力量跨境配给优化的同时，不会引起处于相对劣势一方的恐慌与抵触，不会引起相对优势一方在地缘政治上对相对劣势一方的特权，仍然是值得非洲以安全为议题探索一体化发展的重要领域和基本着眼点。

第八章

跨越边界推动发展治理的新命题

相较于非洲维持国家间边界格局所面临的传统威胁逐步淡化的趋势，非传统安全挑战的纷纷出现，正在日益成为挑战非洲国家间边界所代表的非洲国家主权管制的新要素。而相较于在一定程度上仍然带有传统威胁要素的恐怖主义泛滥而言，自然因素给非洲发展带来的越来越明显的掣肘同样不容忽视，而当前愈演愈烈的全球气候变化就是最为典型的代表。如前所述，国家是生产力驱动下的社会经济发展到一定阶段的产物，而边界又是不同国家在地理空间上精确划分现实管制权范围的抽象概念，本质上仍然是一种带有社会经济性质的产物。西方殖民统治结束之后，非洲国家间边界面临的各类挑战，即前殖民主义时代的身份认同与新生的主权国家身份认同之间的矛盾，其实就是不同阶段的人类社会经济发展产物之间的矛盾。尽管族群、教派的边界认同与主权国家的边界格局之间存在断层，但前者作为人类社会发展的产物，其发展的基本逻辑依然是围绕生产力与生产关系之间的辩证关系而展开的，只不过是其认同的具体地域范围与非殖民化后的非洲主权国家的领土范围之间存在不对应的关系。因此，尽管两者之间存在短期内难以磨合的问题，但由于本质上都受制于生产力与生产关系构成的核心矛盾的影响，因此通过独立后非洲经济社会发展成就的推动，能够在缓慢地磨合过程中逐步建立起相容的关系。当前，虽然并不是所有的族群都已经完全适应了这种变化，但族群政治泛滥导致的地区分离主义、国家间领土争端等问题已经显著减少，热度已经显著降低，确实在某种程度上印证了这种变化。尽管其余的部分族群被裹挟进了滋生与泛滥的恐怖主义，但作为人类活动的一种表现形式，恐怖主义的产生、发展仍然没有摆脱生产力与生产关系构成的核心矛盾，因此本质上是人类发展的问题，其在部分地区给现有非洲国家间边界格局带来的冲击，最终也将随着各个非洲国家不断扩大国内社会经济发展成果，以及公平分配社会发展红利，而逐步被弱化到消失。

气候变化对非洲国家间边界的影响，则完全突破了上述逻辑和关系模式，带来了从自然、社会经济两个维度上对非洲国家间边界的冲击。暂且不论人类社会经济发展对气候变化造成的影响的话，单就气候灾难本身来看，完全属于自然气象范畴的现象，其产生与发展并不受到生产力与生产关系的核心矛盾的支配，并不受制于人类社会发展所建构的各种地理空间层面上的抽象边界概念。因此，从实践层面来看，气候灾难发生后所涉及的区域，更主要是以某种具体地貌构成的某个自然地理单元，而与某个民族的分布范围或国家的领土范围无关。在非洲的环境下，由于绝大多数国家边界并不是依据自然地貌的走向或者自然地理单元的边界来划定的"自然边界"，因此非洲几乎爆发的所有气候灾难，往往会直接波及某个区域内的多个国家，成为非洲范围内的国际性气候灾害，引发国际性的生态灾难。从影响方面来看，气候变化导致的生态灾难严重冲击和破坏了所涉及国家的经济基础，导致当地民众因丧失生产资料而被迫放弃在当地继续生产生活，成为跨越国境流动的难民或者其他类型的迁徙人口，不仅给迁出国造成了严重的人口流失，也给迁入国带来巨大的社会经济发展压力。因此，无论是从气候变化的表现形式，还是从其造成的影响来看，都是突破非洲任何一个国家领土范围的议题。在气候变化所导致的自然灾难面前，没有任何一个非洲国家可以独善其身，置身于外。也正是由于气候变化带有超出非洲既有国家间边界的性质，因此非洲各国也需要以超越现有领土范围的视角来加强合作，以非洲一体化为载体平台，持续强化气候治理合作，增强非洲发展的气候韧性。

第一节　气候灾难成为冲击非洲边界的新挑战

当前愈演愈烈的全球气候变化，无疑已成为全人类发展面临的共同挑战。非洲作为世界上发展中国家最为集中的大陆，其稳定与发展更是受到气候变化的直接威胁。特别是近年来，非洲多地频繁遭遇极端气象灾难的袭击。新冠疫情暴发后，非洲多个国家又遭遇了沙漠蝗灾、持续洪涝、罕见干旱等灾情的袭击，恶化的灾难日益成为严重冲击非洲经济社会发展，引发安全治理赤字的最主要威胁。在2021年11月举行的《联合国气候变化框架公约》（UNFCCC）第二十六次缔约方大会（COP26）上，非洲领导人再次集体呼吁，国际社会需更加重视非洲在应对气候变化的诉求与困难，支持非洲增强全面落实《巴黎协定》的能力。在应对气候变化的语境下，推动自身治理体系和治理能力的提升，将成为贯穿非洲独立探索实现包容性发展全过程的重要逻辑主线[1]。

一　气候危机超出任何非洲国家的边界范围

从温室气体排放量与遭受自然灾害烈度的对比关系可以看出，非洲无疑是当前全球气候变化最大的受害者。非洲大陆虽然地域辽阔、人口众多，但受制于绝大多数国家产业结构的影响，原材料出口和初级加工业依然是驱动经济发展的最主要动力，大量消耗传统化石燃料的现代工业、交通运输业的规模十分有限。因此，与发达国家和新兴市场国家相比，非洲的碳排放量一直处于全球最低水平，总量只占全球的约2%—3%[2]，仅有南非一个国家的排放总量进入全球前十五位[3]，高于或接近全球人均排放量的

---

[1]　邓延庭：《应对气候变化：非洲的探索与中非合作的意义》，《中国社会科学院大学学报》2022年第10期。

[2]　"United Nations Fact Sheet on Climate Change," UNFCC, https：//unfccc.int/files/press/backgrounders/application/pdf/factsheet_africa.pdf, 2016.

[3]　南非2021年温室气体排放量位居全球第14位，具体数据参考：Greenhouse Gas Emissions by Country 2021, World Population Review, https：//worldpopulationreview.com/country-rankings/greenhouse-gas-emissions-by-country, 2021.

国家也只有 4 个①。但相较于在温室气体排放量上的低"贡献率",非洲却是近年来世界范围内遭遇极端天气和生态灾难冲击最严重的地区之一,仅从 2019 年开始至今,就先后有"伊代"超强飓风、东非沙漠蝗灾、萨赫勒严重干旱、大裂谷北部持续洪涝等罕见自然灾害出现,给非洲各国敲响了气候灾难加剧的警钟。

世界气象组织(World Meteorological Organization)发布的《2020 年非洲气象状态报告》(The State of the Climate in Africa 2020)显示,气候变化对生态环境的消极影响尤其表现在非洲:其一,气温持续攀升。统计显示,2020 年非洲大陆的近地表平均温度为 0.45 摄氏度,是有记录历史以来第三温暖的年份,较 1981—2010 年的平均值上升 0.86 摄氏度,远超同期全球陆地—海洋的平均增温幅度 0.5 摄氏度,属于全球温室效应表现最显著地区之一。按此升温速度,至 21 世纪 40 年代,乞力马扎罗山、肯尼亚山、鲁文佐里山等非洲仅有的几处赤道冰川将消失殆尽,会引发严重生态灾难;其二,海平面上升加快。非洲的海平面上升呈现不均衡态势,其中印度洋的上升速度达到每年 4.1 厘米,大西洋为每年 3.6 厘米,仅有每年 2.9 厘米的地中海上升速度略低于每年 3.3 厘米的全球平均海平面上升速度②。在可预见时期,印度洋和南大西洋沿岸地区遭受干旱、飓风、海啸等自然灾害袭击的可能性大大增加,低洼地带甚至是毛里求斯、塞舌尔、留尼旺等国(地区)面临被淹没的风险;其三,降水反常问题凸显。一方面,此前干旱的尼罗河流域、卡拉哈里盆地、东非大裂谷的降水量持续增多,频繁引发洪涝灾害;另一方面,一直温暖湿润的刚果河、赞比西河、几内亚湾沿岸的降水量较同期严重偏少,森林火险等级不断攀升,部分居民甚至出现吃水难的问题。上述地带都是非

---

① 2019 年全球人均碳排放量为每人 4.79 公吨,非洲高于或接近全球平均碳排放量的国家分别为南非(人均 8.17 公吨)、利比亚(人均 6.85 公吨)、塞舌尔(人均 6.37 公吨)、赤道几内亚(人均 4.15 公吨),具体数据参考:Statistica, "Carbon dioxide (CO2) emissions per capita in Africa in 2019, by country." 2019, https://www.statista.com.libdata2015.hilbert.edu/statistics/1268403/co2-emissions-per-capita-in-africa-by-country/.

② 以上有关非洲气候变化的相关统计数据,参见:"State of the Climate in Africa 2020 (WMO - No.1275)." World Meteorological Organization, 2020, https://library.wmo.int/doc_num.php?explnum_id=10929.

洲主要的农业生产区和居民分布地带，持续存在的异常降水给当地民众的正常生产生活带来严重的威胁。

受上述三方面因素影响，2020年内非洲遭受自然灾害的频次和烈度总体上依然呈快速上升态势，其中南部、东部、中部三个次区域受影响最为显著。碳排放量与自然灾害发生率之间的严重失衡，凸显了非洲作为全球应对气候变化链条上最为薄弱一环的尴尬处境。如果不能及时有效地采取相应的治理措施，不断加剧的气候灾难不仅将严重破坏非洲发展的自然基础，而且也将给非洲人民的生命财产安全带来直接的威胁。

二 气候灾难加剧非洲开展一体化安全合作的难度

气候灾难频发带来的次生消极影响，首先表现在非洲的安全领域。安全治理赤字是长期困扰非洲发展的顽疾，在新冠疫情蔓延时期尤为如此。气候变化因素则进一步加剧了非洲安全治理能力与现有安全挑战之间的失衡，令气候安全成为导致非洲安全局势进一步复杂化的推手。从空间地域范围上来看，气候灾难频发的地区，通常也是地区安全局势恶化的区域。联合国经济社会理事会和平建设委员会指出，非洲气候变化的受害地区与恶性冲突泛滥的地区之间存在高度的重合。干旱困扰的西萨赫勒地带，沙漠蝗灾袭击的东非，飓风和水灾重创的南部印度洋沿岸非洲，正是博科圣地、索马里青年党、圣训捍卫组织等非洲恐怖主义势力猖獗的高风险地区。从内在演进逻辑来看，气候灾难引发的瘟疫、饥荒等次生灾难，更容易引发大规模人道主义危机，滋生极端主义势力，为冲突的产生和蔓延提供了温床。在非洲接受极端主义思想，参与恐怖主义组织的主要成员，大多都是因为自然条件恶劣或者遭受自然灾害袭击，而无法维持生计的边缘化族群、社会弱势群体。

在实践层面，上述两个维度的联系往往交织在一起，逐步构成了以气候变化为核心变量的多重安全挑战：其一，大规模居民迁徙加剧族群间矛盾冲突。受持续干旱影响，西萨赫勒地带以游牧为生的多个族群开始大规模长途迁徙，或是越过农牧传统分界线，或是非法进入其他国家草场，因争夺自然资源而与当地族群发生冲突。马里的南北矛盾、布基纳法索国内的紧张形势、乍得湖沿岸的武装冲突，在不同程度上都包含了自然环境变迁导致的族群间矛盾。据世界银行估算，至2050年，非洲将产生2.16亿气候变化难民（climate change immigrants）[①]，自然环境相对较好区域的人口压力将进一步增大。其二，农业生产滑坡引发粮食危机。由于多重自然灾害叠加冲击农业生产，2020年非洲约有9800万人的粮食安全得不到保障，较2019年上升40%[②]。受旱灾和蝗灾影响，西非与非洲之角地区成为粮食危机最为严峻的地区。即便是在非洲第一大经济体尼日利亚，也有超过920万人处于极端饥饿的状态[③]，创1960年独立以来的最高历史纪录。在世界粮食计划署（World Food Program）重点监控的面临粮食危机的国家中，34个为非洲国家，其中埃塞俄比亚、莫桑比克等国的粮食危机已处于最高级别[④]。其三，自然资源短缺导致国家间关系紧张。受近年来东非高原降水量偏少以及复兴大坝建设的影响，位于青尼罗河上下游的埃塞俄比亚、苏丹两国就水资源的分配长期争执不下，引发两国交恶。此外，由于水温上升和水质变化导致的维多利亚湖渔业资源锐减，肯尼亚、坦桑尼亚、乌干达、卢旺达、布隆迪等五国也围绕捕捞权和环保义务分配的问题，相互指责，互不相让。随着越来越多的自然资源在空间分布上发生变化，类似的国家间争端恐将成为日后非洲政治发展无法回避的主题。

总体而言，在气候灾难的催化与聚合作用下，非洲面临的各类传统、非传统安全挑战不仅在不同程度上面临着继续恶化的风险，而且还展现

[①] "Climate Change Could Force 216 Million People to Migrate Within Their Own Countries by 2050." World Bank, 2021, https://www.worldbank.org/en/news/press-release/2021/09/13/climate-change-could-force-216-million-people-to-migrate-within-their-own-countries-by-2050.

[②] Raphael Obonyo, "What Africa Needs to Win the Climate War," Diplomatic Courier, 2020, https://www.diplomaticourier.com/posts/what-africa-needs-to-win-the-climate-war.

[③] "Extreme Poverty in the Time of COVID-19." United Nations, 2021, https://www.un.org/development/desa/dspd/wp-content/uploads/sites/22/2021/05/KHARAS_paper1.pdf.

[④] Food Chain Crisis, "Food and Agriculture Organization of the United Nations." 2021, https://www.fao.org/food-chain-crisis/home/en/.

出同频共振的趋势，给非洲原本羸弱的安全治理体系带来巨大的压力，进一步增加了构建可持续和平与安全的难度。

三　气候灾难侵蚀非洲维持边界稳定的社会经济基础

极端天气及其引发的各类次生灾难，不仅会大幅度破坏非洲的经济发展成果，而且会带来诸多相应社会治理难题，在一定程度上抵消非洲大陆自贸区建设带来的发展红利，是后疫情时代非洲实现包容性与可持续发展目标所面临的最主要障碍之一。

发生频度与烈度不断上升的气候灾难，将在以下方面给非洲的社会经济发展带来消极影响。其一，经济稳定发展的前景不明朗。作为承载非洲大多数地区经济发展的主要产业，传统农牧业在适应环境变化方面带有明显的脆弱性，面对频发的自然灾害，难以维持可持续发展与增长。受此影响，非洲国家即便走出了疫情的阴霾，其经济发展短期内也难以摆脱与气候变化相关的"适应性赤字（adaptation deficit）"。联合国非洲经济委员会预测显示，气候变化将会加剧非洲传统产业的脆弱性，最早到2030年便会在宏观经济层面带来大规模恶劣影响。如果以理想状态下的非洲的GDP增速为基准，那么当带入气候变化的变量之后，2030年的非洲的GDP将下滑15%，2050年非洲农业生产将萎缩15%—20%[①]。此外，非洲各国政府也将会把越来越多的财政收入用来弥补因自然灾害频发而导致的损失上，预计未来30年内支出会翻两倍，严重透支政府的发展能力，加剧债务负担。因此，在不考虑其他制约因素的前提下，仅气候变化一项挑战，就使许多非洲国家在可预见时期内难以跨过中等收入国家的门槛。其二，公平和普惠的社会发展仍然难以实现。作为经济发展困局的伴生效应，气候灾难也将直接加剧长期困扰非洲的社会不公平问题。特别是当气候变化移民迁入新的生活环境之后，能否公平和充分地享受发展权益，是考验非洲国家的治理难题。一方面，这些移民在放

[①] Boris Ngounou, "AFRICA: Climate Change Will Cause a 15% Drop in GDP by 2030," Afrik 21, 2020, https://www.afrik21.africa/en/africa-climate-change-will-cause-a-15-drop-in-gdp-by-2030/.

弃迁出地的生产资料的同时，往往无法在迁入地找到替代性的谋生手段，另一方面，受迁入地产业结构和政府财力有限的制约，当地政府普遍无法提供足够的社会赋权举措，保障移民的基本生存与发展权益。因此，这些移民大多沦为迁入地的边缘化或社会弱势群体，其中女性和青年群体尤甚。无论是逃避干旱南迁肯尼亚的索马里牧民，还是无鱼可打东迁坦桑尼亚的布隆迪渔民，大多都沦为内罗毕、阿鲁沙等中心城市外围贫民窟内的居民，勉强维持生计，进一步加剧了当地本已严峻的社会不公平问题。

此外，从非洲的国家和地区间关系来看，气候灾难带来的社会经济影响，还会进一步导致国家间、地区间发展不平衡问题的涌现。越是经济体量小、产业单一、市场有限的国家和地区，越容易成为气候灾难的受害者，陷入气候灾难频发与经济社会发展困局的恶性循环。这种局面带来的各类消极影响，也给非洲构建关税同盟、共同市场、自由贸易区等区域经济一体化举措，带来一定程度的阻碍。

第二节　跳出边界制约推动非洲气候治理

由于气候变化本身及其造成的影响都是大范围超出任何一个非洲国家领土范围的议题，是当前以及未来可预见时期内非洲各国共同面临的挑战，因此推进气候治理也绝非单个或者某几个国家的事情，而是需要非洲国际社会集体努力予以应对。考虑到气候变化引发的自然灾害、安全赤字、气候移民等问题，通常都是横跨两国甚至是多国之间的边界，因此各国之间协同推进的气候减缓、气候适应等举措，需要各国在达成有效共识的基础上，通过有序让渡部分主权的方式，提升非洲集体行动的规模和效率。因此，从内在逻辑上来看，非洲集体强化气候治理的合作，本质上应该是非洲一体化在推进能源结构转型、自然灾害预警与救助、环境保护、社会弱势群体保护等多个领域的延伸与发展，需要借助非洲一体化的框架予以持续推进。与此同时，应对气候变化的议题的出现，也为非洲一体化的发展提供了全新的靶向和动力，让非洲国家之间的主权让渡形成新的"溢出"点，加速非盟以及各个次区域组织框架下的非洲一体化合作。从目前的制度框架搭建来看，气候治理正在继经济合作、安全治理之后，成为非洲一体化合作的全新焦点。

一 探索在一体化框架下加强气候合作

随着气候变化影响的不断加剧，非洲开始从整体发展战略的高度谋划自然与发展的关系，将推动气候适应纳入推进治理体系和治理能力现代化的顶层设计之中，力图在有效管控气候变化风险的基础上，构建全新的发展格局。

作为推动和承载非洲国家间合作的最大组织，非洲联盟率先在推动气候适应方面探索政策创制，为非洲国家在该议题上的团结协作，搭建必要的制度平台。应对气候变化议题最初由非洲统一组织在1985年成立的非洲环境部长级会议（African Ministerial Conference on the Environment）负责，属于环保议题下属的子议题。为适应形势变化，2009年非盟苏尔特首脑会议授权成立非洲首脑应对气候变化委员会（Committee of African Heads of State and Government on Climate Change），作为非洲在该议题上首个以及层级最高的专业化机构，用于协调参加哥本哈根气候大会（COP15）的非洲各国的统一立场。2014年，《非盟气候变化战略（草案）》（Draft African Union Strategy on Climate Change）正式发布，为推动气候适应进行了明确的规划。第一，构建了统一的机制与平台。为凸显气候议题的特殊地位，非盟（非统组织）此前成立的若干相关机构，被系统整合到统一的机制之下，由非洲首脑应对气候变化委员会全权负责，形成在每年联合国气候大会召开前夕，举行会议的固定机制，及时收集和整理非洲最新的利益关切。第二，阐明了统一的原则与目标。非盟将以泛非主义和非洲复兴的理念为引导，推进非洲国家间在应对气候变化议题上加强合作，夯实共识，在2015—2035年逐步推动非洲实现"气候智能（climate smart）"型社会经济发展。第三，明确了统一的立场与举措。非洲各国应在《联合国气候变化框架公约》的指导下，重点把在非洲推动气候适应（adaptation）、实施减缓（mitigation）措施、深化技术转移与低碳增长、探索应对措施、发展绿色经济五个方面，作为与国际社会进行接触与合作的基本立足点。第四，指出了统一的施政方向。非盟将强化气候变化治理、发展规划统筹考虑气候变化因素、强化对气候变化的宣传和研究、推动地区和国际合作，作为非洲国家具体应对气候变化的四大行动支柱①。正是在非盟的有效推动下，国际社会对非洲应对气候变化的焦点，从之前对非洲生态环境脆弱性的学理性评估与关注，以及发出警惕气候变化风险的预防性警告，全面转化为在推动气候适应方面与非洲开展国际合作，支持非洲有效管控气候变化风险。

除非盟之外，非洲各个次区域合作组织也制定了相应的政策框架，为实现各个非洲国家的制度安排与非盟政策创制的有机融通，发挥了必要的桥梁纽带作用。比如，东非共同体在 2010 年发布《东共体气候变化政策》(EAC Climate Change Policy)，就成员国如何应对干旱、洪灾、饥荒、污染等环境挑战，给出了相应的指导性意见，并就定期评估东非次区域内推动气候适应的成果，给出了相应的机制与时间表②。此外，以东共体的政策框架为基础，东南非洲共同市场、南部非洲共同体于 2011 年共同发起《东南非洲气候适应与减缓计划》(Programme on Climate Change Adaptation and Mitigation in COMESA - EAC - SADC Region)，就如何支持非盟的气候适应愿景，协调域内国家发展"气候韧性 (climate resilient)"型经济，制定了每五年一个周期的行动计划③。这些机制每年都会在非盟首脑会议前夕，举行相应的成员国协调会议，为非洲首脑应对气候变化委员会的召开，提供必要的支持。

截至目前，非洲已经形成了由非盟统一领导，各个次区域合作组织全面配合，非洲国家积极支持的推动气候适应的路线图。由此形成的非

---

① African Union, "Draft African Union Climate Change Strategy 2020 - 2030." 2020, https://www.ucis.pitt.edu/africa/sites/default/files/Downloads/PDFs/AU% 20Strategy% 20on% 20Climate% 20Change%.pdf.

② United Nation, *EAC Climate Change Policy*, East African Community, 2011, http://muccri.mak.ac.ug/sites/default/files/Publications/East% 20African% 20Community% 20Climate% 20Change% 20Policy.pdf.

③ East African Community Secretariat, "EAC - COMESA - SADC Launch Five - Year Climate Change Initiative." UNDRR, 8th December 2021, https://www.preventionweb.net/news/eac-comesa-sadc-launch-five-year-climate-change-initiative.

洲统一立场和协同行动，不仅构筑了非洲气候治理与全世界应对气候变化战略相互衔接的转接阀，而且为强化非洲各国的团结与互助，推进非洲一体化发展，提供了强大的内生动力。

二 推动"气候适应+"模式反向助推一体化

为全面适应非盟、次区域组织提出的推动气候适应的战略，非洲逐步将应对气候变化作为横跨政治、经济、社会、安全等多个领域的复合型命题，并且在分析气候变化直接和次生影响的前提下，将实现气候适应作为优化和改革既有治理模式的底层逻辑。

在安全领域，考虑到气候灾难与武装冲突、地区动荡之间愈发密切的联系，非盟当前逐步探索"气候适应+安全"模式之于构建可持续和平的重要意义。《非盟气候变化战略（草案）》颁布后，非盟和平安全理事会（Peace & Security Council）把大力推动气候适应，列入非盟和平与安全架构（African Peace And Security Architecture）的重要议题，推动建设涵盖气候变化议题的大陆早期预警系统[①]，并就干旱与地区冲突、海平面上升与岛国安全、气候移民与社会稳定等议题，多次举行专题的讨论，突出在推进气候适应的宏观视角下，探索安全治理的新焦点与新举措。在推动非洲于2020年实现消除枪声目标的《卢萨卡路线图》（Lusaka Master Roadmap）中，提升非洲不断增强气候适应的能力，也被列为推动非洲从源头上化解冲突根源的探索方向。特别是2020年非盟专题研判并延长《卢萨卡路线图》目标实现时间后，构建具有气候韧性的发展与和平，被列为重点着力的方向。在社会经济发展领域，推动气候适应同样发挥着越来越重要的作用。作为非洲独立制定的首个经济社会发展战略，《非洲发展新伙伴计划》（NEPAD）日益权重应对气候变化的意义，逐步实现由"发展与环保并重"到"气候适应+发展"的转变。特别是当更为系统的非盟《2063年议程》发布后，应对气候变化成为非洲未来发展方略中出现频率最高的关键词之一时，《非洲发展新伙伴计划》将能源结

---

① African Union Development Agency, "2020 AUDA - NEPAD Annual Report." 2023, https://www.nepad.org/publication/2020-auda-nepad-annual-report.

构转型、自然资源管理、国际产能合作、社会赋权、能力建设等分属经济、社会不同类别的议题，都与推进气候适应建立直接的联系，谋求实现气候友好（climate friendly）型发展①。在制定应对新冠疫情的经济社会振兴计划时，非盟继续力推"气候适应＋发展"的模式，在2021年制定发布的《绿色复苏行动计划》（2021—2027）（AU Green Recovery Action Plan）中强调，推动实施气候治理，构建具有气候韧性的发展，是助力非洲摆脱发展困局的必由之路。此外，在新近启动的非洲大陆自由贸易区（African Continental Free Trade Area）建设中，以绿色贸易、绿色物流为基础的"气候变化＋贸易"模式，也成为非洲加强内部市场整合，拉动内循环，挖掘本地市场潜力，增强非洲国家间经济互补性，提高抗风险能力的基本原则。

与非盟相呼应，各个次区域组织也分别谋划了以应对气候变化为支点的发展战略。例如南部非洲共同体发布的《南共体气候变化战略和行动计划》（SADC Climate Change Strategy and Action Plan）结合域内产业发展的特点，提出了"气候适应＋医疗健康"、"气候适应＋矿业开采"等设想；西非经济共同体将在进一步拓展西非可再生能源与能源效率中心（ECOWAS Centre for Renewable Energy and Energy Efficiency）"绿色发展＋性别平等"、"绿色发展＋救灾减贫"等职能的基础上，探索制定以气候适应助力绿色发展提质增效的方案。政府间发展组织制定的《伊加特应对气候变化区域战略》（IGAD Regional Climate Change Strategy）将推动气候适应，作为助推非洲之角农业的可持续发展，瓦解社会矛盾冲突的主要抓手之一。

从这些变化不难看出，在非洲种类繁多、层级不同的发展战略中，应对气候变化正在成为重新串起各类发展机制与主题的全新逻辑主线。"气候适应＋"模式的出现，有利于非洲梳理和重构现有的发展机制，防止不同发展愿景与行动计划的相互重叠与碎片化，为非洲的发展提供一条全新的探索途径。

---

① African Union Development Agency, "2020 AUDA – NEPAD Annual Report." 2023, https：//www.nepad.org/publication/2020 – auda – nepad – annual – report.

三 借势气候变化合作谋求经济社会新增长点

相比于世界其他地区，非洲整体的工业化程度较低，碳排放总量较少，因此在全球当前大力推动削减碳排放量的背景下，非洲在一定意义上具有"船小好调头"的优势，具备跨过以化石能源为基础的传统工业化道路，直接进入清洁能源驱动的新工业化时代的可能性。特别是对一些具有一定工业化基础，且经济发展对传统化石能源开采依存度较低的非洲国家，倾向于将气候适应中的温室气体减排、能源结构转型，看作是充分发挥后发优势，缩小与其他工业化国家差距，加速对接工业4.0时代的宝贵契机。

以非洲温室气体排放量最大的南非为例，该国在全球碳排放量的排名远高于其工业化成果的排名，充分说明了以现有能源结构为基础的工业化，存在严重的资源浪费与效率偏低的问题。在数字经济、新能源开发等产业日益蓬勃发展的情况下，背靠非洲庞大潜在市场的南非，认识到了推动工业化提质增效的新机遇。从2011年制定颁布《全国气候变化应对政策》开始，南非就有计划地推动碳减排，特别是2019年实施的《碳税法》，为全国削减温室气体排放量再立紧箍咒。在2021年的格拉斯哥气候大会上，总统拉马福萨表示南非将在非洲率先一步提升在减排方面的国家自主贡献（Nationally Determined Contribution），将2030年二氧化碳排放量压缩至420—350当量，同时计划安排1300亿兰特的投资，大力推动新能源建设①，以弥补互联网快速发展带来的用电需求和燃煤量下降带来的电力供给缺口。截至2021年年底，南非政府已经推动实施了价值500亿兰特的新能源项目，包括12个风电项目和13个光伏项目，全部投产后不仅可使全国发电量增长4%，而且可以有效缓解当前频繁拉闸限

---

① COP26, "Ramaphosa commits to a low-carbon economy for SA, the Citizen." 2021, https://www.citizen.co.za/news/south-africa/government/2899809/cop26-ramaphosa-commits-to-a-low-carbon-economy-for-sa/.

电，给全国经济发展带来的日均3000万美元的损失①，扩大南非在非洲以及金砖国家中加速对接工业4.0的优势。

相比南非，同为非洲区域经济发展引擎的肯尼亚，在工业化起步时间和成果上要稍逊于南非，因此其发展重点并非能源结构转型，而是直接实施以清洁能源为依托的新型工业化。在"2030愿景（Vision 2030）"中有关气候适应原则的指导下，肯尼亚几乎跳过依靠化石能源发电的阶段，通过建成非洲装机容量最大的风电项目图尔卡纳湖风电站以及其他清洁能源工程，实现新能源电站占全国电站总装机容量的75%，新能源电能供给占全国用电消耗的90%。在过去九年时间中，肯尼亚全国的用电普及率从不到30%提升到超过75%②，清洁能源的普及做出了突出贡献。肯雅塔总统在格拉斯哥气候大会上表示，肯尼亚将在2028年实现居民生活能源100%的清洁化，到2030年实现清洁能源在全国各行业100%的普及③。清洁能源的广泛应用，有效改变了肯尼亚现有石油、煤炭资源相对匮乏，能源供给严重依赖海外进口的局面，在提升国家经济发展的稳定性与抗风险能力的同时，也为如何兼顾现代化建设与野生动植物资源的保护，进行了必要的探索。

除此之外，埃塞俄比亚、坦桑尼亚、纳米比亚、塞内加尔等次区域经济大国，也分别结合各自的资源禀赋，在水电、光伏、潮汐、地热等清洁能源开发方面，取得了一定的成就。总体来看，相比世界其他地区的发展中国家，特别是新兴市场国家，非洲主要经济体在能源结构转型和清洁能源推广方面的速度相对较快，将危机转化为机遇，在一定程度上缩小了非洲探索新型工业化所面对的劣势，成为非洲推动气候治理的主要亮点与成就之一。

---

① Africa News, "South Africa: Authorities turn to renewable energy to deal with load shedding." 2021, https://www.africanews.com/2021/12/16/south-africa-authorities-turn-to-renewable-energy-to-deal-with-load-shedding/.

② Citizen Digital, "Kenya To Fully Transition To Clean Energy By 2030, President Kenyatta Says." 2021, https://citizen.digital/news/kenya-to-fully-transition-to-clean-energy-by-2030-president-kenyatta-says-n286224.

③ 数据来源同上。

第三节　非洲一体化与气候治理深度融合面临的挑战

由于不合理的国际政治经济秩序以及非洲各国自身发展问题的存在,非洲在依托一体化的发展推进气候治理的过程中,仍然将面临多重困难的掣肘。这些现实困难一方面是来自非洲各个主权国家层面的原因,包括经济力量不足、社会治理能力羸弱、国内城乡以及区域间发展严重失衡,等等;另一方面是来自非洲各个国家间合作组织内部的一体化合作机制的不完善,持续存在的重视规划,轻视落实的问题一直长期存在。与此同时,气候变化议题是全人类面临的共同挑战,西方发达国家在气候减缓、气候适应等议题上对非洲趁机谋取地缘政治利益,不对等地转嫁义务和责任等问题,也进一步加剧了非洲摆脱全球气候治理链条上最薄弱一环的难度。

一　西方发达国家的气候霸权

气候变化是全世界各国面临的共同挑战,应对气候变化的必由之路应是各国互帮互助、加强合作。但作为导致气候变暖的最主要"贡献者",西方国家在大量排放温室气体的同时,却向广大发展中国家甩锅减缓气候变化的义务,借此谋求政治经济利益。毫无疑问,气候议题已然成为西方国家单边主义、保护主义在当下塑造的全新霸权,其中暗含的权力与义务的严重失衡,是发达国家与发展中国家在当今全球治理体系中不对等地位的集中体现,对非洲的气候治理构成直接挑战。

具体来看,西方国家的"气候霸权"将在以下两方面冲击非洲应对气候变化的努力。一方面,西方国家向发展中国家甩锅减缓义务,严重背离非洲发展现实。如前所述,非洲并不是全球主要的碳排放者,除南非等少数具有一定工业化基础的非洲国家面临碳减排、能源转型的任务之外,大多数非洲国家本身就处于碳达峰、碳中和、零碳(Net Zero),甚至是负排放的状态。因此,作为全球气候变化的最主要受害者,非洲的当务之急并非实施气候减缓,而是全面推进气候适应,特别是加强非洲各国应对极端天气、自然灾害及其带来的各类次生问题的能力。在此背景下，西方国家本应利用自身在经济、科技、人才方面的优势，积极参与和支持非洲推进气候适应的探索，而非在指手画脚非洲碳减排的同时，淡化或规避自己应承担的义务。即便是在2021年的格拉斯哥气候大会上，西方国家关注的首要焦点依然是发展中国家要在二氧化碳、甲烷的减排中分担多少义务，支持全球特别是发展中国家推动气候适应，则处于相对次要的位置。从《格拉斯哥气候公约》的相应内容来看，非洲的气候适应依然没有成为全球应对气候变化的优先关注点。综上，非洲如何应对气候变化在一定程度上仍然表现为非洲自说自话的议题，大多数非洲国家难以得到发达国家的有效帮扶或合作。

另一方面，西方国家不对等地向发展中国家牟取利益，严重阻碍非洲社会经济发展。西方国家掌握的资金、技术、人才、标准优势，不仅没有成为支持非洲国家推动气候适应的资源，反而成为趁机坐地起价、牟取私利的手段。例如，欧盟为了解决新冠疫情下的经济危机，于2021年发布《碳边境调整机制》（Carbon Border Adjustment Mechanism），对"非绿色"进口产品征收碳边境调节税（Carbon Border Tax）。这项创收机制预计能给欧盟带去50亿—140亿欧元额外收益，但代价是严重冲击非洲对欧出口，因而被非洲国家批评为挑起"贸易战"的壁垒[①]。作为欧盟《洛美协定》《科托努协定》最惠国待遇的最主要获益者，众多非洲国家将欧洲作为本国原材料出口的首要市场。但此法规一出，非洲出口商品很可能因为在生产、加工、运输其中至少一个环节不符合欧盟的"绿色"标准，而被征收高昂的税费。高举应对气候变化大旗的美国，也将绿色和低碳等理念引入对非经贸关系中，作为在《非洲增长机遇法案》中审议非洲对美出口的重要标准。受这些气候壁垒条款的影响，非洲既有产业发展和产品生产的成本优势将在一定程度上被抵消，进一步加剧非洲的发展困局。

---

① Muhammed Magassy, "The EU carbon tax could create a new era of trade war." EURACTIV, 2021, https://www.euractiv.com/section/energy-environment/opinion/the-eu-carbon-tax-could-create-a-new-era-of-trade-wars/.

二 非洲国家缺乏充足的经济基础

气候治理是一个系统的工程，特别是非洲当前推动探索的"气候适应+"模式涉及多个领域，全面落实需要投入大量的资金。但从非洲所面临的实际情况来看，客观存在的巨额资金缺口长期成为制约非洲在气候治理上采取大规模行动的现实障碍。加之当前在新冠疫情肆虐、全球能源结构转型等诸多因素的冲击下，可直接支配的经济资源的匮乏，依然将成为钳制非洲落实相关气候议程的挑战。

具体来看，非洲经济力量不足，主要与两方面的问题存在直接的联系。从全球层面来看，国际社会对非洲的资金支持力度远远不够，无法满足非洲气候治理的资金缺口。非洲国家的普遍特征是经济总量小、产业结构单一，即便是南非、肯尼亚等经济发展相对较好的国家，仍然在灾害救助、发展清洁能源等方面，依赖国际援助或融资支持。为推进全球气候治理，2012年的坎昆气候大会（COP16）签署通过《坎昆协议》，规定国际社会将在2020年之前，每年提供1000亿美元的气候融资，支持包括非洲在内的全球发展中国家应对气候变化。2015年的巴黎气候大会（COP21）又将该协议的时间范围拓展至2025年。但截至2021年年底，这些承诺资金实际上并未全部拨付到位，执行进度堪忧。而且从结构上来看，已经到位的资金仍然是按照不同国家的碳减排量的幅度和排名来分配，对于众多无碳可减的非洲国家而言，往往难以享受到国际社会的资金支持。在2021年的格拉斯哥气候大会上，非盟轮值主席，刚果（金）总统齐塞克迪指出，国际社会对非洲气候治理的支持力度远远不够，非洲每年至少需要330亿美元的资金支持用于气候适应，但实际到位的只有60亿美元[1]，气候融资的缺口依然十分巨大。尽管格拉斯哥气候大会再次呼吁落实坎昆、巴黎两次气候大会的融资承诺，但即便是按照前疫情时代的乐观估计，2023年前赶上原有进度的可能性

---

[1] "Keep your promises on climate finance, African leaders tell West." Reuters, 2021, https://www.reuters.com/business/environment/keep-your-promises-climate-finance-african-leaders-tell-west-2021-11-02/.

微乎其微。如若考虑到新冠疫情对全球经济发展和国际关系的影响,气候融资的实际执行仍将面临巨大变数。因此,非盟在支持埃及承办2022年沙姆沙伊赫气候大会(COP27)时再次强调,国际社会应立即拿出实际行动支持非洲[①]。

从非洲国家自身情况来看,全球大幅度的碳减排计划会给后疫情时代的非洲经济恢复,带来巨大的压力。非洲是全世界重要的石油产区之一,石油在非洲出口的原材料中占有重要地位,是驱动非洲经济发展的支柱之一。安哥拉、赤道几内亚、苏丹、南苏丹等国的经济发展高度依赖石油出口,石油经济在全国经济中的占比普遍超过1/5,石油美元是确保国家治理和现代化建设正常运转的物质基础。对于非洲第一大经济体尼日利亚而言,尽管产业相对完备,具有一定的工业化成就,但石油出口依然是该国最重要的收入来源,2018—2020年石油出口收入占据GDP的平均比例也达到80%以上[②]。因此,当国际石油价格自2016年以来出现多次波动后,同期的非洲经济发展也显现出疲软的态势,其中非洲石油出口国经济增速放缓的现象更为明显。受世界各主要经济体碳减排战略的影响,全球能源结构的转型速度将进一步加快,对石油等传统化石燃料的需求增速将放缓,并且在可预见时期内达到峰值后迅速下降。在此形势下,石油经济对非洲整体经济发展的拉动作用,将在很大程度上受到影响。石油经济的萎缩,尤其将冲击石油出口国继续用石油美元反哺气候治理的发展规划。

三 非洲既有一体化机制的效率有待提升

气候治理是一项长期的工程,其顺利、高效的实施,离不开持续稳

[①] Ahram Online, "African Union pledges support to Egypt in hosting COP27 to reach 'concrete actions' on climate change." 23rd December 2021, https://english.ahram.org.eg/NewsContent/1/1234/452016/Egypt/Foreign–Affairs/African–Union–pledges–support–to–Egypt–in–hosting–.aspx.

[②] Doris Dokua Sasu, "Contribution of oil and natural gas sector to GDP in Nigeria from the 4th quarter of 2018 to the 3rd quarter of 2021." Statistica 27th September 2023, https://www.statista.com/statistics/1165865/contribution–of–oil–sector–to–gdp–in–nigeria/.

定的配套政策、健全的执行机构，以及相关各方的务实合作。从非洲的现代发展历程特别是非盟成立后的历史来看，非洲仍然在一定程度上存在着重规划、讨论，轻执行、落实的问题，有相当数量的发展愿景或者是执行进度严重滞后，或者是长期躺在规划蓝图上。因此，非洲总体上羸弱的执行能力，也是推进实施气候治理面临的挑战。

在非洲国家间合作组织层面，仍然缺乏推进气候治理的强有力执行机构。在各个层级的气候治理方案相继出台的同时，非洲究竟如何在实践层面推进"气候适应+"模式的具体落实，目前仍然相对较为模糊。非盟成立的非洲首脑应对气候变化委员会虽然是制度建设的一大成就，但其本质上仍属于国家间协调机制，而非具体的监督和执行机构，其相关决议仍然需要通过协调非盟其他常设机构、各成员国政府职能部门来落实，且对后两者没有实质性的约束力。加之"气候适应+"模式的内涵不断丰富，所囊括职能部门的层级、种类、数量不断增多，频繁的商议、协调、对接程序将耗费大量的时间与物质力量。其他次区域组织也在不同程度上存在该问题，实际落实气候治理具体工作的效率有待进一步提升。

从非洲国家层面来看，政策断层或不连续性也将威胁气候治理的落实。非洲国家普遍采取多党制，除少数国家可以在坚持定期选举的基础上，实现执政党的长期稳定之外，大多数国家的执政力量都存在频繁更迭的问题。受此影响，大多数选举型政党的执政纲领不会持续存在超过八年，继任者的治理规划往往另起炉灶。即便在国家拥有中长期发展规划指导的前提下，执政者的更迭，依然会带来国家施政重心发生改变的问题。特别是在新冠疫情加剧非洲政治碎片化，保守主义情绪逐步肆虐的形势下，政治投机的出现会加剧政策断层出现的风险。应对气候变化固然已成为非洲各国民众的共识，但面对气候灾难与发展困局形成的恶性循环，不同利益方在选择推进气候适应的优先领域时会产生分歧，尤其是成效难以立竿见影的中长期气候治理方案，被执政者采纳的难度在随之增加。

此外，不同非洲国家在气候治理上存在利益诉求差异，也将给非洲国家间开展合作带来一定的难度。如前所述，经济发展相对较好的非洲国家将应对气候变化看作是挑战与机遇并存，而大多数非洲国家则视之为根本无力应对的危机，这种差异决定了两类国家在对气候变化风险的管控能力、方向上不尽相同。随之而来的政策不同步、产业不协调、利益分配不公平等问题，反而可能会加剧非洲国家间发展的不平衡，为推动气候适应方面的合作带来一定的障碍。

结　语

从 19 世纪末西方列强全面瓜分非洲，将殖民统治的枷锁全面强加给非洲人民，到 21 世纪第二个十年中正在掀起新一轮自主发展探索的非洲，到书写全面落实联合国 2030 年可持续发展目标篇章的非洲，非洲的近现代发展已经走过一个多世纪的坎坷历史。作为贯穿、见证、承载非洲近现代发展的重要因素，非洲国家间边界一直以一种"自我矛盾"的方式演绎着非洲的无奈、抗争与探索。一方面，它是西方殖民者人为瓜分非洲的产物，是列强强行扭转非洲的自然演进方向，让非洲沦为西方资本主义国家原料产地和商品倾销市场的罪恶的见证，但另一方面，它又在空间地域范围上为非洲现代主权国家的产生作了必要的准备，是一直延续至今的非洲现代政治版图的基础，亦是缔造非洲各国通过集体探索来实现共同发展的新秩序的根基。因此，从一定意义上来看，非洲在近现代面临的各种挑战，开展的各类探索，取得的若干成就，以及遭遇的诸多失利，都直接或间接地与边界所划定的地理空间场域或者边界在不同时期所代表的意义存在联系，是边界的"自我矛盾"在不同领域具象化后的产物。如果从边界的视角来着眼，则非洲的整个近现代发展史可以被归纳为围绕着边界而出现的两个以"重塑"为主题的巨大变化：其一，是西方殖民者依托殖民地边界"重塑"前资本主义时代的非洲传统社会；其二，是独立后的非洲国家依托国家间边界"重塑"后殖民时代的非洲处于过渡阶段的碎片化社会。其中，前者"重塑"的不彻底与失败，不仅是造就后者"重塑"的原动力，也是掣肘后者"重塑"的最主要障碍。两个巨大变化之间的联系与矛盾，是非洲近现代发展进程中的最突出特征。

正是由于受到以上因素的影响,即便是在当前主权国家已经遍布世界各个角落的背景下,非洲仍然是一个较为特殊的存在。隐藏在诸多横平竖直的"人造边界"背后,是非洲仍然在艰难地探索如何在前殖民时代的发展惯性、殖民统治遗留带来的弊端、后殖民时代的现代化建设之间维持平衡。作为世界上发展中国家最为集中的大陆,非洲同时也是世界范围内尚未完成现代主权民族国家建构占比最高的大陆。大多数非洲国家仍然未能完成国家内部的完全"重构"工作,国界先于主权国家产生,主权国家先于现代民族产生的倒挂演进秩序仍然没有得到彻底扭转。边界战争与地区分离主义的降温,只表明在非洲国家半个多世纪以来取得的经济社会发展成就,在一定程度上对冲了传统威胁的滋生与泛滥,但并不意味着边界所面临的威胁已经不复存在。在当前治理、信任、和平赤字依然在全球泛滥的形势下,非洲作为全球发展链条上的薄弱环节,部分次区域的传统威胁开始以新的面貌和形式,转变成为挑战域内国家主权与领土完整的现实冲击。特别是在新冠疫情、俄乌冲突、东西方世界关系紧张等因素的作用下,这些非传统安全挑战进一步被激化的可能性较大,非洲通过一体化合作对其加以必要的管控,仍然将是可预见时期内施政的重要方向。综上所述,非洲近代发展历程从边界角度提出的难题,不仅至今没有得到非洲现代发展的彻底解决,而且在可预见时期内依然将成为非洲部分地区乃至整个非洲大陆走向现代化所面临的障碍。总体来看,结合非洲过去的发展历程以及当前的现实情况,非洲应如何处理边界与自身发展的关系,仍然将主要取决于以下几个因素。

第一,实现经济基础与上层建筑的完全匹配,走出发展的过渡转型阶段,是非洲最终摆脱与边界相关的各类挑战束缚的根本途径。从殖民统治建立到当前的 21 世纪第二个十年,非洲实质上仍然处于殖民入侵扰乱本土自然研究发展后的过渡转型阶段,尽管左右发展的主体已经由西方殖民者转变为非洲人民本身,但政治发展的愿景超越经济发展实际水平,或者说脱离经济发展实际情况的问题依然存在。从马克思主义关于两者之间的辩证关系的论述来着眼,经济基础与上层建筑之间的矛盾是非洲当前遭遇的事关边界议题的所有挑战的根源。从非洲主权国家内部来看，单一的资源出口产业仍然占据经济增长的主导，且经济增长在地区和族群层面的普惠性与包容性较差，转化为实际发展的能力较弱，国内统一大市场仍处于发展的初级阶段，不同族群间的融合程度仍然相对较低。因此，在构筑现代民族国家的经济基础仍然薄弱的前提下，非洲主权国家缔造的上层建筑必然时常面临不稳固的威胁。从非洲主权国家之间的关系层面来看，不同国家之间的产业互补性较弱，同质性竞争的问题依然广泛存在，跨国共同市场的发展仍然处于初级阶段。在此形势之下，非洲的国家间一体化合作的可持续发展，常常面临着动力不足的困扰。综上所述，以边界为线索的各类问题的出现，本质上仍然是经济基础与上层建筑之间的错位所带来的发展问题，是殖民统治所造成的边界—国家—民族出现顺序倒挂这一矛盾的延续。因此，只有持续夯实与现代民族国家建构以及主权国家间合作相适应的经济基础，非洲才能最终掌握应对这些问题的真正金钥匙。

第二，合理管控域外大国的地缘政治博弈，坚定走一体化道路，是非洲防止边界议题再度引发新的发展困境的重要着眼点。不论非洲国家间边界现在的性质如何，从其产生的缘起以及划定的方式来看，是西方列强控制非洲的利益诉求的产物，因此其日后的维持与局部变化，同样与西方大国对非洲的干涉介入存在着密切的联系。非洲通过一体化来超越边界的束缚，本质上是通过将非洲作为一个有机整体的方式，来抵消西方列强借助边界对非洲大陆的人为肢解。欧洲多极均势特别是美苏两极均势不复存在后，西方列强除对非洲局部地区仍予以关注外，对非洲大陆的整体介入度下降，客观上是非洲仅在部分地区发生边界变动的原因。但随着近年来，出于在深度变化的国际秩序中继续维持和巩固自身霸权的需要，特别是将中国锁定为"战略竞争对手"，对冲中非合作关系快速发展的需求，西方国家尤其是美国开始重新重视非洲。在非洲一体化的逐步重塑下，非洲各国朝向团结协作、独立判断、集体发声的探索，并不符合美国等西方国家在其地缘政治利益中对非洲的定位。因此，利用均势、集团、对抗、竞争等传统地缘政治伎俩，将非洲重新绑定在自身的战略利益轨道上，正在成为西方大国对非政策的突出特点。将一些具有地缘政治、经济、安全价值的区域性大国拉入麾下，打着意识形态或者经贸合作的旗号,构筑由西方大国主导的小圈子取代非洲一体化的大圈子,无疑将成为其具体采取的措施,例如美国当前提出的《对撒哈拉以南非洲战略》,实质上就是企图以"共同价值观"为幌子炮制以美国为首的非洲"小多边"。在重新挑拨多边圈子内外的非洲国家竞争时,非洲原有矛盾以及当前新出现的挑战,自然将成为西方大国加以利用的"工具",让边界再度成为撕裂非洲的标志。

第三,增强非洲国家之间的互联互通程度,持续夯实非洲携手打造命运共同体的基础,是非洲继续坚持通过一体化超越边界束缚的关键。加强国家之间的互联互通,意味着相邻的非洲国家都要强化对交界地区的基础设施的投资与建设力度,具有显著的双重层面的意义。从单个非洲主权国家内部来看,在边界地区加强基础设施建设,将有力带动边远地区的开发进程,在减小中心城镇或发达地区与边界地区之间发展不平衡的同时,也将中央政府的实际治理能力和权威有效拓展至边界地区,填补了国家交界地区通常处于的"真空"地带,增强了国家切实巩固边界的能力,筑牢以既有边界格局为基础的非洲。从非洲主权国家之间的关系来看,加强跨边界的基础设施的互联互通,可以有效改变各国之间的陆路通道长期以来只停留在殖民统治时期的水平,为资金、人员、技术等生产要素的跨境自由流动,搭建必要的硬件框架。这些目标的充分实现,将助推非洲各国之间,特别是处于不同次区域的非洲邻国之间加强往来,逐步用合作来取代竞争与对抗,为非洲国家通过一体化来超越边界的局限性,提供源源不绝的动力。正是处于以上两个层面的考虑,非盟制定的《2063年议程》将非洲各国加强跨界的合作与互动作为非洲在整体上实现包容性、可持续发展的主要聚焦点之一,而当前实施的非洲大陆自由贸易区建设,正是推动这一目标实现的重要举措。中国"一带一路"倡议提出的"五通"理念及其秉承的平等、协商、共赢的价值理念,完美契合了非洲通过加强跨境合作来有效应对各类挑战的愿景,必将为中非合作助推非洲的一体化建设,提供强劲的动力。

联合国前秘书长布特罗斯·加利(Boutros Ghali)曾经指出,非洲历史上没有严格的边界概念,现有的边界是人为造成的,是西方殖民主义强加于非洲的产物。但更为重要的是,人们在对非洲边界的认知与理解,特别是在看待各类与边界相关的议题时,也往往带有殖民统治的色彩,倾向于通过欧洲的模式来看待非洲的问题,而忽视了非洲本身的特点。欧洲虽然是非洲边界的"缔造者",但是欧洲中心主义无助于问题的真正解决,非洲需要在自身的发展探索中寻找到符合自身特点的解决方案[1]。加利的论述虽然产生于将近半个世纪之前,但时至今日仍然具有积极的指导意义,与边界相关的各类议题的实质是非洲在转型过渡阶段经济基础与上层建筑割裂所导致的发展赤字与失衡,只有非洲自身的独立探索,才能真正寻找到有效解决问题的途径。可喜的是,尽管非洲当前仍然面临着多重发展困境,但以边界不可更改和区域一体化共同构筑的发展秩序没有发生松动和变化,在以构筑大陆自由贸易区、携手应对气候变化等新议题的助推下,非洲必将在化解以边界为核心的各类议题中作出更多的与时俱进的贡献,为最终解决西方殖民者遗留的"世纪难题"探索出更多的非洲智慧与非洲方案。

---

[1] Alex Vines, "A decade of African Peace and Security Architecture," *International Affairs*, Vol. 89, No. 1, pp. 89 – 109.

参考文献

一 中文参考文献

程卫东、李靖堃：《欧洲联盟基础条约：经〈里斯本条约〉修订》，社会科学文献出版社2010年版。

葛佶主编：《简明非洲百科全书（撒哈拉以南）》，中国社会科学出版社2000年版。

何芳川、宁骚：《非洲通史》，华东师范大学出版社1995年版。

贺文萍：《非洲国家民主化进程研究》，时事出版社2005年版。

惠一鸣：《欧洲联盟发展史》，中国社会科学出版社2008年版。

李安山：《非洲民族主义研究》，中国国际广播出版社2004年版。

罗建波：《非洲一体化与中非关系》，社会科学文献出版社2006年版。

宁骚：《民族与国家：民族关系与民族政策的国际比较》，北京大学出版社1995年版。

塞缪尔·亨廷顿：《文明的冲突与世界秩序的重建》，新华出版社2010年版。

[美] 亚历山大·温特：《国际政治的社会理论》，上海人民出版社2008年版。

姚勤华：《欧洲联盟集体身份的建构（1991—1995）》，上海社会科学院出版社2003年版。

张宏明：《多维视野中的非洲政治发展》，社会科学文献出版社2007年版。

张健雄：《列国志：欧洲联盟》，社会科学文献出版社2006年版。

［英］爱德华·莫迪默：《人民·民族·国家》，中央民族大学出版社2009年版。

［西班牙］胡安·诺格：《民族主义与领土》，中央民族大学出版社2009年版。

［英］斯蒂夫·芬顿：《族性》，中央民族大学出版社2009年版。

［英］休·希顿—沃森：《民族与国家——对民族起源与民族主义政治的探讨》，中央民族大学出版社2009年版。

阿金·阿尔贝托·希萨诺：《非洲联盟面临的挑战》，《外交学院院报》2004年9月第77期。

陈勇：《集体安全制度溯源》，《广东外语外贸大学学报》2010年第21卷第5期。

邓延庭：《安全合作助推下的非洲一体化》，《亚非纵横》2011年第2期。

邓延庭：《对非洲联盟在苏丹和平进程中作用的再认识》，《亚非纵横》2013年第4期。

邓延庭：《卡宾达：下一个南苏丹？——浅析安哥拉的卡宾达问题》，《亚非纵横》2002年第3期。

邓延庭：《坦噶尼喀与桑给巴尔联合关系研究——兼论坦桑联合关系对非洲一体化的意义》，《亚非纵横》2013年第2期。

顾章义：《"部族"还是"民族"——评人们共同体的"部族"说》，《世界民族》1997年第2期。

顾章义：《二战期间非洲的社会变化》，《西亚非洲》1995年第5期。

顾章义：《非洲国家政局动荡中的民族问题》，《史学研究》1994年第6期。

贺文萍：《后金融危机时代非洲国家对亚洲的战略性依赖》，《亚非纵横》2010年第6期。

黄德明、李陵峡：《非洲联盟和平与安全理事会初探》，《法学评论》2006年第4期。

李安山：《法国在非洲的殖民统治浅析》，《西亚非洲》1991年第1期。

李安山：《非洲国家民族建构的理论与实践研究》，《西亚非洲》2002年第4期。

李安山：《论黑非洲历史的非殖民化》，《西亚非洲》1994 年第 2 期。

李安山：《论中国非洲学研究中的"部族"问题》，《西亚非洲》1998 年第 4 期。

李安山：《试析非洲地方民族主义的演变》，《西亚非洲》2001 年第 5 期。

李文俊：《非洲联盟在解决非洲地区冲突中的功效—以达尔富尔问题为例》，《长江师范学院院报》，2009 年第 25 卷第 4 期。

李智彪：《非洲国家独立以来的历史思考》，中国非洲史研究三十年，2001 年。

李忠人：《近代殖民主义侵略非洲的动因和政策演变》，《山西大学学报》1993 年第 2 期。

李忠人：《殖民主义与近代非洲政治经济的演变》，《山西大学学报》1992 年第 4 期。

刘鸿武：《论 20 世纪上半叶非洲黑人文化认同运动》，《西亚非洲》1997 年第 2 期。

刘青建：《试析非洲联盟框架下国际合作的必然性与可能性》，《教学与研究》2008 年第 2 期。

陆庭恩：《非洲国家的殖民主义历史遗产》，《国际政治研究》2002 年第 1 期。

陆庭恩：《关于非洲殖民化的几个问题》，《铁道师院学报》1992 年第 3 期。

罗建波：《泛非主义与非洲一体化》，《哈尔滨市委党校学报》2007 年 7 月第 4 期。

潘华琼：《论殖民主义对黑人文化的双重影响》，《西亚非洲》1994 年第 2 期。

汪勤梅：《非洲部族主义与非洲国家政局的动荡》，《国际展望》1995 年第 5 期。

王莺莺：《非洲与联合国改革》，《国际问题研究》2006 年第 1 期。

杨立华：《非洲联盟：理想与现实》，《西亚非洲》（双月刊）2001 年第 5 期。

张宏明：《部族主义因素对黑非洲国家政体模式取向的影响》，《西亚非洲》1998 年第 5 期。

张宏明:《部族主义因素对黑非洲民族国家建设的影响》,《西亚非洲》1998 年第 4 期。

张宏明:《论黑非洲国家部族问题和部族主义的历史渊源——黑非洲国家政治发展中的部族主义因素之一》,《西亚非洲》1995 年第 5 期。

二 外文参考文献

A. Adu Boahen, *General History of Africa*, Ⅶ: *Africa Under Colonial Domination 1880 – 1935*, University of California Press, 1990.

Achille Mbembé and Steven Rendall, "At the Edge of the World: Boundaries, Territoriality, and Sovereignty in Africa." *Public Culture*, Vol. 12, No. 1.

Adam Hochschild, *King Leopold's Ghost*, Mariner Books, 1999.

Adesoji Abimbola, "The Boko Haram Uprising and Islamic Revivalism in Nigeria." *Africa Spectrum*, Vol. 45, No. 2, 2010.

Africa News, "South Africa: Authorities turn to renewable energy to deal with load shedding." 2021, https://www.africanews.com/2021/12/16/south-africa-authorities-turn-to-renewable-energy-to-deal-with-load-shedding/.

African Union, "Draft African Union Climate Change Strategy 2020 – 2030." 2020, https://www.ucis.pitt.edu/africa/sites/default/files/Downloads/PDFs/AU%20Strategy%20on%20Climate%20Change%.pdf.

African Union Development Agency, "2020 AUDA – NEPAD Annual Report." 2023, https://www.nepad.org/publication/2020-auda-nepad-annual-report.

Ahram Online, "African Union pledges support to Egypt in hosting COP27 to reach 'concrete actions' on climate change." 23rd December 2021, https://english.ahram.org.eg/NewsContent/1/1234/452016/Egypt/Foreign-Affairs/African-Union-pledges-support-to-Egypt-in-hosting-.aspx.

Alex Vines, "A decade of African Peace and Security Architecture," *Interna-

tional Affairs, Vol. 89, No. 1.

AM Søderberg, *Merging across borders: People, cultures and politics*, Copenhagen Business School Press DK, 2003.

Babar Baloch, "Pace of Ethiopian refugee arrivals in Sudan unseen in the last two decades," UNHCR, 17th November 2020, https://www.unhcr.org/asia/news/briefing/2020/11/5fb391214/pace-ethiopian-refugee-arrivals-sudan-unseen-decades.html.

Bakpetu Thompson, *Africa and unity: the evolution of Pan-Africanism*, London: Longmans, 1969.

Bardo Fassbender, "United Nations Charter As Constitution of the International Community," *Columbia Journal of Transnational Law*, Vol. 36, No. 3, 1998.

Basil Davidson, Lionel Cliffe and Bereket Selassie, *Behind the war in Eritrea*. Spokesman, 1980.

Baz Lecocq and Georg Klute, "Tuareg Separatism in Mali and Niger," in Lotje de Vries, Pierre Englebert and Mareike Schomerus eds, *Secessionism in African Politics: Aspiration, Grievance, Performance, Disenchantment*, Cambridge University Press, 1926.

Besteman C., Cassanelli L. V., *The struggle for Land in Southern Somalia: the War behind the War*, Westview Press, 1996.

Boris Ngounou, "AFRICA: Climate Change Will Cause a 15% Drop in GDP by 2030," Afrik 21, 2020, https://www.afrik21.africa/en/africa-climate-change-will-cause-a-15-drop-in-gdp-by-2030/.

Brennan Kraxberger, "Strangers, indigenes and settlers: Contested geographies of citizenship in Nigeria," *Space and Polity*, Vol. 9, No. 1, 2005.

Brock Lyle, "Blood for Oil: Secession, Self-Determination, and Superpower Silence in Cabinda." *Global Studies Law Review*, Vol. 4, No. 3, 2005.

Charles Lucas, "The Partition and Colonization of Africa." *American Journal of International Law*, Vol. 18, No. 1, 1924.

Christopher Coker, "NATO and Warsaw Pact Intervention, 1970-1978." in Christopher Coker eds., *NATO, the Warsaw Pact and Africa*, Springer, 1985.

Citizen Digital, "Kenya To Fully Transition To Clean Energy By 2030, President Kenyatta Says." 2021, https://citizen.digital/news/kenya-to-fully-transition-to-clean-energy-by-2030-president-kenyatta-says-n286224.

"Climate Change Could Force 216 Million People to Migrate Within Their Own Countries by 2050." World Bank, 2021, https://www.worldbank.org/en/news/press-release/2021/09/13/climate-change-could-force-216-million-people-to-migrate-within-their-own-countries-by-2050.

COP26, "Ramaphosa commits to a low-carbon economy for SA, the Citizen." 2021, https://www.citizen.co.za/news/south-africa/government/2899809/cop26-ramaphosa-commits-to-a-low-carbon-economy-for-sa/.

Crawford Y., "The politics of separatism: Katanga 1960–1963." *Politics in Africa*, 1966.

Daniel Volman, "The Bush Administration & African Oil: the Security Implications of US Energy Policy." *Review of African Political Economy*, 2003.

Davidson Basil, *The Black Man's Burden: Africa and the Curse of the Nation-State*, London: James Currey, 1992.

Deborah Fahy Bryceson, "The Scramble in Africa: Reorienting Rural Livelihoods," *World Development*, Vol. 30, No. 5, 2002.

Derek Urwin, *The community of Europe: A history of European integration since 1945*, London: Routledge, 1995.

"Divide Nigeria in two, says Muammar Gaddafi," BBC, March 16, 2010.

Dominique Jacquin-Berdal and Martin Plaut, *Unfinished Business: Ethiopia and Eritrea at War*, The Red Sea Press, 2005.

Doris Dokua Sasu, "Contribution of oil and natural gas sector to GDP in Nigeria from the 4th quarter of 2018 to the 3rd quarter of 2021." Statistica 27th September 2023, https://www.statista.com/statistics/1165865/contribution-of-oil-sector-to-gdp-in-nigeria/.

Douglas Johnson, *The Root Causes of Sudan's Civil Wars*, Boydell & Brewer, 2016.

Douglas Johnson, "Why Abyei Matters The Breaking Point of Sudan's Comprehensive Peace Agreement?" *African Affairs*, Vol. 107, No. 426, 2008.

Dwight Harris, "Intervention and Colonization in Africa," *Political Science Quarterly*, Vol. 31, No. 1, 1916.

East African Community Secretariat, "EAC – COMESA – SADC Launch Five – Year Climate Change Initiative." UNDRR, 8th December 2021, https://www.preventionweb.net/news/eac – comesa – sadc – launch – five – year – climate – change – initiative.

Edward Blyden, "African Service to the World," *African Repository*, No. 8, October 1881.

Edward Westermarck, "People of the Veil: being an Account of the Habits, Organisation and History of the Wandering Tuareg Tribes which inhabit the Mountains of Air or Asben in the Central Sahara." *Nature*, Vol. 119, 1927.

Elaine Windrich, *The Cold War Guerrilla: Jonas Savimbi, the US Media, and the Angolan War*, Greenwood Press, 1992.

Eric Hobsbawm, *Nations and Nationalism since 1780: Programme, myth, reality*, Cambridge University Press, 2012.

Ernst Haas, *the Uniting of Europe: political, social, and economical forces, 1950 – 1957*, University of Notre Dame Press, 1958.

"Extreme Poverty in the Time of COVID – 19." United Nations, 2021, https://www.un.org/development/desa/dspd/wp – content/uploads/sites/22/2021/05/KHARAS_ paper1.pdf.

Fall Juliet Jane, "Artificial states? On the enduring geographical myth of natural borders." *Political Geography*, Vol. 29, No. 3, 2010.

Fluehr – Lobban Carolyn, *Islamic Law and Society in the Sudan*, Routledge, 2013.

Food and Agricultural Organization of the United Nations, "FAO Food Price Index Registered a Sharp Rise in November to its Highest Level in Nearly Six

Years," 3rd December 2020, http: //www. fao. org/worldfoodsituation/ foodpricesindex/en/.

Food Chain Crisis, "Food and Agriculture Organization of the United Nations." 2021, https: //www. fao. org/food – chain – crisis/home/en/.

Frederick Cooper, *From Slaves to Squatters: Plantation Labor and Agriculture in Zanzibar and Coastal Kenya*, *1890 – 1925*, Yale University Press, 1997.

Free West Media, "Economic Terrorism: Attacks on Foreign Truck Drivers Intensify in South Africa," 12th December 2020, https: //freewestmedia. com/2020/12/12/economic – terrorism – attacks – on – foreign – truck – drivers – intensify – in – south – africa/.

Garech Evans, "The responsibility to protect: ending mass atrocity crimes once and for all." *Irish Studies in International Affairs*, Vol. 20, No. 1, 2009.

Gerald Bender, "Angola, the Cubans, and American Anxieties." *Foreign Policy*, 1978.

Gillard, D. R. "Salisbury's African Policy and the Heligoland Offer of 1890," *English Historical Review*, Vol. 75, No. 297, 1960.

Greenhouse Gas Emissions by Country 2021, World Population Review, https: //worldpopulationreview. com/country – rankings/greenhouse – gas – emissions – by – country, 2021.

Guo Rongxing, *Territorial Disputes and Resource Management: A Global Handbook*, Nova Publishers, 2006.

Haggai Erlikh, *Islam and Christianity in the Horn of Africa: Somalia, Ethiopia, Sudan*, Lynne Rienner Publishers, 2010.

Harry Johnston, *A History of the Colonization of Africa by Alien Races*, HardPress Publishing, 2013.

Heads of State and Government of the Member States of the Organization of African Unity, *Constitutive Act of the African Union*, 2000, African Unity, Article 23.

Heads of State and Government of the Member States of the Organization of African Unity, *Constitutive Act of the African Union*, 2000, African Unity, Article 30.

Hector Muro Chadwick, *The nationalities of Europe and the growth of national ideologies*. Cooper Square Publ., 1973.

Herbst Jeffrey, "War and the State in Africa." *International Security*, 1990.

Herbst Jeffrey, "The Creation and Maintenance of National Boundaries in Africa," *International Organization*, Vol. 43, No. 4, 1989.

Hesham Khalil Issa, Ethnicity and public politics, MA in Political Science, The American University in Cairo AUC, 1999.

Horowitz D. L., "Patterns of ethnic separatism." *Comparative Studies in Society and History*, Vol. 23, No. 2, 1981.

Hugo Grotius, *The Law of War and Peace*, London: Sweet and Maxwell, 1922.

iAfrica.com, "Treasury Now Estimates 1.8 million Job Losses," 1st June 2020, https://iafrica.com/treasury-now-estimates-1-8-million-job-losses/.

Ieuan Griffiths, "The Scramble for Africa: Inherited Political Boundaries," *The Geographical Journal*, No. 2, 1986.

Imanuel Geiss, *The pan-African movement: A history of pan-Africanism in America, Europe, and Africa*, New York: Africana Publishing Company, 1974.

International Monetary Fund Blog, "How COVID-19 Will Increase Inequality in Emerging Markets and Developing Economies," 29th October 2020, https://blogs.imf.org/2020/10/29/how-covid-19-will-increase-inequality-in-emerging-markets-and-developing-economies/.

Jennifer C. Seely, "A political analysis of decentralisation: coopting the Tuareg threat in Mali." *The Journal of Modern African Studies*, Vol. 39, No. 3, 2001.

John Damis, "The Impact of the Saharan Dispute on Moroccan Foreign and Domestic Policy." in William Zartman eds, *The Political Economy of Morocco*, New York: Prager, 1987.

John Lango and Eric Patterson, "South Sudan Independence." *International Journal of Applied Philosophy*, Vol. 24, No. 2, 2010.

John Mccauley and Daniel Posner, "African Borders as Sources of Natural Experiments: Promise and Pitfalls." *Political Science Research and Methods*, Vol 3, No. 2, 2015.

Karen Feste, *Expanding the Frontiers: Superpower Intervention in the Cold War*, Praeger Publishers, 1992.

Keenan Jeremy, "Waging war on terror: The implications of America's 'New Imperialism' for Saharan peoples." *The journal of North African studies*, Vol. 10, No. 3 – No. 4, 2005.

"Keep your promises on climate finance, African leaders tell West." Reuters, 2021, https://www.reuters.com/business/environment/keep-your-promises-climate-finance-african-leaders-tell-west-2021-11-02/.

Keita Kalifa, "Conflict and conflict resolution in the Sahel: The Tuareg insurgency in Mali." *Small Wars & Insurgencies*, Vol. 9, No. 3, 1998.

Ken Opalo, "The Ogaden Region: A Fragile Path to Peace." *Africa Portal*, 2010.

Kepha Muiruri, "Kenya's unemployment rate doubles as 1.7M lose jobs between April and June, Citizen Digital." https://citizentv.co.ke/business/kenyas-unemployment-rate-doubles-1-7-million-lose-jobs-april-june-knbs-343843/.

Kidane Mengistead and Okbazghi Yohannes, *Anatomy of the African Tragedy: Political, Economic, and Foreign Policy Crisis in Post-Independence Eritrea*. Red Sea Press, 2005.

Lewis I., "Pan-Africanism and Pan – Somalism." *The Journal of Modern African Studies*, Vol. 1, No. 2, 1963.

Likaka Osumaka, *Naming Colonialism: History and Collective Memory in the Congo, 1870 – 1960*, Madison: University of Wisconsin Press, 2009.

Macro Trends, "Kenya Defense Budget (1963 – 2019)," 2023, https://www.macrotrends.net/countries/KEN/kenya/military-spending-defense-budget.

Madut Jok and Sharon Elaine Hutchinson, "Sudan's Prolonged Second Civil

War and the Militarization of Nuer and Dinka Ethnic Identities." *African Studies Review*, 1999.

Maha Othman, "The Union with Zanzibar, Mwalimu: the Influence of Nyerere," *Britain-Tanzanian Society*, 1995.

Marina Ottaway, "Ethnic politics in Africa: Change and Continuity." in Richard Joseph eds, *State, Conflict, and Democracy in Africa*, Lynne Rienner Publishers, 1998.

Marin Sousa Galito, "Terrorism, Ethnicity and Islamic Extremism IN Sahel." *Journal of International Relations*, Vol. 3, No. 2, 2012.

Markus Kornprobst, "The management of border disputes in African regional sub-systems: comparing West Africa and the Horn of Africa." *The Journal of Modern African Studies*, Vol. 40, No. 3, 2002.

Martin Randlph, "Sudan's perfect war." *Foreign Affairs*, March, 2002.

Mburu Nene, *Bandits on the Border: the Last Frontier in the Search for Somali Unity*, The Red Sea Press, 2005.

MC van Zyl., "Scramble for Africa." *African Historical Review*, Vol. 3, No. 1, 1971.

Michael Mastanduno, "Preserving the Unipolar Moment: Realist Theories and US Grand Strategy after the Cold War." *International security*, Vol. 21, No. 4, 1997.

Minister of Foreign Affairs of Canada, John Harker, Human Security in Sudan: The Report of a Canadian Assessment Mission, 2002.

Montes Jose, Silwal Ani, Newhouse David, Chen Frances, Swindle Rachel and Tian, Siwei, "How Much Will Poverty Rise in Sub–Saharan Africa in 2020?" World Bank, Washington, DC, 2020.

Moza Omar, "Unemployment rate and Population Growth in Zanzibar from 1990–2020," ResearchGate, July 2021, https://www.researchgate.net/figure/Unemployment–rate–and–Population–Growth–in–Zanzibar–from–1990–2020_fig1_353378247.

Muhammed Magassy, "The EU carbon tax could create a new era of trade war." EURACTIV, 2021, https://www.euractiv.com/section/energy-environment/opinion/the-eu-carbon-tax-could-create-a-new-era-of-trade-wars/.

Mwakikagile Godfrey, *Ethnic politics in Kenya and Nigeria*, Nova Publishers, 2001.

Nita Bhalla and Mohammed Omer, "Kenya, Somalia and Ethiopia Brace for Locusts after Rains Boost Breeding Grounds," *Thomas Reuters Foundation News*, 16th December 2020, https://news.trust.org/item/20201216154923-4k67b/.

Opoku Agyeman, *Nkrumah's Ghana and East Africa: Pan-Africanism and African Interstate Relations*, Fairleigh Dickinson University Press, 1992.

Pachter Elise Forbes, Our Man in Kinshasa: U. S. Relations with Mobuto, 1970-1983; Patron-Client Relations in the International Sphere, Ph. D. dissertation, The John Hopkins University, 1987.

Paul Collier and Nicholas Sambanis, *Understanding Civil War: Africa*, World Bank Publications, 2005.

Philip Collins, William Duggan and John Civille, *Tanzania and Nyerere, A Study of Ujamaa and Nationhood*, Maryknoll: Orbis Books, 1976.

Rahman Ramadhan and Lynda Ouma, "Trends of Violent Extremist Attack and Arrests in Kenya: January-December 2020," *CHRIPS Observatory Report*, No. 4, February 2021.

Raphael Obonyo, "What Africa Needs to Win the Climate War," Diplomatic Courier, 2020, https://www.diplomaticourier.com/posts/what-africa-needs-to-win-the-climate-war.

Richard Cockett, *Sudan: Darfur, Islamism and the World*, Yale University Press, 2010.

Robert Patman, *The Soviet Union in the Horn of Africa: The Diplomacy of Intervention and Disengagement*, Cambridge University Press, 2009.

Robert S. Levine ed, *Martin R. Delany: A Documentary Reader*, The University of North Carolina Press, 2003.

Saadia Touval, "The Organization of African Unity and African Borders." *International Organization*, Vol. 21, No. 1, 1967.

"State of the Climate in Africa 2020 (WMO – No. 1275)." World Meteorological Organization, 2020, https://library.wmo.int/doc_num.php?explnum_id=10929.

Statistica, "Carbon dioxide (CO2) emissions per capita in Africa in 2019, by country." 2019, https://www.statista.com.libdata2015.hilbert.edu/statistics/1268403/co2-emissions-per-capita-in-africa-by-country/.

Stephen Emerson, "Desert insurgency: lessons from the third Tuareg rebellion." *Small Wars & Insurgencies*, Vol. 22, No. 4, 2011.

Sterling Stuckey, *The Ideological Origins of Black Nationalism*, Mass: Beacon Press, 1972.

Thad Dunning, "Conditioning the Effects of Aid: Cold War Politics, Donor Credibility, and Democracy in Africa." *International Organization*, Vol. 58, No. 2, 2004.

The Constituent Assembly of the United Republic of Tanzania, *The Constitution Of the United Republic of Tanzania of 1977*, the United Republic of Tanzania, 1977.

The Democratic Republic of the Sudan, *The Addis Ababa Agreement on the Problem of South*, 1972, the United Nations.

The Nations, Nationalities and Peoples of Ethiopia, *Constitution of The Federal Democratic Republic of Ethiopia*, 1992, Delamination of Boundaries.

The Nations, Nationalities and Peoples of Ethiopia, *Constitution of The Federal Democratic Republic of Ethiopia*, 1992, Languages.

The Republic of the Sudan and the Sudan People's Liberation Movement/Sudan People's Liberation Army, *The Comprehensive Peace Agreement Between the Government of the Republic of the Sudan and the Sudan People's Liberation Movement/Sudan People's Liberation Army*, 2005, Inter-Governmental Authority on Development.

Tim Hyde, "Are colonial-era borders drawn by Europeans holding Africa back?" American Economic Association, July 2016, https://www.aeaweb.org/research/are-colonial-era-borders-holding-africa-back.

Trading Economics, "Nigeria Unemployment Rate," 2023, https://tradingeconomics.com/nigeria/unemployment-rate.

UNCTAD, "COVID-19: A Threat to Food Security in Africa." 11th August 2020, https://unctad.org/news/covid-19-threat-food-security-africa.

United Nation, *EAC Climate Change Policy*, East African Community, 2011, http://muccri.mak.ac.ug/sites/default/files/Publications/East%20African%20Community%20Climate%20Change%20Policy.pdf.

"United Nations Fact Sheet on Climate Change," UNFCC, https://unfccc.int/files/press/backgrounders/application/pdf/factsheet_africa.pdf, 2016.

William Durch, Victoria Holt, Caroline R. Earle and Moira K. Shanahan, *The Brahimi Report and the Future of UN Peace Operations*, Washington, DC: Henry L. Stimson Center, 2003.

World Health Organization, "Global Health Expenditure Database," 2014, https://apps.who.int/nha/database.